KB108268

나는
열정보다
센스로
일한다

나는 열정보다 센스로 일한다

초판 1쇄 발행 2019년 7월 22일
초판 2쇄 발행 2019년 8월 09일

지은이 | 최용진

발행처 | 이너북
발행인 | 이선이

편 집 | 박나래
마케팅 | 김 집
디자인 | 김동광

등 록 | 제 313-2004-000100호
주 소 | 서울시 마포구 독막로 27길 17(신수동)
전 화 | 02-323-9477 팩스 | 02-323-2074
E-mail | innerbook@naver.com
블로그 | http://blog.naver.com/innerbook
페이스북 | https://www.facebook.com/innerbook

ⓒ최용진, 2019
ISBN 979-11-88414-10-9 03320

일못러와 일잘러를 가르는 작지만 큰 차이

나는 열정보다 센스로 일한다

최용진 지음

이너북
INNERBOOK

"훌륭한 선수가 반드시 훌륭한 지도자가 되는 것은 아니다." 최근 박항서 감독을 언급하면서 종종 회자되는 말입니다. 저는 대기업과 중견 기업을 거쳐 실리콘 밸리에서의 생활과 창업에 이르는 기간 동안 나름대로 훌륭한 '선수'라 인정받아왔습니다. 하지만 다른 사람을 훌륭한 선수로 만드는 법에 대해서는 뚜렷한 정답을 가지고 있지 못했습니다. 그런데 이 책을 읽으며 처음으로 정답을 찾은 강력한 느낌을 받았습니다. "그래, 이거지, 이렇게 하는 사람이 프로 직장인이지!"라는 감탄이 첫 페이지부터 끝까지 이어졌습니다. 프로 직장인이 되고 싶은 대한민국의 모든 직장인에게 일독을 권합니다. 업무 시간을 빼서라도 저희 모든 직원들과 정독할 예정입니다.

_ 에듀테크 회사 '호두랩스' 김민우 대표

2006년 어느 대구탕 집에서 처음 뵈었던 최 실장님은 여러모로 인상 깊은 분이었습니다. 사회 초년생이나 다름없던 제게 존칭을 쓰시며 조곤조곤 업무에 대해 알기 쉽게 설명해주셨죠. 이 책을 읽으며 그런 최 실장님과 참 닮아 있다고 생각했습니다. 조용하고 사려 깊으며 이렇게까지 자세히 알려주실 필요가 있나 하는 생각이 들 정도로 알기 쉽게 '직장 생활 잘하는 법'을 이야기하고 있습니다. 지금 돌아보면 제가 과장 시절부터 천천히 승진해서 지금 자리에 오기까지 그 이야기들이 전부 큰 도움이 되었습니다. 저를 성장시킨 그 특별한 이야기들을 많은 분들이 들을 수 있기를 바랍니다.

_ 외국계 광고 플랫폼 기업 '탭조이' 박선우 지사장

들어가는 말

'일잘러'와 '일못러'를
가르는
작지만 큰 차이

일을 잘한다는 것의 의미

우리는 왜 일을 하는가? 이 질문에 대한 솔직한 답은 '먹고 살기 위해서'이지 않을까? 그렇다. 살기 위해서, 즉 생존을 위해 일을 한다. 그런데 요즘 같은 세상에 그냥 밥만 먹고 살 수가 있나? 가끔은 나를 위한 작은 사치도 해야 하고, 여행도 가야 하고, 좋은 교육도 받아야 한다. 즉, 그냥 생존하는 것이 아니라 잘 생존하는 것이 모든 사람의 본능이자 바람이다. 이것이 우리가 일을 잘하는 것에 관심을 가져야 하는 이유다.

일을 잘하면 그렇지 않은 사람에 비해 잘 생존하는 데 더 유리하다. 일을 잘하는 사람은 못하는 사람보다 수입이 많을 가능성이 높다. 게다가 대체로 일을 잘하는 사람이 그렇지 못한 사람들을 주도한다. 수도적인 사람은 변화를 만들고 종속적인 사람은 변화를 수용한다. 사람은 본능적으로 변화를 싫어하지만, 거스를 수는 없다. 결국엔 수용하거나 도태될 뿐이다. 수십 년 돈 버는 일을 해야 하는데, 이왕이면 일을 잘해서 주도적인 삶을 사는 게 더 낫지 않을까?

일 센스는 배워서 채울 수 있다

고객으로부터 부재중인 팀장을 찾는 전화를 대신 받고 "저희 팀장님 지금 화장실에 가셨는데요" 하는 사람이 있었다. 진짜다. 센스 없는 사람들은 자신들이 센스가 없는지를 모른다. 그리고 그들의 센스 없음이 어떤 불편함을 만드는지, 어떤 악영향을 주는지도 모른다.

반면 센스 있는 사람들은 뭘 좀 안다. 다방면에 경험이 많고, 사람에 대한 이해가 깊어서 배려심이 있다. 이들은 매너 있는 작은 행동으로 고객의 마음을 사기도 하고, 상대방의 기분이 상하지 않게 거절할 줄도 안다.

일은 결국 사람이 하는 것이다. 사람과 사람 사이 흐르는 말과 행동에서 의미 있는 신호, 즉 정보를 읽어내는 능력이 바로 센스다. 같은 소리를 듣고 누군가는 정보를 캐치하고 누군가는 그저 잡음으로 듣는다면 이미 승패는 결정 난 것이다. 정보와 잡음을 구분하기 위해서는 지식과 기술이 있어야 한다. 지식은 학습을 통해 채울 수 있다. 기술 또한 시간을 들여 연마하면 채울 수 있다. 즉, 끊임없이 학습하고 내 것으로 내재화하면 내공이 쌓이고 일 센스도 생긴다.

새로운 배움을 멈추는 순간 죽는다

필자의 부모님 세대 어르신들의 이야기를 들어보면, 한때는 학교를 졸업하고 회사에 취직하면 큰 사고를 치지 않는 한 정년까지 다닐 수 있었다고 한다. 그것에 비하면 확실히 지금 세대가 먹고살기 힘들어진 듯하다. 먹고살기 위해 알아야 할 것이 예전에 비해 많아졌다. IT 기술이 거의 모든 산업 분야에 융합되고 기술 발전속도가 빨라지면서 직종, 업종을 불문하고 새로운 지식을 습득해야 하는 요구가 증가했다.

이러한 상황에서 변화를 거부하고 새로운 지식을 학습하지 않는 것은 생존을 위협하는 자살행위나 마찬가지다. 서강대 철학과 최진석 명예교수는 "지식을 쌓는 것이 생존의 질과 양을 증가시키는 가장 좋은 방법"이라고 말했다. 새로운 것에 대한 호기심을 갖는 일, 지적 탐구, 독서는 끊임없이 해야 한다. 나이가 들어도 멈춰서는 안 된다. 늙는 것은 어쩔 수 없더라도 낡지는 말아야 한다.

직장인에게도 출구 전략이 필요하다

여러분에게 직장에서의 출구 전략은 무엇인가? 직장을 왜 다니는지, 그 직장 생활의 끝은 어떻게 마무리할 것인지 그려본 적이 있는가? 누군가는 정년까지 근무하다가 퇴직금으로 제2의 인생을 살아가는 그림을 그릴 수 있고, 누군가는 자기 사업의 밑천을 모을 때까지만 직장 생활을 하겠다고 마음먹을 수도 있다. 또 누군가는 임원이나 CEO 자리에 오를 꿈을 갖고 있는지도 모른다. 어떤 그림을 그리든 그것은 개인의 자유지만, 어쨌든 그 그림 한 장은 꼭 그려봐야 한다. 그래야 그것에 맞는 직장 생활을 할 수 있기 때문이다.

아무리 일 잘하는 사람일지라도 출구 전략 없이 일만 하다가는 평생 누군가에게 이용만 당할 뿐이다. 조직의 비전뿐 아니라 개인의 비전도 고려해야 한다. 조직의 비전과 개인의 비전이 일치될 때 좋은 성과를 낼 수 있다. 조직이 비전이 없거나 나의 비전과 불일치한다면 떠나는 것도 고려하라. 그것도 출구 전략 중 하나다.

일잘러가 되고 싶은 직장인의 성장을 위하여

수많은 직장인 중에 일 잘한다는 소리를 듣는 사람은 열 명 중 한두 명이라고 한다. 대다수 사람들이 일의 목적, 의미, 결과가 발생시킬 파급 효과를 생각하지 않고 일한다. 일을 그저 빨리 쳐내야 하는 과제 정도로 생각한다. 심지어 일을 잘하고도 그것을 센스 있게 표현하지 못해서 인정받지 못하는 경우도 많다. 작은 것 하나가 부족해서 100점 맞을 수 있는 일을 매번 90점 맞는 경우를 많이 목격한다. 대부분의 사람들은 80~90점 정도에 스스로 만족한다.

이 책은 80점 맞고 '이 정도면 됐지'라고 스스로 위안하는 사람들을 위해 쓴 책이 아니다. 자신의 현재 점수가 30점이든 95점이든 상관없이 좀 더 성장하기 원하는 사람들을 위한 책이다. 이 책이 성공 방정식을 담고 있지는 않다. 성공보다는 성장에 초점을 맞추었다. 어차피 평생 해야 할 일이라면, 일의 객체가 아닌 주체로서 살아갈 수 있길 바라는 마음을 담았다.

이 책의 단 한 구절이라도 누군가의 마음에 울림이 될 수 있길 희망한다. 이 책이 누군가의 성장을 위한 트리거가 될 수 있길 바란다.

끝으로 이 책을 집필하는 동안 응원해주고 영감을 준 김민우, 박선우와 아빠 책 언제 나오냐고 궁금해하던 사랑하는 아들, 특별히 또 뭔가 일을 벌인다고 미심쩍어하면서도 묵묵히 지지해준 아내에게 감사의 말을 전한다.

2019년 6월

새로운 출발을 앞둔 시점에 집필을 마치며

최용진

차 례

chapter
1

일 잘하는 사람은
이렇게 일한다

chapter

2

일 못하는 사람은
이렇게 일한다

chapter
5

4차 산업혁명 시대에도 통하는
일의 법칙

'나는 일을 못하고 싶어.' 이런 생각을 갖고 있는 사람이 있을까?

모든 사람이 일을 잘하고 싶고 좋은 평가를 받고 싶어 할 것이다.

그러나 현실에서 일 잘하는 사람은 적은 수에 그친다.

일을 잘하는 방법이 정해져 있는 것은 아니다. 그러나 일을 둘러싼 환경, 주어진 시간,

일을 하는 사람의 역량에 따라 같은 일을 하더라도 결과는 천차만별이다.

정해진 답은 없지만 일 잘하는 사람에게서 보이는 몇 가지 특징은 있다.

그들은 대인관계가 좋고 미래 지향적이다. 또한 성공을 위해 위험을 감수한다.

무모하다는 뜻은 아니다. 위험의 실체를 파악하고 규정하여

관리 가능한 영역으로 끌어들인다. 무엇보다 이들은 일을 즐긴다.

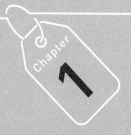

Chapter

1

일 잘하는
사람은
이렇게 일한다

일 잘하는
사람은
사회지능이 높다

비즈니스란 사람과 사람 사이의 끊임없는 상호작용이다. 이런 점에서 성공을 결정하는 능력은 사회성에 달려 있다고 해도 과언이 아니다. '사회지능'이란 타인에 대한 높은 공감 능력을 바탕으로 상대방의 감정을 이해하고 타인과 잘 어울리는 능력이다.

어린 시절에는 공부를 잘하거나 운동을 잘하기만 해도 또래 친구들에게 인기를 얻고 친구를 사귈 수 있었다. 하지만 성인이 되어 사회생활을 하면서는 한두 가지 장점이 있다고 해서 대인관계를 잘하기는 어렵다. 더욱 복잡한 이해관계가 얽히고 어린 시절에는 몰라도 됐던 것을 알게 되면서 오히려 사람 사귀기가 어려워지기 때문이다. 사회생활을 잘한다는 것은 결국 대인관계 기술이 좋다는 것이다. 독일의 기업가이자 미래학자인 칼 알브레히트 Karl Albrecht는 저서 《S. P. A. C. E. 호감의 법칙 Social Intelligence》에서 "사람들과 잘 어울리는 능력이 성공을 결정한다"고 말했다.

웬 'Q'가 이렇게도 많아?

IQ, EQ, MQ, SQ, CQ, AQ, PQ, GQ, DQ. 여러분은 이 중에서 몇 가지나 들어봤는가? 한두 개 정도? 많아야 두세 개가 아닐까 싶다. IQ intelligent quotient 는 지적 능력을 측정하는 지표다. 대부분 한 번쯤은 IQ 테스트를 받아본 경험이 있을 정도로 익숙하다. EQ는 감성지수, MQ는 도덕지수, SQ는 사회성지수, CQ는 창조성지수, AQ는 유추지수, PQ는 열정지수, GQ는 글로벌지수, DQ는 디지털지수다. 이 밖에도 유머지수 HQ, 건강지수 HQ, 경제지수 FQ 등도 있다고 하니, 말 그대로 'Q'의 전성시대가 아닐 수 없다.

왜 이렇게 Q가 많아졌을까? 머리만 좋아서는 안 되는 세상이 왔기 때문이다. 인간이 갖추어야 할 덕목을 모두 지표로 만들고, 다시 그 지표의 틀 안에 인간을 맞추어 넣는 현상이 바람직하다고 생각하지는 않는다. 하지만 인간다움을 반영하는 다양한 지표들이 생겨나고 관심을 끄는 것은 그동안 주목받지 못했던 인간 본래의 가치가 인정받는 세상이 왔음을 의미한다.

일반적으로 머리가 좋다는 말은 공부를 잘한다는 의미로 받아들여진다. 그러면 '공부를 잘한다'는 의미는 무엇인가? 시험을 잘 봐서 좋은 성적을 받았다는 의미 아닌가? 요즘엔 많이 좋아지고 있긴 하나, 우리나라의 교육 방식은 기본적으로 주입식이다. 학생들은 배운 내용을 머릿속에 잘 담아두고 있다가 시험을 잘 보고 좋은 성적을 받으면 '공부 잘하는' 사람이 되는 것이다. 조금 과장하면 기억력이 좋은 사람이 공부 잘하는 사람인 것이다.

그런데 사람의 기억력은 한계가 있다. 게다가 요즘엔 모르는 것이 있으면 쉽게 인터넷에서 찾아볼 수 있다. 지식의 습득과 기억만으로는 무의미하다. 아무리 많은 지식을 가진 사람도 구글에 비할 바 못 되고, 아무리 기억력이 좋은 사람도 컴퓨터를 능가할 수는 없다. 지금은 노하우know-how의 시대가 아니라 노웨어know-where의 시대다. 내가 필요로 하는 것이 어디에 있는지 아는 것이 더 중요하다. 내가 필요로 하는 정보를 잘 찾아내어 융합하는 능력이 더 중요한 세상이다. 이런 세상에서는 내가 모르는 것을 다른 누군가는 알 수도 있다. 내가 아는 것이 나에게는 별 도움이 안 되지만, 누군가에게는 큰 도움이 될지도 모를 일이다. 그러므로 인적 네트워크는 사회생활을 잘하는 데 매우 중요한 자산이다.

초연결 시대에 더욱 중요해진 사회지능

4차 산업혁명 시대는 초연결의 시대다. 그중에서도 사람과 사람의 연결은 세상에 없던 새로운 가치를 만드는 데 가장 큰 영향을 미친다. 앞서 언급한 수많은 'Q' 중에 SQ social quotient를 주목해야 하는 이유다. SQ는 사회지능을 측정하는 지표다.

사람 간의 연결이 혁신을 이루는 데 얼마나 큰 영향을 주는지를 잘 보여주는 사례가 있다. 미국 매사추세츠 공과대학 MIT, Massachusetts Institute of Technology에는 '빌딩 20'이라는 건물이 있었다. 이 건물은 제2차 세계대전이 한창이던 시기에, 전쟁이 끝나면 6개월 이내에 철거한다는 조건으로 지어졌다. 임시로 사용할 건물이었던 탓인지 건물을 대충 짓기도 했고, 내부 구조도 엉망이었다. 예를 들어 E226호 연구실이 E동 2층에 있어야 할 것 같은데, 2층이 아닌 3층에 있는 식이었다. 그런데 이런 비효율적인 공간에서 노벨상 수상자가 아홉 명이나 배출됐다. 특히 이곳에서 개발된 레이더 기술은 제2차 세계대전을 승리로 이끄는 데 결정적인 역할을 했다. 어떻게 이런 비효율적인 공간에서 혁신이 일어날 수 있었을까?

그 이유는 바로 사람과 사람 간 연결에 있다. 무질서한 구조의 건물 안에서 연구원들은 길을 잃거나 남의 연구실로 잘못 찾아 들어가는 경우가 많았다. 특히 엘리베이터가 없는 3층짜리 건물이어서 연구원들의 이동 거리가 길었다. 이런 환경 속에서 연구원들 사이에 '우연한 만남'의 기회가 많았다. 복도에서 다른 과학자들을 만나 잡담을 나누고, 자신의 연구 진행 상황에 대해 이야기하고, 웃고 떠드는 가운데 혁신의 싹이 트고 열매를 맺은 것이다.

혁신은 서로 다른 사람들이 접촉할 때 발생할 가능성이 높다. 세계경제포럼WEF, world economic forum이 발표한 '2020년에 기업 근로자가 갖추어야 할 가장 중요한 10대 기술' 중 상당수가 인간관계에 관한 것이다. 그중에서 사람 관리, 타인과의 조정, 감성지능, 협상 등의 항목은 사회지능이 낮은 사람들은 갖추기 어려운 항목들이다. 사회지능이 낮아 감정 교류가 되지 않고 사람 간에 흐르는 사회적 신호를 감지하지 못하는 사람이 사람을 관리하거나 협상을 하는 일은 불가능하다.

서로 다른 사람들이 만나고, 관계를 형성하고, 뭔가를 함께 하기 위해서는 약간의 노력이 필요하다. 칼 알브레히트는《S. P. A. C. E. 호감의 법칙》에서 사회지능을 높이는 다섯 가지 방법, SPACE를 제시했다. SPACE는 상황 파악력situational awareness, 존재감presence, 진정성authenticity, 명료성clarity, 공감력empathy을 의미한다. 이 중 하나를 꼽으라면 진정성이다.

새로운 장소에서 새로운 분야의 사람들을 만나는 것을 두려워해서는 안 된다. 이왕이면 나와 다른 부류의 사람들을 만나보는 것이 좋다. 처음엔 부끄럽고 자신감이 생기지 않을 수도 있을 것이다. 어디를 가야 할지, 누굴 만날지, 만나면 무슨 말을 할지 등을 고민하느라 막상 실행에 옮기려 하면 선뜻 마음이 생기지 않을 수도 있다. 그럴 땐 너무 많은 생각을 하지 마라. 진정성 하나면 된다. 사람이 하는 일이다. 진심은 언제나 통한다.

성능 좋은 안테나와 공감 능력

사회지능이 높은 사람은 사람 사이의 사회적 신호를 잘 읽어내고 의도를 잘 파악한다. 이들은 상황 파악 능력과 대처 능력이 좋다. 예민해서 남들이 보지 못하는 것을 보고, 남들이 느끼지 못하는 것을 느낀다. 같은 공간에 여러 사람이 모여 있어도 다른 사람은 느끼지 못하는 미묘한 공기의 흐름을 파악할 수 있다. 말을 하지 않아도 지금 상황이 어떤 상황인지 파악이 가능한 것이다. 이 것이 칼 알브레히트가 제시한 SPACE 중 상황 파악력에 해당한다. 심지어 어떤 사람들은 사람의 눈빛만 보고도 그 사람의 감정 상태를 파악할 수 있다.

영국 하트퍼드셔 대학교University of Hertfordshire의 심리학 교수 리처드 와이즈먼Richard Wiseman은 간단하지만 흥미로운 실험 결과를 발표했다. 실험 내용은 간단하다. 사람들에게 한 여성의 눈만 보이는 사진을 보여주고 그녀의 감정 상태를 알아맞히도록 요구했다. 테스트 결과, 약 38퍼센트의 사람들이 정답을 맞혔다.

이렇듯 눈빛만 보고도 상대방의 기분 상태를 파악할 수 있으니 일할 때도 여러모로 좋은 점이 아닐 수 없다. 사람 간 의사소통은 말로만 하는 것이 아니다. 무의식적으로 움직이는 몸짓에도 많은 의미가 담겨 있다. 예컨대 턱을 양손으로 괴는 행동은 상대방의 이야기에 집중할 때 나오는 행동이다. 손가락으로 장난을 치는 것은 지루함을 벗어나기 위한 행동이다. 즉, 상대방의 말이 지루하다는 의미다. 이러한 몸짓뿐만 아니라 표정, 의상, 헤어스타일 등에도 많은 정보가 담겨 있다. 사회지능이 높은 사람은 이런 비언어적 의사소통에 능하다. 일반적인 사람들은 느낄 수 없는 작은 신호에서 의미 있는 정보들을 읽어낸다.

사회지능이 높은 사람은 사람의 마음을 잘 읽어낼 뿐 아니라 공감 능력도 뛰어나다. 공감이란 함께 느낀다는 것이다. 머리로 이해하는 것이 아니라 마음으로 느낀다는 점이 중요하다. 사람 사이에 마음이 통하면 친밀감과 유대감이 형성되어 일도 잘 풀린다. 서로가 원하는 바를 잘 알기에 상대방의 요구를 잘 들어줄 수 있고, 이런 관계가 지속될수록 상호 신뢰도 더욱 단단해진다. 거래 관계든 교우 관계든 어떠한 인간관계도 공감 없이 오래 지속될 수 없다.

모든 사람이 이러한 공감 능력을 가진 것은 아니다. 공감 능력이 부족한 사람들은 자신이 상대방을 화나게 했으면서도 그 사람이 화내는 이유를 모른다. 자신의 재미없는 우스갯소리가 정말 웃겨서 웃는 것인지 예의상 웃어주는 것인지 알지 못한다. 상대방이 한 말의 숨은 뜻을 잘 알아채지도 못한다. 한마디로 눈치가 없는 것이다. 눈치 없는 사람이 대인관계가 좋을 리 없다. 당연히 사회생활에도 영향을 미치고 성공과는 거리가 멀어진다.

반면 사회지능이 높은 사람들은 센스 있다는 말을 자주 듣는다. 분위기 파악을 잘하고 사람들이 무엇을 원하는지 잘 안다. 어색한 분위기가 감지될 경우 위트 있는 한마디로 분위기를 전환하기도 한다. 그렇다고 그들이 늘 분위기를 주도하는 것은 아니다. '낄끼빠빠'를 잘한다. (낄끼빠빠는 '낄 때 끼고 빠질 때 빠져라'라는 뜻으로 분위기 파악을 잘하고 융통성 있게 행동한다는 뜻의 신조어다.) 그들은 눈치가 빠르다. 학창 시절 교수님 한 분이 하신 말씀이 떠오른다. "사람은 국어에서 한 가지, 수학에서 한 가지를 잘하면 세상 살아가는 데 문제가 없다. 그것은 '주제'를 아는 것과 '분수'를 아는 것이다."

우리 주변에는 사이코패스psychopath와 소시오패스sociopath가 잠복해 있다. 이들은 평소에 잘 드러나지 않지만, 생각보다 가까운 곳에 흔하게 존재한다. 연구 결과에 따르면 전체 인구의 1퍼센트와 4퍼센트의 비율로 사이코패스와 소시오패스가 존재한다고 한다. 이 둘 모두 반사회적 성격장애를 가진 사람들이다. 이 둘의 공통점은 타인에 대한 공감 능력이 없다는 것이다. 이들은 자신의 감정과 고통에는 매우 예민하나 타인의 고통이나 감정은 느낄 수 없다. 그렇기 때문에 타인과 정서적 유대감을 맺지 못한다.

여러 연구 결과에 따르면 지위가 올라갈수록 공감 능력은 약해진다. 개구리 올챙이 시절을 잊는 것이다. 공감 능력이 떨어지는 상사는 부하 직원이 업무 고충을 토로하면 그의 어려움을 이해하고 공감하지 않고, 문제를 해결해주는 것에만 몰두한다. 비 오는 날 누군가 비를 맞고 있을 때 옆에서 우산을 씌워주는 대신 함께 비 맞아주는 것, 그것이 공감이다.

요약

· 사람들과 잘 어울리는 능력이 성공을 결정한다.

· 지능만으로는 안 되는 세상, 인간다움이 경쟁력이다.

· 인간관계를 관통하는 핵심 키워드는 진정성이다.

· '낄끼빠빠'를 잘하자.

· 누군가 비를 맞고 있을 때 우산을 씌워주는 대신 함께 비 맞아주는 것. 그 것이 공감이다.

일 잘하는
사람은
개인 브랜딩을 한다

우리나라 50대 기업의 브랜드 가치에 대한 영국 〈브랜드 파이낸스〉의 기사에 따르면 삼성전자의 브랜드 가치는 89조 원이며, 이는 2위에서 10위까지 기업의 브랜드 가치를 합친 것보다 많다고 한다. 무형의 자산인 브랜드가 얼마나 큰 기업 경쟁력인지는 굳이 설명하지 않아도 되리라 생각한다. 기술이 빠른 속도로 발전하고 제품이나 서비스의 기능과 품질이 평준화된 세상에서, 브랜드는 점점 더 중요한 제품 선택 요인이 될 것이다.

개인은 어떠할까? 직장인으로서 당신은 자본주의 인력 시장에서 누군가에게 선택받아야만 살아남을 수 있다. 당신과 비슷한 스펙을 갖춘, 당신과 비슷한 경력과 능력을 보유한 사람은 세상에 널렸다. 이제 개인도 브랜드가 필요하다. 당신의 브랜드 가치는 얼마인가?

명함 한 장 바뀌었을 뿐인데

필자가 재직 중인 회사가 정부 산하 기관에서 진행한 국내 기업 해외 진출 지원 사업에 선정된 적이 있다. 이 프로그램의 일환으로 진행된 간담회에서 함께 선정된 기업의 대표 및 임원들을 만날 수 있었다. 그중에 20년 넘게 대기업에서 근무하고 임원까지 하다가 창업하여 현재는 직원 50여 명 규모의 기업을 운영하고 있는 분이 계셨다. 그분의 이야기가 많이 공감되어 소개하고자 한다.

저는 국내 굴지의 대기업에서 20년 넘게 국내외 영업과 마케팅 분야에 종사했습니다. 수많은 프로젝트를 진행했습니다. 해외 판로를 개척하기도 했고, 큰 금액의 계약도 성사시키고, 성과도 아주 좋았습니다. 그 덕에 회사에서 인정도 받고, 대기업의 꽃이라 할 수 있는 임원 자리에도 오를 수 있었습니다. 마침 그 무렵에 거래 관계로 알고 있던 지인에게서 공동 창업 제의를 받았습니다. 이미 회사 설립에 필요한 자금이나 기술력은 어느 정도 확보된 상태였고, 저의 영업력과 대기업에서의 경험이 필요한 상황이었습니다. (……) 퇴사를 하고 중소기업 대표로서의 삶이 시작됐습니다. 얼마 지나지 않아 뼈아픈 현실을 경험하게 됩니다. 대기업에서 이룬 저의 성공은 제 실력으로 얻은 게 아니었다는 걸 알게 됐습니다. 이전에 제가 이루었던 성공은 회사에 대한 신뢰, 회사의 오랜 전통, 브랜드 파워 등 회사가 닦아놓은 기반이 없었다면 불가능한 일이었다는 걸 깨닫게 됐습니다. 이름도 없는 중소기업 대표로서 자사의 제품을 세일즈하고 계약을 성사시키는 것은 매우 어려운 일이었습니다. 명함 한 장 바뀌었을 뿐인데, 삶이 이렇게 달라질 줄 몰랐습니다.

명함에서 회사 로고와 직함을 지워보라. 그것이 진짜 내 가치다. 기업과 마찬가지로 개인도 브랜딩이 필요한 세상이다. 퍼스널 브랜딩 코리아의 박서연 대표는 퍼스널 브랜딩personal branding에 대해 이렇게 표현했다. "퍼스널 브랜딩이란 내가 가진 '재능'이나 '전문적인 능력'과 나의 '이미지'를 결합시켜 나만의 '브랜드'를 만들어내는 것입니다."

필자의 가까운 지인 중에 직장에서의 일과 퍼스널 브랜딩을 동시에 잘 해내고 있는 사람이 있다. 그는 외국계 회사의 아시아 지역 대표로서 사업을 하면서 언론 매체와 인터뷰를 하기도 하고, 각종 세미나에 연사로 나서기도 한다. 대중에 노출될 기회가 많아지면서 자연스럽게 개인의 평판이 좋아지고 명성이 생기기 시작했다. 이러한 개인의 명성은 회사의 제품을 마케팅하는 데 많은 도움이 되었고, 그의 회사는 날로 성장하고 있다. 그 회사의 성장에는 다른 여러 요인이 있을 것이다. 하지만 확실한 한 가지는 개인의 명성이 회사의 성장에 도움이 되고, 회사의 성장은 다시 개인의 명성을 더욱 높이는 데 영향을 주는 선순환 구조를 만들었다는 것이다.

단골 가게는 없다, 단골 주인만 있을 뿐

누구나 자주 가는 단골 가게 하나씩은 있을 것이다. 맛집은 물론, 옷 가게, 미용실 등등. 필자도 그런 단골집이 몇 군데 있다. 그런데 가만히 생각해보면 필자가 단골 가게에 가는 이유는 그 장소가 좋아서라기보다 그 가게의 주인을 보고 가는 경우가 더 많다. 만약 좋아하는 냉면집이 옆 건물로 이전하고 그 자리에 다른 냉면집이 들어왔다고 치자. 냉면이 먹고 싶은 날, 어디로 갈 것인가? 많은 사람이 단골 주인이 새로 이전한 냉면집을 선택할 것이다. 그이유는 그동안 쌓아온 맛에 대한 믿음, 청결함, 친절함, 익숙함 등 단골이 되면서부터 쌓인 무형의 가치들에 있을 것이다.

직장인도 마찬가지다. 내가 어디에 속해 있든, 어떤 직책이든지 간에 일을 믿고 맡길 수 있는 사람으로서 인식되어야 한다. 적어도 '이것 하나만큼은 그 친구가 최고'라는 인식 말이다. 그것이 개인 브랜딩의 시작이다.

직장인 관점에서 보면 회사는 단골 가게이고, 나는 단골 주인인 셈이다. 주인 의식을 갖고 일하며 고객을 나의 손님으로 만들겠다는 마음을 가져보자. 일을 대하는 자세가 달라지고, 일의 성과가 나의 브랜드에 긍정적인 영향을 주는 구조를 만들 수 있을 것이다. 우리나라 게임 시장이 한창 성장기에 있을 때, 'ㅇㅇ 회사에서 만든 게임'이 아니라 '△△ 팀에서 만든 게임'이라는 말이 게임 유저들에게 회자되는 현상이 있었다. 그렇게 한번 게임 유저들에게 명성이 알려진 개발팀은 회사를 옮기거나 창업을 해서 게임을 출시하더라도 인기를 끌고, 사업적으로도 잘되는 경우가 많았다.

오랜 시간 직장 생활을 하며 만났던 수많은 사람 중에, 필자에게 뛰어난 사람으로 기억되는 몇몇 사람이 있다. 그 사람들은 필자가 회사를 옮겨서 새로운 팀을 조직해야 할 때 가장 먼저 영입 후보에 올리는 사람들이다. 물론 그들이 이직 의사가 있어야 하고 여러 조건들이 맞아야 하므로 매번 영입할 수 있었던 것은 아니다. 하지만 그런 상황에서 필자가 항상 먼저 연락한다는 사실을 그들도 알기에 늘 고마워한다. 필자는 그들의 단골손님인 셈이다.

평판 관리, 피할 수 없다면 잘하자

직장인에게 평판 관리는 기본이다. 누구나 공식, 비공식적인 경로를 통해 늘 평가를 받는다고 해도 과언이 아니다. 정기 인사 평가 시즌에만 평가받는 것이 아니라, 항상 누군가는 나를 지켜보며 평가하고 있다고 생각하면 틀림없다. 《직원이라면 어떻게 일해야 하는가》의 저자, 딜로이트 컨설팅의 김경준 부회장은 직장 생활을 어항 속 물고기 세상에 비유하며 이렇게 말했다. "평판이 사라지면 당신도 사라진다. 어항 속 세상에서 평판을 잃으면 세상을 잃는 것이다." 피할 수 없는 것이 평판 관리라면 잘하는 방법을 찾아 노력하는 편이 낫다. 평판 관리를 위해 알아두어야 할 네 가지를 꼽아보았다.

첫째, 지속적인 영향력 확보에 집중하라. 직장인이 평판을 관리하고 더 나아가 개인의 브랜드 가치를 높이고자 하는 목적은 지속적인 영향력을 확보하기 위함이다. 누구나 돈을 많이 벌고 싶어 하고 사회적으로 성공하고 싶어 한다. 하지만 퍼스널 브랜딩은 단기간의 금전적 이익을 위해 하는 것이 아니라, 직장인으로 살아가는 동안 지속적인 영향력을 확보하기 위해 하는 것임을 기억해야 한다. 사람들이 성공하고 싶어 하는 이유 중 하나는 더 큰 영향력을 갖기 위해서다. 영향력이 커지면 할 수 있는 일이 많아지고, 큰 성공을 거둘 가능성도 커진다. 브랜드는 그러한 영향력을 지속해서 확보하고 유지할 수 있는 좋은 자산이다. 지속적으로 좋은 평판을 유지하기 위해서는 평소에 진실하고 원칙 있는 언행을 하는 것이 중요하다.

둘째, 이미지 메이킹을 하라. 보이는 것이 전부다. 사람들은 눈에 보이는 것만 믿으려 하는 경향이 있다. 눈에 보이지 않는 가치가 중요하지 않다는 게 아니다. 눈에 보이지 않는 가치를 알아내는 데는 시간이 오래 걸린다. 심지어 대부분의 사람들은 타인의 내면 따위엔 관심도 없다. 외모에 신경 써야 한다. 꼭 비싼 옷이 아니더라도 시간, 장소, 상황에 맞게 옷을 입을 줄 알아야 한다. 이왕이면 색상과 무늬도 고려해서 입는 것이 좋다. 부스스한 머리, 지저분한 수염, 불쾌한 입 냄새 등은 비즈니스 매너는커녕 타인에게 불쾌감을 준다.

말도 긍정적인 말을 쓰고, 말투도 신경 써야 한다. 전문가처럼 보이려면 전문가다운 자신만의 스타일을 만들어야 한다. 변호사라는 사람이 헐렁한 라운드 티에 땀 냄새 나는 모습으로 고객 앞에 나타나는 장면이 상상이 가는가? 누구나 첫인상을 중요하게 생각한다. 첫인상이 좋아야 호감이 생기고, 호감이 관계로 발전되어야 나의 능력을 보여줄 기회도 생긴다. 아무리 능력이 좋은 사람이라도 능력이 좋아 보이지 않으면 누구도 관심을 두지 않는다.

셋째, 작은 말이나 행동 하나가 공든 평판을 무너뜨릴 수 있다. 나도 모르게 한 행동 하나가 상대방을 불쾌하게 만드는 경우가 있다. 필자의 주변에도 잘못된 언어 습관으로 오해를 사고 저평가를 받아 직간접적인 불이익을 받는 사람들이 있다. 이들은 상대방이 내색하지 않으면 자신이 뭘 잘못했는지도 모른 채 평판을 깎아먹곤 한다.

직장인 A 씨는 평소에 '~될 것 같습니다'를 달고 다니는 사람이다. 회의석상은 물론 평소에도 이런 식의 표현을 해서 '자신감 없는 사람'으로 인식되었다. 또 다른 인물 B 씨는 '솔직히 말하면~'이라는 말을 자주 한다. 말머리에 습관적으로 이 표현을 붙이는 것이다. 이 말을 듣고 있으면 '평소에 얼마나 거짓말을 했으면 진심을 강조하기 위해 저런 말을 하나?' 하는 생각이 든다.

넷째, 누구나 공평하게 가진 능력이 있는데, 바로 남 못되게 하는 능력이다. 아무리 보잘것없는 사람이라도 누군가를 끌어올릴 수는 없어도 깎아내릴 수는 있다. 그런 사람의 말이 얼마나 영향력이 있겠느냐고 생각하면 오산이다. 세계 최고의 권력자인 미국 대통령의 명성에 위협이 되는 인물은 북한의 김정은 위원장도 아니고 리시아의 푸틴 대통령도 아니다. 앞서 언급한 인물들에 비하면 하찮게 여겨질 수도 있는 과거 스캔들 속 여성들이다. 아무리 하찮은 사람의 말이라도 그것이 부정적인 내용일 경우, 대중들은 더 적극적으로 반응한다. 나쁜 뉴스는 더 빠르게 번지고, 사람들은 그것을 믿고 싶어 하기 때문이다.

- 브랜드 없이 제품 경쟁력만으로 승부하던 시절은 지났다. 개인도 마찬가지다.
- 당신의 단골은 몇 명인가?
- 개인 브랜드를 구축하고 싶다면 보이는 것에 신경 써야 한다.
- 개인 브랜드는 오랜 시간에 걸쳐 형성되지만, 한순간에 무너질 수 있다.
- 부정적인 인식은 빨리 퍼진다. 누군가는 그 소식이 들리기만 기다리고 있을 수 있다.

일 잘하는 사람은 실패를 감수한다

성공한 사람들은 실패를 당연하게 여긴다. 성공으로 가기 위한 과정으로 생각하기 때문이다. 그들의 계획에는 실패까지도 포함되어 있다. 토머스 에디슨Thomas Edison은 1만 번이 넘는 실패의 경험에 대해 이렇게 말했다. "그것은 실패가 아니었다. 안 되는 1만 가지 방법을 발견한 것뿐이다." 에디슨에게 실패는 성공을 발견하기 위한 '실험'의 의미였을 것이다. IBM의 설립자 토머스 왓슨Thomas John Watson은 말했다. "더 빨리 성공하고 싶으면, 실패의 속도도 두 배로 올려야 한다. 성공은 실패의 저 끝에 놓여 있다." 이렇듯 많은 성공한 사람들은 실패를 필연이라고 말한다.

영리한 토끼는 세 개의 굴을 판다

실패를 감수하면서 도전하는 사람들은 무모한 사람들이 아니다. 오히려 준비 단계에서 나쁜 상황을 가정하여 더욱 치밀하게 시뮬레이션해보고, 대안을 마련한다. 대안이 있고 안전장치가 있기 때문에 도전할 수 있는 것이다. 도전의 결과가 실패로 끝나더라도 대안이 있으니 실패의 충격이 크지 않다. 중국《사기史記》〈맹상군 열전孟嘗君列傳〉에 '교토삼혈狡免三穴'이라는 말이 나온다. '교활한 토끼는 세 개의 굴을 판다'는 뜻인데, 미리 여러 대비책을 세워둠으로써 위험에 대비하는 지혜를 비유하는 말이다.

성공하는 사람들은 항상 플랜 B를 가지고 있다. 계획은 늘 틀어질 수 있다고 생각하기 때문이다. 모든 비즈니스는 예상치 못한 변수들의 작용으로 만들어진다. 운이 작용하는 세상이기 때문이다. 세계 최강의 부대인 미국 네이비 실Navy Seal에서 제일 먼저 배우는 것은 '둘은 하나이고, 하나는 아무것도 아니다'라고 한다. 최악의 상황에 대비해 하나 이상의 계획을 갖고 있어야 한다. 전쟁터 같은 직장 생활에도 플랜 B가 필요하다.

비즈니스 세계에서 특정 사안에 대한 답이 하나밖에 없는 경우는 거의 없다. 문제를 해결할 방법은 여러 개라는 말이다. 답을 여러 개 가진 사람은 마음이 여유롭다. 세계적인 베스트셀러《아웃라이어》의 작가 말콤 글래드웰Malcolm Gladwell은 "답이 하나가 아니라는 사실을 알면 압박감이 사라진다"고 말했다. 대안을 여러 개 갖고 있다는 것은 이중 삼중으로 안전장치를 마련해뒀다는 것이다. 안전장치를 잘 갖춰놓으면 자신감 있게 행동할 수 있다. 원래 계획이 망가져도 당황하지 않고, 일이 틀어져도 짜증 낼 이유가 없다. 그저 그다음 대안을 실행하면 된다.

대안이 많다는 얘기는 선택지가 많다는 것이다. 대안이 없는 사람들은 현재 직장에서 언제 잘릴지 몰라 항상 걱정이다. 연봉 협상 시즌에도 별 기대감이 없다. 연봉 동결이라는 통보 앞에서도 목소리 한번 내지 못한다. 괜히 목소리를 냈다가 미운털 박힐까 봐 그냥 넘긴다. 그리고 나서 '요즘 같은 세상에 안 잘린 게 어디야' 하며 스스로 합리화한다. 이런 사람의 특징 중 하나가 조직에 충성심이 높다는 점을 강조한다는 것이다. 사실은 충성심이 높은 것이 아니라 대안이 없으니 그렇게라도 보여야 하는 것이다. 그들의 생존법이다. 평생직장의 시대는 끝났다. 요즘 같은 시대에는 대안이 많은 사람이 갑^甲이다. 대안이 없으면 평생 끌려다니는 을^乙로 살아갈 수밖에 없으니 비굴하다.

'성공적 실패'가 주는 교훈

'포스트잇'의 탄생 이야기는 누구나 한 번쯤 들어봤을 만큼 유명한 성공적 실패 사례다. 포스트잇은 세계 최대 사무용품 기업인 3M의 한 연구원이 저지른 실수에서 비롯되었다. 이 연구원은 강력한 접착제를 만들려고 하다가 원료 배합에 실패했다. 접착력이 형편없어서 너무 쉽게 떨어져버리는 접착제가 만들어진 것이다. 3M의 또 다른 연구원은 이 실패한 접착제를 자신이 개발 중이던 잘 빠지지 않는 책갈피에 활용했고, 이것을 계기로 현재의 접착식 메모지 형태로 발전하게 되었다. 포스트잇은 훗날 AP 통신 선정 20세기 10대 상품에 이름을 올리기도 했다.

3M은 일찍이 성공적 실패의 중요성을 깨달은 회사다. 이 회사는 직원들에게 실패를 장려하며, 실패의 교훈을 중요한 자산으로 축적하고 활용한다. 3M은 분기마다 '펭귄 어워드'를 통해 실패한 직원들을 시상하고 축하한다. 펭귄은 먹이를 구할 때 바다표범이나 범고래 등의 천적이 무서워서 바다에 뛰어드는 것을 두려워한다. 그러나 용감한 펭귄 한 마리가 바다에 뛰어들면 다른 펭귄들이 용기를 내어 그 뒤를 따른다. 3M은 실패를 두려워하지 않는 이 첫 번째 용감한 펭귄을 인정해주는 것이다.

미국에는 실패한 제품만 모아놓은 박물관이 있다. 일명 '실패한 상품 박물관The Museum of Failed Products'으로 더 많이 알려진 '신제품 작업소New Product Works'다. 이 박물관의 설립자인 로버트 맥매스Robert McMath는 원래 새롭게 출시되는 각종 신제품들을 취미로 수집했었다. 그런데 신제품 중 80퍼센트 이상이 망해버리는 현상을 발견하고 신제품들을 계속 수집한 결과, 약 7만 점 이상의 실패작을 수집하기에 이른다.

이곳에 전시된 대표 실패작 중에는 투명한 콜라, 보라색 케첩, 연기 없는 담배 등이 있다. 특히 연기 없는 담배는 1988년에 RJ 레이놀즈 타바코라는 담배 회사가 3,000억 원이 넘는 돈을 투자하여 야심 차게 개발했으나 소비자들의 외면을 받아 실패한 제품이다. 이렇게 수많은 실패작들과 스토리들이 얽히면서 박물관이 입소문을 타기 시작했고, 시간이 지나면서 기업 경영인들이 실패 사례를 공부할 수 있는 명소가 되었다. 오늘날 미국이 신기술의 발원지, 사업하기 좋은 나라, 세계 최강국의 위상을 떨칠 수 있는 이유는 박물관을 만들면서까지 실패를 통해 배우고, 다음 도전의 밑거름으로 활용하고자 하는 노력이 있었기 때문 아닐까?

실패는 성공을 위해 피할 수 없는 과정일 뿐, 잘못한 게 아니라는 사실을 명심할 필요가 있다. 개인도 회사도, 더 나아가 사회도 실패를 경험하지 않고는 발전할 수 없다. 어렸을 때부터 가정에서, 학교에서 실패를 권장해야 한다. '실패는 잘못한 것'이라는 등식을 깨주어야 한다. 마음 놓고 실패할 수 있는 환경을 만들어주어야 한다. 실패하면 불이익을 주는 분위기 속에서 도전하지 않는다고 야단치는 것은 앞뒤가 맞지 않는다.

실패학의 아버지라 불리는 도쿄대 명예교수 하타무라 요타로^畑^{村洋太郎}는 이렇게 말했다. "인생의 80퍼센트는 실패의 연속이며, 실패를 묻어두면 계속 실패하고 실패에서 배우면 성공한다." 넘어지는 것은 자전거 타기를 배우는 과정의 일부다. 단 한 번도 넘어지지 않길 바란다면 영원히 자전거 타는 법을 배울 수 없을 것이다.

성공하려면 실패의 속도를 높여라

《손자병법》에는 "한 번 승리한 전략을 다시 사용하지 말라"라는 말이 있다. 어제의 성공 전략이 오늘 또 먹히지 않는다. 더구나 운이 지배하는 비즈니스 세상 어디에도 성공 방정식은 없다. 이미 성공한 사람들의 스토리 속에서 성공 방정식을 찾으려고 노력할 시간에, 한 번이라도 더 도전해보는 것이 성공 확률을 높일 것이다. 성공은 도전의 질보다 양에서 비롯될 가능성이 높다. 많은 시도를 해야 성공 확률이 높아진다.

우리가 알고 있는 위대한 성공의 이면에는 보이지 않는 수많은 시도와 실패가 있음을 알아야 한다. 홈런왕 이승엽 선수는 2017년 은퇴하기 전까지 23년간, 우리나라와 일본 프로야구 무대에서 통산 626개의 홈런을 기록했다. 이 기간 동안 이승엽 선수가 타석에 선 횟수는 1만 1,239회다. 타석 수 대비 홈런 비율은 5.57퍼센트다. 626개의 홈런을 기록하기 위해 이승엽 선수는 얼마만큼의 스윙을 시도했을까? 우선 타석수가 1만 회를 넘었고, 타석당 3회를 스윙했다고 치면 3만 회가 넘는다. 게다가 경기장 밖의 훈련량까지 고려하면 홈런 한 개당 스윙 시도 횟수는 수백 번 이상이 될 것이다.

르네상스를 대표하는 예술가이자 조각, 건축, 의학 등의 분야에서도 천재적인 재능을 나타냈던 레오나르도 다빈치 Leonardo da Vinci 는 평생 자신이 생각한 아이디어와 영감을 7,000여 페이지가 넘는 노트에 스케치로 남겼다. 그는 복잡하고 난해한 인간의 신체 구조를 해부학적으로 세밀하게 그렸는가 하면, 각종 기계 장치들의 구조와 작동 원리를 설계한 그림을 그리기도 했다.

이같이 그가 평소에 관심을 두고 남긴 스케치는 그의 걸작을 위한 수많은 시도 과정이었을 것이다. 걸작의 이면에는 이러한 수많은 시도와 습작들이 자리하고 있다. 그의 작품 중 대중에게 널리 알려진 것은 〈모나리자〉, 〈최후의 만찬〉 등 20여 점에 불과하다. 또한 20세기를 대표하는 화가이자 조각가인 파블로 피카소Pablo Picasso는 살아생전에 1만 3,500여 점의 그림과 700여 점의 조각품을 남겼다. 그림과 조각품 외에도 다수의 작품을 창작한 그의 작품 전부를 합치면 3만여 점이 된다. 그러나 대중에게 알려진 대표 작품은 〈아비뇽의 처녀들〉, 〈게르니카〉, 〈꿈〉 등 극소수에 불과하다.

"성공이란 열정을 잃지 않고 실패를 거듭할 수 있는 능력이다." 영국 총리였던 윈스턴 처칠Winston Churchill의 말이다. 애초에 실패는 없다. 중도 포기만 있을 뿐이다. 남들보다 느린 것을 두려워하지 말고 중도에 포기하는 것을 두려워해야 한다. 성공으로 가는 과정은 자전거 타기와 같다. 느리더라도 전진하면 쓰러지지 않지만, 멈추는 순간 쓰러지고 만다. 돌부리에 걸려 덜컹거리고 때론 오르막길도 만나지만, 포기하지만 않는다면 언젠가는 목적지에 도달할 수 있다.

시간의 흐름을 늦출 수는 없지만 정해진 시간에 더 많은 시도는 할 수 있다. 그냥 서서 시간을 흘려보낼 것인지, 한 발자국이라도 움직여서 도전으로 채울 것인지는 각자의 몫이다. 확실한 것은 많이 시도해야 성공 확률이 높아진다는 것이다.

- 실패는 성공으로 가는 과정이다. 성공은 실패를 감당할 능력이 있는 사람의 것이다.
- 토끼도 굴을 세 개 판다. 프로라면 대안 마련은 필수다.
- 인생의 80퍼센트는 실패의 연속이며, 실패를 묻어두면 계속 실패하고 실패에서 배우면 성공한다.
- 성공적 실패가 우연한 성공보다 낫다. 성공적 실패는 약이 되지만 우연한 성공은 독이 될 수 있다.
- 성공은 확률 게임이다. 빠르게 성공하고 싶다면 실패의 속도를 높여라.

일 잘하는
사람은
일을 즐긴다

"재능 있는 자는 노력하는 자를 이길 수 없고, 노력하는 자는 즐기는 자를 이길 수 없다"는 말이 있다. 재능은 타고 나는 것이니 어쩔 수 없다 하더라도, 노력은 누구나 나름의 방식대로 할 수 있으니 다행이다. 그렇다면 어떻게 즐겁게 일할 수 있을까? 좋아하는 일만 골라 할 수 있을까? 단언컨대 자신이 좋아하는 일만 골라서 할 수 있는 사람은 없다. 하지만 일하는 것을 좋아하는 사람은 많이 목격해왔다. 이런 사람들은 각자의 방법으로 일을 즐겁게 하는 노하우를 터득한 사람들이다. 뛰어난 사람 대부분은 일을 즐기면서 한다.

실력이 있어야 즐길 수 있다

게임을 못하는 사람이 친구들과 피시방에 가서 함께 게임하는 것이 즐거울까? 음치인 사람이 친구들과 노래방에 가서 노래 부르는 것이 즐거울까? 참가하는 것 자체에 재미를 느끼는 사람도 있을 수 있으나, 기본적으로 어느 분야든 일정 수준의 실력을 갖추어야 즐길 수 있다.

요즘 케이팝K-Pop이 전 세계에 퍼져나가고 있다. 수많은 팬을 거느리고 다니는 아이돌 스타들이 무대를 장악하고 퍼포먼스를 선보이는 것을 보면, 그 자리에 서기까지 얼마나 많은 어려움을 참아가며 연습했을지 짐작할 수 있다. 관객의 환호성 뒤에는 수많은 훈련의 시간이 있었을 것이다. 그 인내의 시간을 거치며 실력을 쌓았기 때문에 무대를 즐길 수 있게 된 것이다.

일을 즐기려면 실력이 있어야 한다. 실력을 쌓을 때는 경쟁보다는 나의 성장에 집중해야 한다. 더 나아지고 싶은 욕구를 향상심이라고 하는데, 일을 잘하는 사람들은 향상심이 뛰어나다. 향상심이 뛰어난 사람들은 매일 조금이라도 발전하기 위해 노력한다. 일과 학습을 통해 배우고, 배움을 실천하며 끊임없이 자신을 업그레이드한다. 그들은 작은 일에서도 의미를 발견하고 깨달음의 기회로 삼는다. 또한 타인과의 경쟁보다는 내가 얼마나 성장하는가에 관심을 둔다. 남과 자신을 비교하지도 않는다. 하루하루 나아지고 있느냐 그렇지 못하느냐가 그들의 관심사다. 그들이 경쟁하는 사람은 오로지 어제의 자신뿐이다. 특히 실력이 좋아지면 좋아질수록 남들과의 경쟁은 무의미하다.

세계 최강의 실력을 자랑하는 우리나라 양궁 선수들을 보라. 특히 올림픽 단체전 8연패를 달성한 여자 양궁 선수들은 전 세계 어느 나라 선수도 경쟁이 되지 않는다. 우리나라 국가대표 선발전이 세계대회 우승보다 어렵다는 말이 있을 정도니까 말이다. 우리 선수들의 경쟁자는 어제의 자신일 수밖에 없다. 직장에서도 나와 비슷하거나 좀 나은 사람을 경쟁 상대로 생각할 필요가 없다. 그런 사람은 세상에 너무도 많다. 나의 실력 향상에 집중하라. 향상심이 뛰어나다는 것은 성공을 향한 자가 발전기를 장착한 것과 같다.

동기부여는 스스로 하는 것이다

요즘 식당이나 카페에 가보면 가게 홍보를 위해 인스타그램, 페이스북 등 소셜 네트워크 서비스SNS를 활용하는 경우가 많다. 방문한 고객들이 사진을 찍어서 SNS에 올리면 혜택을 제공하는 형태가 주를 이룬다. 이런 가게들은 보통 다음과 같은 문구로 고객들의 참여를 유도한다.

#○○ 스시 #강남맛집 #일식맛집 인스타그램 인증샷 이벤트. 위 해시태그와 함께 ○○ 스시의 메뉴 사진을 인스타그램에 올려주세요. 음료 1병을 무료로 드립니다.

사람들에게 어떤 행동을 끌어내는 동기는 내적 동기와 외적 동기로 분류할 수 있다. 위 이벤트에 참여한 사람들은 내적 동기에 의해 움직인 것일까, 외적 동기에 의해 움직인 것일까? 이런 유형의 이벤트는 외적 동기를 자극하는 이벤트다. 외적 동기란 지시, 강제 또는 성취의 결과가 주는 보상 등 외부 요인이 행동에 영향을 주는 동기를 말한다. 구체적으로는 보상, 처벌, 강압, 회유, 경쟁, 타인의 시선 등이 될 수 있다. 앞선 이벤트 사례는 '무료 음료 제공'이라는 보상을 통해 고객들의 외적 동기를 자극한 예다.

반면 내적 동기는 어떠한 외부 요인 없이 스스로 행동하게 만드는 동기다. 만약 사진이 잘 나오는 조명과 예쁜 인테리어를 갖추고, 음식을 담는 그릇과 플레이팅에 신경을 쓴다면 어떻게 될까? 손님들은 누가 시키지 않아도 스스로 알아서 사진을 찍어 자신의 SNS에 올릴 것이다. 무료 음료 제공 또한 필요치 않을 것이다. 이것이 내적 동기를 자극하는 방법이다.

일을 잘하는 사람들은 내적 동기가 강한 사람들이다. 이들은 회사의 미션과 비전을 이해하고 일의 의미를 안다. 적어도 스스로 일의 의미를 찾고 내적 동기를 자극한다. 스스로 동기부여를 하는 것이다. 많은 사람들이 '부여'라는 말 때문에 동기는 나 스스로가 아니라 타인에 의해서 주어지는 것으로 생각한다. 이는 착각이다. 진짜 동기부여는 나 스스로 하는 것이다. 뛰어난 사람들은 스스로 내적 동기를 자극할 방법을 찾는다. 일에 의미를 부여하고, 재미를 느끼며, 일의 결과에 상관없이 본인과 조직의 성장을 통해 즐거움을 경험한다. 먹고살기 위해 어쩔 수 없이, 상사의 지시에 의해 어쩔 수 없이 일하는 사람들과는 차원이 다른 성과를 내는 것은 물론이다.

일을 바꿀 수 없다면 일하는 방식을 바꾼다

어린아이부터 성인까지 남녀노소를 불문하고 많은 사람이 게임을 즐긴다. 다 큰 어른들이 퇴근 후에 피시방으로 달려가거나, 스마트폰에서 눈을 못 떼고 게임을 하는 모습을 쉽게 볼 수 있다. 이렇게 게임을 좋아하는 사람들에게 무엇 때문에 게임을 하는지 물어보면 '재미있어서'라고 한다.

그렇다면 '재미'란 무엇인가? 게임 장르마다 약간의 차이는 있겠으나, 사람들이 게임을 하면서 재미를 느끼는 이유는 경쟁competition, 보상reward, 성취achievement 때문이다. 여기에 한 가지 더 덧붙일 수 있는 요소는 연결connection 이다. 많은 게임에서 취하고 있는 기본 구조는 타인과의 경쟁, 기록 경쟁 등을 통해 승리의 쾌감을 맛보게 하고, 목표를 달성했을 때 보상을 지급하는 것이다. 게임을 하면 할수록 레벨이 높아지고 더 좋은 아이템을 획득할 수 있다. 사용자는 이를 통해 성취감을 맛보게 된다. 또한 사람들은 동질감을 느끼는 사람들끼리 연결되길 원하고 그 안에서 소속감을 느낀다. 이러한 유대 관계는 게임을 더욱 즐겁게 할 수 있는 환경을 만든다. 이런 이유로 게임 커뮤니티에 가입하고 클랜을 만들어서 팀플레이를 즐기는 것이다.

게임화^{gamification}라는 것이 있다. 게임의 원리를 적용해서 재미있게 보이게 하거나, 게임을 하려는 인간의 심리를 이용해 특정한 행동을 유도하는 기법을 말한다. 앞서 이야기한 경쟁, 보상, 성취, 연결의 개념을 적용하는 것이다. 게임화 기법을 통해 사람들이 평소에 재미없게 느끼는 일을 좀 더 자발적으로 할 수 있도록 유도할 수 있다. 예컨대 계단마다 소모되는 열량을 표시하고, 한 층씩 오를 때마다 스탬프를 찍어주는 방식으로 계단 이용을 유도할 수 있을 것이다.

직장 생활에도 게임화 기법을 적용해보는 것은 어떨까? 나는 ○○팀이라는 클랜 소속이고, 내가 맡은 업무는 일종의 퀘스트를 깨는 것이며, 퀘스트를 깨면 월급을 받는 것으로 말이다. 특히 연결 부분은 직장 생활에서 매우 중요한 부분이다. 동료애를 느낄 수 있는 사람 한 명 정도만 있어도 직장 생활은 훨씬 수월해진다. 웅진그룹의 윤석금 회장은 저서 《사람의 힘》에서 이렇게 말했다. "친구나 동료와 사이가 좋을 때, 서로 신뢰와 우정을 나눌 때 살맛이 난다." 일을 바꿀 수 없다면 일하는 방식을 바꿈으로써 일을 즐기면서 할 수 있는 환경을 만들 수 있을 것이다.

- 실력이 있어야 즐길 수 있다.
- 실력 향상은 남과 경쟁하기 위해서가 아니라 나의 성장을 위해서다.
- 보상을 받기 위해 하는 일은 지속적인 성과를 내기 어렵다.
- 동기부여는 남이 나에게 하는 것이 아니라 스스로 하는 것이다.
- 즐거운 일만 할 수 없다면, 즐겁게 일할 수 있는 환경을 만들어보자.

일 잘하는
사람은
미래 지향적이다

뚜렷한 목표가 있으면 미래 지향적인 사고를 할 수 있다. 미래 지향적 사고는 현재 기준이 아니라 미래에 초점을 맞추어 생각하는 것이다. 2002년 월드컵을 앞두고 있던 당시, 우리 대표 팀은 성적이 좋지 못했다. 상대 팀에게 질 때마다 당시 감독이었던 거스 히딩크Guus Hiddink 감독의 경질론이 흘러나왔다. 그때마다 히딩크 감독은 "평가전에서 졌을 뿐이다. 우리의 모든 계획은 본선에 맞춰져 있다"라며 일축했다. 그에게는 명확한 목표가 있었기에 휘둘리지 않았다. 그 결과 우리 대표 팀은 월드컵 4강 신화를 이루어냈고, 히딩크 감독은 국민적 영웅으로 떠올랐다.

직장인 vs 직업인

미래 지향적인 사람은 현실감각이 떨어지고 정신 나간 사람으로 취급받기도 한다. 일본 최대 IT 기업인 소프트뱅크의 창업자 손정의 회장은 창업 후 달랑 두 명이었던 직원들 앞에서 이렇게 말했다. "우리는 세계 디지털 혁명을 이끌 것이다. 30년 후에 우리는 매출액을 조 단위로 세게 될 것이다." 이 두 직원은 입사한 지 두 달을 못 채우고 회사를 떠나버렸다. 그 상황에서 그들에게 손정의 회장이 정상으로 보였다면 그게 더 이상할지도 모른다. 하지만 손정의 회장은 훗날 이런 말을 남겼다. "소프트뱅크를 창업했을 때부터 인터넷이 세상을 장악할 것이라고 예상했다. 이제 막 창업한 회사가 그런 무지막지한 이야기를 하면 아무도 믿어줄 것 같지 않아 당시는 그런 말을 하지 않았지만, 나의 머릿속에는 처음부터 그런 청사진이 들어 있었다."

손정의 회장은 어떻게 그런 생각을 할 수 있었을까? 미래를 내다보는 특출난 혜안이 있었던 것일까? 아니다. 그는 미래를 위해 사전에 준비된 창업자였다. 소프트뱅크 창업 전 미국에서 유학했고, 이미 미국에서 소프트웨어 업체인 '유니슨 월드'를 창업했었다. 소프트뱅크 창업 전에 40여 개의 사업 아이템을 검토했고, 소프트웨어 분야의 발전 가능성을 보고 사업 아이템을 정했다고 한다. 현재는 1,000억 달러(약 112조 원) 규모의 '비전 펀드'를 앞세워 세계최대의 반도체 설계 업체, 인공지능, 자율주행 자동차, 차량 공유

기업, 사무실 공유 기업, 사물인터넷IoT, internet of things 분야 등에 과감히 투자하고 있다. 모든 것이 연결되는 초연결 사회hyper-connected society 에 필요한 핵심 기술 분야 대부분을 선점한 것이다.

미국의 대부호이자 역대 세계 최고 부자로 손꼽히는 존 D. 록펠러John Davison Rockefeller 는 이렇게 말했다. "하루 종일 일하는 사람은 돈 벌 시간이 없다." 이 말은 당장 해야 할 일에 파묻혀 미래를 생각해볼 겨를이 없는 많은 사람에게 울림을 준다. 평생 고용의 시대는 끝났다. 직장인이 아니라 직업인이 되어야 한다. 직장인은 직장에 속해 있는 동안에만 생명력이 있다. 명함에 박힌 직책과 회사 로고를 빼도 경쟁력 있는 사람이 되어야 한다. 이것이 직업인이다. 직업인은 어느 직장에 속해 있더라도 경쟁력이 있다. 직장인은 시키는 일을 하는 사람이고, 직업인은 스스로 가치를 만들어내는 사람이다.

많은 기업들이 정규직 직원의 수는 점점 줄이고, 필요할 때마다 인력을 수급하여 활용하는 경향이 짙어지고 있다. 이른바 긱 경제gig economy 의 시대다. 원래 '긱'이란 용어는 1920년대 미국 재즈 공연장에서 그때그때 연주자를 섭외해 짧은 시간 동안 공연에 투입한 데서 비롯되었다고 한다. 현재는 기업들이 정규직보다 필요에 따라 임시직으로 고용하는 경향이 커지는 경제 현상을 말한다. 이런 현상은 전 세계 곳곳에서 벌어지고 있다. 전문성을 갖추지 못하고는 경쟁력을 갖기 어렵다. 20퍼센트 정도의 에너지는 미래를 준비하는 데 써야 한다.

목표가 뚜렷하면 힘든 상황도 이겨낼 수 있다

목표가 있다는 것은 미래의 어느 시점에 무엇을 성취할 것인지를 뚜렷하게 그리고 있다는 의미다. 그렇기에 목표가 뚜렷한 사람은 현재의 어려움을 잘 느끼지 못한다. 웬만한 어려움은 느껴지지도 않는다. 모든 관심이 내가 정한 미래에 맞춰져 있기 때문이다. 반면에 인생의 목표가 뚜렷하지 않은 사람은 본인의 일에 확신이 부족하고 하루하루가 고단하다. 그저 관성에 따라 먹고살기 위해 일터에 나간다.

물론 일을 통해 생계를 이어간다는 것만큼 숭고한 일도 없다. 하지만 평생 동안 단지 먹고사는 문제를 해결하기 위해 일하는 삶은 억울하지 않은가? 누구나 한 번쯤 '이렇게 살아서는 답이 없다'는 생각을 해본 적이 있을 것이다. 필자도 그랬다. 회사에는 목표가 있다. 직장인들은 회사의 목표를 달성하기 위해 열심히 일한다. 하지만 개인의 목표에 대해서는 상대적으로 무관심한 것 같다. 의외로 5년 후, 10년 후에 되고 싶은 것, 이루고 싶은 것이 없는 사람이 많다. 회사의 목표보다 인생의 목표가 훨씬 중요한데도 말이다.

사귄 지 얼마 안 된 연인을 만나러 가느라 운전 중인 상황을 그려보자. 나를 기다리고 있을 연인 생각에 마음이 설레고 만나서 데이트할 생각에 즐겁다. 하지만 눈은 정면을 주시할 것이고, 교통신호를 지키며 운전하는 데 집중할 것이다. 몇 차례 신호에 걸릴 것이고, 갑자기 끼어드는 차량과 예상치 못한 교통체증에 짜증이 날 수도 있다. 잠깐 신호에 걸린 시간 동안 어제 연락하기로 했던 친구가 떠오를지도 모른다.

일반적으로 이런 상황에서 연인을 만나러 가는 일을 그만두지는 않는다. 곧 만나게 될 연인이 미래라면 운전 중인 상황은 현재다. 불현듯 떠오른 어제 했어야 했던 일은 과거이니 그냥 흘려보내자. 가슴 설레게 하는 미래를 품고 있는지가 중요하다. 미래의 꿈이 크면 클수록, 선명하면 선명할수록 현재 겪고 있는 웬만한 어려움은 아무것도 아니다. 현재를 소홀히 해도 된다는 뜻은 아니다. 아무리 연인과의 데이트라는 장밋빛 미래가 있더라도 가는 도중 사고라도 나면 소용없기 때문이다. 미래 지향적이라는 뜻은 현재를 탄탄히 하며 미래를 대비한다는 뜻이다.

당장의 이익보다 미래를 위한 구조를 만든다

성공하는 사람들은 일을 통해 단기간에 어떤 결과를 내는 것보다 성공의 구조를 만드는 것에 더 관심이 많다. 구조를 만든다는 것은 체계를 만든다는 것이다.

예를 한번 들어보자. 두 개의 숫자가 있다. 이 두 개의 숫자를 가지고 결과값을 만드는 다양한 구조가 있을 것이다. 더하기 구조를 만들 수도 있고, 곱하기 구조를 만들 수도 있고, 거듭제곱 구조를 만들 수도 있다. 동일한 숫자이지만 구조에 따라 결과는 천지차이로 달라진다. 두 수가 모두 1일 경우에는 더하기 구조의 값이 가장 크다. 2일 경우 결과는 모두 4로 같다. 하지만 숫자가 3 이상이 되면 값의 크기는 벌어지기 시작한다. 숫자가 5만 되어도 더하기 구조의 값과 거듭제곱 구조의 값은 300배가 넘게 차이 난다. 처음에는 더하기 구조의 값이 가장 크지만 더하기 구조는 숫자가 커져도 값이 커지는 데 한계가 있다. 반면 곱하기 구조나 거듭제곱 구조는 더하기 구조보다 값의 크기가 커지는 속도가 빠르다. 이런 차이는 시간이 흐를수록 커진다.

같은 수, 다른 구조에 따른 결과

더하기	곱하기	거듭제곱
$1 + 1 = 2$	$1 \times 1 = 1$	$1^1 = 1$
$2 + 2 = 4$	$2 \times 2 = 4$	$2^2 = 4$
$3 + 3 = 6$	$3 \times 3 = 9$	$3^3 = 27$
$4 + 4 = 8$	$4 \times 4 = 16$	$4^4 = 256$
$5 + 5 = 10$	$5 \times 5 = 25$	$5^5 = 3125$

먼저 구조를 만들고 일을 하면 처음에는 속도가 더딘 것 같지만 시간이 흐를수록 에너지는 적게 쓰면서 성과는 크게 낼 수 있다. 이것이 기하급수의 법칙이다. 세상에는 노동력을 제공하고 돈을 버는 사람도 있고, 노동력을 이용하여 돈을 버는 사람도 있다. 월급 받는 직장인들은 대부분 전자에 속한다. 후자의 사람들 중에는 사업가가 많다.

봄에 씨앗을 심어주고 임금을 받는 사람에게 가을 추수 때 얻은 과실에 대한 보상은 없다. 반면 농장 주인은 인부들에게 지불한 비용보다 더 큰 수확을 얻을 수 있다. 농장 주인은 농장이라는 구조를 만든 사람이고, 인부는 그렇지 못한 사람이다. 그렇다고 농장 주인만 구조를 만들 수 있는 것은 아니다. 인부가 봄에 임금을 절반만 받고 수확한 과실의 일정 비율을 자기 몫으로 받는 조건으로 일할 수도 있고, 일 잘하는 인부들을 모아서 농장 주인에게 공급하고 수수료를 챙길 수도 있을 것이다. 자신이 처한 상황을 최대한 활용하여 적합한 구조를 만드는 노력이 필요하다.

요약

· 하루 두 시간은 미래를 위해 써라. 내 모든 시간을 남을 위해 써서는 안 된다.
· 가슴 설레는 미래의 뚜렷한 목표가 있는가? 현실이 팍팍할수록 그것을 찾는 것이 먼저다.
· 좋은 구조에서 좋은 결과가 나온다.

일 잘하는
사람은
승부 근성이 있다

일을 잘하기 위해서는 어느 정도의 승부욕이 필요하다. 비즈니스 세계는 크고 작은 승부가 펼쳐지는 냉혹한 곳이다. 비단 상대방과 겨루어 승부를 내야 할 때만 승부욕이 필요한 것은 아니다. 승부욕 없는 사람과 함께 한 팀을 이루어 일하는 것만큼 힘 빠지는 일도 없다. 이래도 그만, 저래도 그만인 사람은 다른 팀원들의 기운을 빠지게 한다. 그런데 승부욕이 불같이 끓어올랐다가 금방 식어버리는 것은 곤란하다. 승부욕에 근성이 뒤따라야 한다. 끝까지 해내고야 말겠다는 끈기 말이다. 성공의 다른 이름은 목표 지점까지 멈추지 않는 집요함이다.

성취하고자 하는 욕구를 가져라

필자는 30대 초반까지만 해도 승부욕이 강했다. 작은 일에서도 지면 자존심이 상하고 부끄러웠다. 돌이켜보면 그것은 필자의 부족함을 가리기 위한 일종의 방어기제였던 것 같다. 나이를 먹고 알게 된 좋은 깃 중 하나가 이겨야 할 때와 져도 되는 때가 있다는 것이다. 호랑이는 늘 발톱을 드러내지 않아도 호랑이다. 이것을 왜 마흔 살이 다 되어서야 알게 됐는지, 그것이 더 부끄러웠다.

20대 후반에 다니던 회사에서 있었던 일이다. 상사 한 분을 포함해서 10여 명의 직원들과 볼링을 치러 간 적이 있었다. 상사는 개인적으로도 가까운 사이였다. 그분이 분위기를 주도하여 두 팀으로 팀을 정했는데, 내가 보기에는 그분의 팀에만 실력이 좋은 사람들을 배정한 것처럼 보였다. 그때 발끈하여 항의를 했다. 시간이 지나고 나서 생각해보니 그 장면이 너무 부끄러웠다. 사실 발끈하자마자 후회했던 것 같다. 친선을 도모하는 분위기 좋은 자리에서 팀장이란 사람이 지나친 승부욕을 드러내어 분위기를 망친 것이다. 그때 그 상사와 지금은 호형호제하며 좋은 관계로 지낸다. 그분은 만날 때마다 그때의 이야기를 안주 삼아 필자를 놀리곤 한다. 필자에겐 부끄러운 과거지만, 사실 적당한 승부 근성은 일을 잘하는 데 도움이 되는 경우가 많다.

스스로 목표를 세우고 그 목표를 이루고자 최선을 다하는 데에도 승부 근성이 필요하다. 아예 시작을 안 하면 모를까 일단 시작했으면 끝까지 최선을 다해야 한다.

예전에 정부 산하 기관이 지원하는 해외 진출 지원 사업에 참여한 적이 있다. 국내 기업 15개 중 5개를 선정하여 싱가포르 시장 진출을 지원해주는 사업이었다. 3일 동안 싱가포르 현지 전문 기관을 통해 교육을 받는 워크숍에 참여해야만 했다. 워크숍에 참여하는 동안 수행한 과제에 대해 좋은 평가를 받아야 5개 기업에 선정될 수 있는 상황이었다.

필자는 실무 담당자 한 명과 함께 참여했는데, 목표를 무조건 5개 기업 내에 드는 것으로 설정했다. 3일이라는 시간은 우리 제품에 대해 자세히 알리기엔 짧은 시간이라는 생각이 들었다. 그래서 일단은 '뭔가 함께 하고 싶은 회사'라는 인식만 심어주자는 구체적인 목표를 세웠다. 그리고 그 3일 동안 우리가 할 수 있는 모든 것을 다했다.

우선 워크숍 진행 장소 근처에 숙소를 잡았다. 남들은 하지 않는 일이었다. 꼭 그렇게 할 필요는 없었지만 아침저녁 이동 시간을 줄이고 워크숍에 집중하기 위해서였다. 또한 아침 일찍 워크숍 장소에 가서 무조건 맨 앞에 앉았다. 워크숍 진행 중에는 최대한 진행자와 눈을 마주치고, 쉬는 시간에 찾아가서 우리 제품에 대해 설명했다. 이런 노력들이 통했는지 필자의 회사는 5개 기업 중 하나로 선정되었고, 싱가포르에 진출할 기회를 얻게 되었다.

목표를 향해 꾸준히 나아가는 능력

그림을 그리는 기법 중에 점묘법 點描法, pointillism이라는 것이 있다. 이 화법은 선을 그리고 채색하는 대신 수많은 점을 찍어서 그림을 완성한다. 수천, 수만 개의 점을 찍어 그림을 그린다. 점묘화를 그리는 과정을 담은 영상을 본 적이 있는데, 굉장히 힘들고 집중력을 요구하는 과정이었다. 한 점 한 점 찍으며 끝나지 않을 것 같은 시간을 보내고 나서야 작품 한 점이 겨우 세상에 나올 수 있었다. 점묘화로 유명한 프랑스 화가 조르주 피에르 쇠라 Georges Pierre Seurat는 생전에 유명한 점묘화 작품을 많이 그렸는데, 그가 그린 〈그랑 자트 섬의 일요일 오후〉는 완성하는 데 무려 2년의 세월이 걸렸다고 한다.

쇠라가 오랜 시간 동안 그 힘들고 어려운 과정을 감내할 수 있었던 것은 뚜렷한 목표가 있었기 때문일 것이다. 그의 머릿속엔 작업 시작 전부터 완성된 작품의 모습이 그려져 있었을 것이다. 우리도 우리 자신의 인생 그림을 그려보자. 그림이 여러 장일 수도 있다. 어떤 그림을 언제까지 완성할 것인지 목표를 세우고, 포기하지 말고 전진해야 한다. 내가 완성할 그림을 가슴에 품고 사는 사람과 그렇지 않은 사람의 하루하루는 의미가 다르고, 당연히 결과도 다를 것이다. 오늘 내가 하는 일은 그 그림을 완성하기 위한 점 하나여야 한다.

요즘 젊은이들이 열정이 부족하다는 말들을 많이 한다. 젊은 세대들에게 그들의 꿈을 담보 삼아 열정을 강요하는 어른들도 있다. '열정 페이'를 주면서 말이다. 열정의 사전적 의미는 '어떤 일에 열렬한 애정을 가지고 열중하는 마음'이다. 어떠한 일에 애정이 생기면 열심히 하지 말라고 말려도 한다. 애정은 강요한다고 생기는 것이 아니다.

필자에게는 여섯 살 된 아들이 있다. 아들이 아침에 눈 뜨자마자 하는 말이 '놀자'다. 잠들기 직전까지 하는 말은 '조금만 더 놀자'이고, 놀고 있으면서도 놀자고 한다. 말 그대로 놀이에 열렬한 애정을 갖고 있다. 그런 에너지가 도대체 어디서 나오는지 엄청나게 열중해서 논다. 여러분은 어떤 일에 열렬한 애정을 갖고 있는가? 포기하지 않고 끈기 있게 할 만한 가치가 있는 일은 무엇인가?

사람은 남이 시키는 일을 할 때 재미를 못 느낀다. 자신이 하고 싶은 일을 스스로 할 때 재미를 느끼고 오래 지속할 수 있다. 즉, 목표를 스스로 세우고, 목표를 달성하기 위한 계획을 스스로 세울 때 애정이 생기고 즐겁다. 그렇기에 오래 지속할 수 있다. 미국의 심리학자 앤절라 더크워스Angela Duckworth는 저서 《그릿Grit》을 통해 성공한 사람들의 비결을 밝혔는데, 어떤 영역이든 뛰어난 성취를 이루는 가장 큰 요인은 지적 능력도 경제적 수준도 재능도 아닌 바로 '그릿'이라고 말했다. 그릿은 '실패에 좌절하지 않고 목표를 향해 꾸준히 나아갈 수 있는 능력'을 뜻한다. 목표를 이루고자 하는 과정에서 만나는 수많은 어려움과 포기의 유혹을 뿌리칠 수 있는 끈기야말로 승부 근성의 다른 말이다.

승부 근성은 실행을 위한 원동력이 된다

필자가 직장 생활을 시작한 지 몇 년 안 되었을 때 있었던 일이다. 어느 날, 초등학교에서 컴퓨터를 가르치던 대학 동기와 만났다. 그 동기는 앞으로 컴퓨터를 배우려는 일반인 수요가 많이 늘어날 것이라고 말했다. 그래서 자신도 부업으로 학생들과 학부모들을 가르쳐볼까 한다는 이야기도 덧붙였다.

두 달 정도 시간이 흐른 뒤에 문득 그 친구의 이야기가 다시 떠올랐다. 호기심이 생겨 좀 더 자세히 알아보니, 당시 정부는 21세기 지식정보사회에 대비하여 PC와 인터넷을 보급하고, 국민의 정보 활용 능력을 배양하기 위해 다양한 정책을 펼치고 있었다. 그 일환으로 '정보소양인증제'라는 제도 시행을 앞두고 있었다. 이런 분위기에 발 빠르게 대응하여 이미 가정에 방문해서 컴퓨터를 가르쳐주는 회사가 있었다. 그 회사의 프로그램을 살펴보니 주로 PC 사용법 정도를 가르쳐주는 쉬운 내용으로 구성되어 있었다.

이런 생각이 들었다. '나는 정보처리기사 자격증도 있고 현직 프로그래머이니, 아이들에게 컴퓨터 활용법을 가르치는 정도는 나도 할 수 있겠다. 게다가 난 본업이 있으니 더 저렴한 비용을 받고도 더 잘 가르칠 수 있을 것이다. 한번 해볼 만한 일 아닌가?' 거기에 더해 학창 시절에 컴퓨터 좀 한다고 잘난 체하던 그 친구에게 묘한 승부욕이 생겼다. 지금 생각해보면 참 유치한 일이지만, 그 유치한 생각이 필자를 행동하게 만들었다.

우선 유인물을 제작했다. 강사 소개를 포함하여 교육 내용과 왜 이런 교육이 필요한지 등의 내용을 담았다. 그리고 곧 고민에 빠졌다. '이 유인물을 어디서 누구에게 배포하지?', '집에 PC가 있으려면 어느 정도 잘사는 동네여야겠지?', '그래 압구정동!' 그렇게 지역을 결정하고 100장의 유인물을 인쇄했다. 평범해 보이지 않도록 금색 금일봉 봉투에 유인물을 담았다. 그리고 나서 무작정 압구정동의 한 아파트로 갔다. 계단을 오르내리며 집집마다 현관문에 유인물을 꽂았다. 집주인과 마주쳐 잡상인 취급을 받은 일도 있었다. 지금 생각하면 좀 무모했다 싶긴 하다.

우여곡절 끝에 유인물을 다 뿌렸고, 연락이 오기를 기다렸다. 야심 차게 준비해서 100통의 유인물을 뿌렸는데 결과는 초라했다. 총 세 명에게 연락을 받았고, 그중 종로에서 금은방을 운영하시던 연세 많은 아주머니 한 분을 가르칠 수 있었다. 비록 기대한 만큼 돈을 벌지는 못했지만 그때의 경험은 이후 필자의 삶에 많은 영향을 미쳤다. 승부 근성은 때로 실행을 위한 원동력이 된다.

요약

· 이루고자 하는 성취 욕구가 없는 사람은 죽은 사람과 다를 바 없다.
· 스스로를 이기고자 하는 승부 근성이 남을 이기고자 하는 승부 근성보다 더 중요하다.
· 승부욕은 뜨겁기만 한 것이 아니다. 냉정한 끈기와 함께여야 한다.
· 승부 근성은 때로 실행을 위한 원동력이 된다. 좀 무모한 일이라도 말이다.

일 잘하는
사람은
위험을 관리한다

인간은 본능적으로 불확실성을 싫어한다. 그렇기 때문에 새로운 일에는 두려움을 느끼고 원래 하던 익숙한 방식에서 안정감을 느낀다. 하지만 성공하는 삶을 살기 위해서는 의식적으로 새로운 일에 도전해야 한다. 위험을 감수하지 않고 남들이 닦아놓은 길만 가길 원한다면 평범한 삶에서 벗어날 수 없다. 한 번뿐인 인생에 의미 있는 발자취를 남기기 위해서는 위험을 감수할 용기가 필요하다. 위험을 회피하려는 자세가 오히려 나를 더 위험하게 만든다. 《성공하는 사람들의 7가지 습관》의 저자인 스티븐 코비Stephen Covey는 이렇게 말했다. "가장 큰 위험은 위험 없는 삶이다."

계획된 위험은 위험이 아니다

모든 일에는 위험이 따른다. 놀이 기구를 탈 때, 운전할 때, 등산할 때, 심지어 뜨거운 커피 한잔을 마실 때조차도 위험은 우리 곁에 있다. 위험의 정도에 따라서 수용 정도가 달라질 뿐이다. 위험의 또 다른 특징 중 하나는 상대적이라는 것이다. 사람마다 위험을 느끼는 정도가 다르기 때문에 위험에 대한 수용도 또한 다르다. 오토바이를 처음 타는 사람에게는 오토바이가 위험하지만, 레이서에게는 즐거움이다.

위험을 감수하고 싶어도 그러지 못하는 경우가 있다. 역량이 갖춰져 있지 않을 때다. 도전적인 사람들은 본인의 한계를 알고 있다. 그래서 늘 학습하고 성장한다. 새로운 도전을 위해서 항상 대비하는 것이다. 그들은 도전과 실패를 통해 배우고 성장을 통해 용기를 얻는다. 그렇다고 해서 도전적인 사람들이 두려움이 없는 게 아니다. 마이크 타이슨Mike Tyson의 전설적인 코치였던 커스 다마토Cus D'Amato는 이렇게 말했다. "영웅은 자신의 두려움을 상대 선수에게 던져버린다. 반면 겁쟁이는 이를 피해 도망친다. 두 사람은 똑같이 두려움을 느낀다. 하지만 그 두려움을 어떻게 써먹느냐가 승패를 결정한다."

도전적인 사람들의 특징은 해보지 않은 일일지라도 두려움을 이겨내고 한번 해본다는 것이다. 이것이 진정한 용기다. 역사는 늘 도전하는 사람들이 만들어왔다.

그렇다고 도전적인 사람들이 아무 생각 없이 무작정 뛰어드는 것은 아니다. 오히려 도전적인 사람일수록 세심하다. 그들은 새로운 일을 할 때 발생할 수 있는 다양한 시나리오를 그린다. 프랑스의 황제이자 위대한 정복자 나폴레옹Napoléon은 이렇게 말했다. "작전을 세울 때 나는 세상에 둘도 없는 겁쟁이가 된다. 상상할 수 있는 모든 위험과 불리한 조건을 과장해보고 끊임없이 '만약에?'라는 질문을 되풀이한다."

시나리오를 만들 때는 자신의 경험과 지식, 그리고 주변 사람들의 도움을 받는다. 말 그대로 본인이 동원할 수 있는 모든 자원을 동원하여 위험 상황을 미리 그려보는 것이다. 그러고 나서 그 시나리오를 계획에 포함시킨다. 위험을 피하는 것이 아니라 필연적인 것으로 보고 그것을 어떻게 관리할지 계획을 세운다. 위험을 통제 가능한 영역으로 끌어들이는 것이다.

위험 관리를 위한 위험 분석 방법

위험 관리 방법을 알아보기 전에 우선 '관리'라는 말의 의미를 알 필요가 있다. 관리 하면 반드시 포함되는 요소가 관리 대상, 주체, 방법이다. 그중에서도 가장 중요한 것은 관리 대상을 제대로 파악하는 것이다. 무엇을 관리할지 알아야 관리를 할 수 있다.

눈에 보이지 않는 위험을 관리하기 위해서는 어떻게 해야 할까? 먼저 위험 분석 및 평가 절차에 대해 알아보자. 위험 분석 절차는 위험 식별과 위험 분석, 이렇게 두 단계로 구성된다.

첫째, 위험 식별 단계에서는 위험 요소를 파악하여 목록으로 만든다. 파악된 위험 항목마다 이름과 아이디를 붙인다. 실체가 없는 것에 이름을 붙이면 실체가 보이고, 실체가 파악된 것은 관리가 가능하다. 아이디를 붙인다는 것은 '추적성'을 부여한다는 의미다. 위험은 시간이 지남에 따라 발생 가능성과 영향력이 달라지기 때문에 지속적인 모니터링이 필요하다. 아이디는 특정 위험 항목을 지속적으로 모니터링하면서 상태 변화를 추적하기 쉽게 해주는 용도로 사용된다. 위험 항목의 아이디와 이름에 덧붙여 간단한 설명을 작성하기도 한다. 위험 항목을 정의할 때는 위험 관리 범위를 너무 넓지 않게 정해야 한다. 예컨대 집을 짓는 프로젝트의 위험 항목을 식별하는 데 '지구가 운석과 충돌할 경우'와 같이 범위에서 너무 벗어난 것까지 관리 대상에 포함해서는 안 된다.

둘째, 위험 분석 단계에서는 위험이 발생할 가능성probability과 실제 위험이 발생했을 때의 영향력impact을 평가한다. 앞서 식별된 위험 항목별로 발생 가능성과 영향력에 점수를 매기는 방식으로 우선순위를 정한다. 보통의 경우 발생 가능성과 영향력을 1~5점으로 평가하고 두 값을 곱한 점수로 우선순위를 매긴다. 발생 가능성과 영향력을 별도로 평가하는 이유는 발생 가능성이 높아도 영향력이 약할 수 있고, 반대의 경우도 있을 수 있기 때문이다. 영향력이 엄청난 위험 요인이라 할지라도 발생 가능성이 낮으면 무시할 수도 있는 것이다. 발생 가능성이 높고 영향력도 높으면 고위험high risk 으로 분류한다. 아래 표는 정성적 위험 분석에 사용되는 P-I 매트릭스의 예시다.

P-I 매트릭스 예시

위험 항목	발생 가능성(P)	영향력(I)	위험 검수(P×I)	위험도
R1 – ○○○○○○	3	3	9	Low
R2 – ○○○○○○	1	5	5	Low
R3 – ○○○○○○	4	5	20	High
R4 – ○○○○○○	2	4	8	Low
R5 – ○○○○○○	5	3	15	Medium

5 : 확실시	5 : 재앙
4 : 높음	4 : 심각
3 : 있음	3 : 보통
2 : 낮음	2 : 미미함
1 : 드묾	1 : 사소함

위험에 대응하는 전략

이번에는 앞서 분석한 결과를 토대로 위험 발생 시 어떻게 대응할 것인지를 알아보자. 위험에 대응하는 전략에는 회피avoidance, 완화mitigation, 전가transfer, 수용acceptance 이렇게 네 가지가 있다. '회피'는 위험 요소를 완전히 제거하거나 피하는 것이다. 위험한 다리가 있을 때 다리를 폐쇄하여 이용하지 못하게 하는 것이다. '완화'는 용인 가능한 수준까지 감수하는 것이다. 대출 이자 자체는 위험 요인이나 감수할 수 있는 금리까지는 허용하는 것과 같다. '전가'는 제3자에게 위험을 떠넘기는 방법이다. 보험이나 보증이 대표적이다. '수용'은 위험이 닥치면 대응하는 것이다. 위험이 발생했을 때 대응하는 비용의 크기가 위험을 사전에 처리하는 비용의 크기보다 작을 때 취하는 전략이다.

이 네 가지 위험 대응 전략 중 회피와 완화는 사전에 조치를 취하는 전략이고 전가와 수용은 사후에 조치를 취하는 전략이다. 위험을 알았을 때 위험 발생 가능성과 영향력을 낮추기 위한 전략이 있고, 위험을 알고도 그냥 내버려둠으로써 이익을 극대화하는 전략도 있는 것이다. 아래 표는 항공기 노후에 따른 위험 대응 전략의 예다.

항공기 노후에 따른 위험 대응 전략

대응 전략	상세 방안	고려 사항	결정안
회피	항공기 운항 중단	연간 120억 원의 손실	
완화	안전 진단 후 5년 추가 운항	안전 진단 비용 및 안전 진단 불통과 가능성	
전가	저가 항공사에 임대	임대 수익이 운항 수익보다 낮음	○
수용	추가 조치 없이 계속 운항	사고 발생 시 비용이 운항 중단에 따른 비용보다 큼	

모든 위험을 이런 식으로 분석하기는 어려울 것이다. 하지만 막연한 위험에 대해 두려움을 느끼기보다 체계적으로 분석함으로써 실체를 파악하는 방법이 있다는 사실을 아는 것이 중요하다. 분석해보면 보이지 않던 위험이 보일 수도 있고, 기존에 느끼던 위험이 사실은 별것 아닌 것으로 밝혀질 수도 있다. 위험을 제대로 파악하고 대비하면 도전이 그리 두렵지 않게 될 것이다. 안전판이 확실하게 준비되면 과감해질 수 있다.

성장하고 싶다면 도전하라. 도전한 만큼만 성장한다. 실패하더라도 실패를 통한 배움이 있으니 성공하든 실패하든 손해 볼 것이 없다. 위험을 감수하지 않는 것이 가장 위험하다.

- 가장 큰 위험은 위험 없는 삶이다.
- 위험은 상대적이다. 따라서 나의 역량에 따라 위험의 수용도가 달라진다.
- 위험을 제대로 식별하는 것이 가장 중요하다. 위험에 이름을 붙이면 실체가 드러난다.
- 위험 발생 가능성과 영향력을 숫자로 표현해보면 위험의 정도가 파악된다.
- 위험에 대처하는 네 가지 전략 – 회피, 완화, 전가, 수용.
- 위험 분석은 겁쟁이처럼, 도전은 과감하게!

누가 봐도 일을 못하는 사람을 주변에서 어렵지 않게 볼 수 있다.

이는 부인할 수 없는 사실이다. 일을 잘하기 위해서는 지식, 기술, 태도 이렇게 삼박자를

모두 갖추어야 한다. 그런데 일을 못하는 사람들은 기본적으로 공부하지 않는다.

새로운 것을 꺼려하고, 도전하지 않는다. 그러니 지식과 기술이 늘지 않는다.

실패를 통해 배우려 하지 않고 핑계 대기에 급급하다.

이런 사람에게 좋은 결과를 기대하기란 어렵다.

결국엔 자신감이 줄어들고 시도조차 하지 않는 악순환에 빠진다.

일 못하는 사람의 특징을 굳이 이야기하는 이유는

이를 반면교사로 삼아 교훈을 얻을 수 있길 바라는 마음에서다.

일 못하는 사람은 이렇게 일한다

일 못하는
사람은
비즈니스 모델이 없다

비즈니스 모델 BM, business model 은 비즈니스를 하기 위한 일종의 지도다. 쉽게 말하면 어떻게 가치 있는 것을 만들고, 그 가치 있는 것을 누구에게 어떻게 전달할 것이며, 돈은 어떻게 벌겠다는 것인지를 정리해놓은 문서라고 생각하면 된다. 세상에 비즈니스 모델이 없는 회사는 없다. 또한 모든 직장인은 비즈니스 모델을 갖고 있다. 비즈니스 모델이라는 말이 생소해서 본인이 어떤 비즈니스 모델을 갖고 있는지 모르고 있을 뿐이다. 비즈니스 모델이 뚜렷하고 남이 따라 하기 어려운 것일수록 경쟁력이 있다. 회사는 물론이고 개인 역시 마찬가지다.

당신의 비즈니스 모델은 무엇인가?

사람들에게 '당신이 다니는 회사의 비즈니스 모델은 뭔가요?'라고 물어보면 말끔하게 정리된 표현은 아니더라도 많은 사람들이 그나마 대답은 한다. 그런데 '당신의 비즈니스 모델은 뭔가요?'라고 물어보면 대답을 못 한다. 대답을 못 하는 가장 큰 이유는 생각조차 해본 적이 없기 때문이다.

필자와 오랫동안 알아온 후배 한 명이 있다. 이 후배는 가진 역량이나 배경에 비해 참 일이 안 풀린다. 성실하고 늘 열심인데 일이 잘 안 풀리는 걸 보면 안쓰러울 때가 있다. 이 후배를 만나 종종 고민을 들어주곤 하는데, 그럴 때마다 필자는 그 후배에게 이렇게 묻곤 한다. "5년 후엔 뭐 할래? 5년 후엔 어떤 모습의 사람이 되고 싶어?" 그러면 돌아오는 대답은 대체로 이런 식이다. "열심히는 하고 있는데 잘 모르겠어요. 저도 요즘 그게 제일 걱정이에요." 이 후배의 문제점은 그저 성실히 열심히만 한다는 것이다. 자신만의 비즈니스 모델이 없다. 아니, 어쩌면 구체적으로 그려본 적이 없을 것이다.

비단 이 후배만의 이야기가 아니다. 사회 초년생은 물론이고 경력이 10년 이상인데도 비즈니스 모델이라는 말조차 들어보지 못한 사람도 많다. 들어봤더라도 그것은 전략이나 기획 업무를 담당하는 일부 사람들이나 관심 가질 문제라고 여긴다. 그러나 이것은 명백한 착각이다.

비즈니스를 만드는 것은 결국 사람이다. 당신이 어느 회사에 소속되어서 월급을 받고 있다면 당신은 당신의 가치를 회사에 제공하고, 회사는 그 대가를 당신에게 지불하는 것이다. 당신도 회사를 대상으로 비즈니스를 하는 것이다. 이것이 앞서 '모든 직장인은 비즈니스 모델이 있다'고 말한 이유다. 아직 비즈니스 모델이 구체화되지 않은 사람이라도 너무 걱정할 필요는 없다. 모든 기업이나 개인이 처음부터 정교한 비즈니스 모델을 그리고 시작하는 것은 아니다. 나중에 사업 모델을 체계화하고 발전시키는 경우도 많다.

아마존의 초기 비즈니스 모델

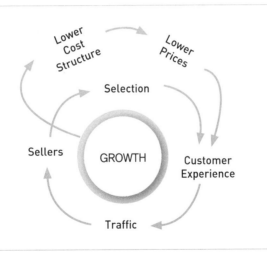

세계적인 전자상거래 기업이자 IT 기업인 아마존Amazon도 냅킨 한 장에 그린 비즈니스 모델이 사업의 시작이었다. 그 내용을 요약

하면 이렇다. 비용 구조를 단순화하고 낮은 가격에 제품을 공급하여 많은 구매가 이루어지게 한다. 그러면 고객 경험이 좋아지고 이는 더 많은 사용자를 끌어들인다. 고객이 많아지면 대량 구매를 무기로 제품 공급자들에게 더 싼 가격에 물건을 공급받을 수 있다. 이는 또다시 제품 가격의 하락으로 이어지고 결국 고객들에게 더욱 낮은 가격에 물건을 판매할 수 있다. 이런 현상이 반복되면 선순환 구조가 만들어지고 회사는 성장한다.

비즈니스 모델이란 것이 뭔가 대단히 거창한 것이 아니라는 말을 하고 싶어서 아마존의 사례를 언급했다. 개인도 비즈니스 모델을 구체적으로 그려볼 필요가 있다. 지도를 갖고 있으면 목적지에 도착하기가 훨씬 수월해진다.

비슷한 능력을 갖고 있고 비슷한 환경에서 일하더라도 방향을 어디로 잡고 무엇을 위해 일하는가에 따라 결과는 천지 차이로 달라질 수 있다. 나만의 비즈니스 모델을 그려놓고 그 모델을 갈고 닦기 위해 일하는 사람과, 그저 회사가 시키는 대로 일하는 사람의 10년 후 모습은 다를 수밖에 없다. 삶의 방향과 목표를 정하고, 비즈니스 모델을 그려보자. 그리고 현재 나의 일, 나의 관심사, 나의 노력이 그 비즈니스 모델에 부합하는지 점검해보자.

나만의 비즈니스 모델 그려보기

비즈니스 모델을 시각화하는 다양한 방법이 있는데, 널리 이용되는 방법인 '비즈니스 모델 캔버스 BMC, business model canvas'를 소개하고자 한다. 비즈니스 모델 캔버스는 스위스 로잔 대학교의 예스 피그누어 Yves Pigneur 교수와 그의 제자인 알렉산더 오스터왈더 Alexander Osterwalder가 고안한 방법으로서, 비즈니스를 구성하는 핵심 요소를 한눈에 볼 수 있게 시각화해주는 템플릿이다. 비즈니스 모델 캔버스는 다음과 같이 9개 구성 요소로 이루어져 있다. 번호는 작성 순서다.

① 고객 세그먼트 customer segments: 타깃으로 삼을 고객 그룹
② 가치 제안 value proposition: 고객이 겪고 있는 불편함 해결 방안, 상품이나 서비스
③ 채널 channels: 고객과 소통하고 가치를 전달할 창구
④ 고객 관계 customer relationships: 고객과 관계를 맺는 방법
⑤ 수익 흐름 revenue streams: 수익을 발생시키는 방법
⑥ 핵심 자원 key resources: 비즈니스를 실행하는 데 필요한 유무형의 자원
⑦ 핵심 활동 key activities: 고객에게 가치를 전달하기 위해 수행해야 할 핵심 활동
⑧ 핵심 파트너 key partners: 비즈니스에 필요한 핵심 파트너
⑨ 비용 구조 cost structure: 비즈니스에 필요한 비용 항목

기업의 비즈니스 모델 캔버스는 같은 기업이라도 작성자의 관점이나 작성 목적에 따라 내용이 달라질 수 있다. 정답이 없는 것

이다. 그러니 자신의 생각대로 그려보고 다양한 의견 수렴을 거쳐 수정, 보완할 수도 있다. 다음은 미국의 차량 공유 서비스인 우버 Uber 의 비즈니스 모델 캔버스 예시다.

기업 비즈니스 모델 캔버스 – 우버

핵심 파트너 ⑧	핵심 활동 ⑦	가치 제안 ②	고객 관계 ④	고객 세그먼트 ①
• 자동차 소유주 • 결제 대행 업체 • 지도 제공 업체 • 보험사	• 드라이버/승객 참여 확대 • 지속적인 가치 제안 • 데이터 분석 및 개선 **핵심 자원** ⑥ • 데이터와 분석 시스템 • 숙련된 직원들 • 앱과 시스템 • 투자자들 • 브랜드	**• 운전사** – 소득 증대 – 유연한 근무 시간 – 대기 시간 감소 – 눈치 볼 상사 없음 **• 승객** – 빠른 탑승 – 저렴한 비용 – 사전에 요금 확인 가능 – 편리함 – 평가 시스템	• 안전 • 공공 교통 정보 공개 • 운전사 평가 **채널** ③ • 모바일 앱 • SNS • 지역 캠페인 • 미디어 • 구전	• 운전사 • 승객

비용 구조 ⑨		수익 흐름 ⑤
• 고객 모집 비용 • 이자 등 금융 비용 • 법률, 로비 비용	• 운전사 지급 비용 • 직원 급여 • 기술 연구 및 개발 비용	• 중개 수수료 • Uber Black 등 프리미엄 서비스 수수료

우버의 기본 사업 모델은 운전사와 승객을 연결해주고 수수료를 받는 것이다. 승객에게는 승객 주변의 차량을 빠르게 연결해주고 안전하게 목적지까지 데려다주는 것, 운전사에게는 대기 시간을 최소화하고 많은 소득을 얻을 수 있게 하는 것이 가장 큰 가치 제안이다. 그러기 위해서 그들은 시스템 알고리즘을 개선하고 기술을 개발하는 데 노력을 들인다.

다음은 IT 기업에서 프로그래머로 일하고 있는 가상의 직장인 김 과장의 개인 비즈니스 모델 캔버스 예시다.

개인 비즈니스 모델 캔버스 - 김○○ 과장

핵심 파트너	핵심 활동	가치 제안	고객 관계	고객 세그먼트
• 회사 이○○ 이사 • 강연 에이전시 • 구글 광고 네트워크	• 회사 업무 • 블로그 글쓰기 • 주말 강연	• 업무 전문성 • 저렴한 교육비 • 살아 있는 현업 전문가의 현실적 조언	• 근로 계약 • 양질의 글 블로그 게재 • 수강생 피드백	• 회사 • 광고 회사 • 교육 수강생
	핵심 자원		채널	
	• 업무 역량 • 10년 이상의 현장 경험 • 글쓰기 능력 • 말솜씨 • 평판		• 동료 평판/상사와의 소통 • 카카오톡, 유튜브 • 이메일, 페이스북 그룹	

비용 구조		수익 흐름	
• 수강생 모집 비용 • 블로그 호스팅 비용 • 교재 제작을 위한 도서 구입 비용	• 생활비 • 대출 상환	• 월급, 인센티브 • 블로그 광고 수익 • 강연료	• 온라인강의(VOD) 수익

김 과장은 업계에서 10년 넘는 경력을 갖고 있다. 자신의 경험을 틈틈이 블로그에 써서 올렸는데, 생각보다 반응이 좋아서 구글 애드센스를 통해 블로그에 광고를 싣기 시작했다. 매월 광고 수입이 일정하지는 않지만 교통비 정도는 나오는 것 같아 뿌듯하다. 시간이 지날수록 조회수가 늘어나는 걸 보면 미래가 더 기대된다. 블로그 글을 보고 강연 요청도 종종 들어온다. 최근에 한 곳에서는

10주짜리 주말 과정을 개설하자고 했다.

비즈니스 모델을 그려보면 나의 장단점이 적나라하게 드러난다. 내가 앞으로 해야 할 일이 무엇인지도 보인다. 나의 비즈니스 모델과 현재 내가 처한 상황이 아주 다르다면 계획을 수정하면 된다. 부족한 부분을 보강하고 어떻게 경쟁력을 지속적으로 유지할지 대책을 세워야 한다. 가장 중요한 점은 남들이 쉽게 따라 할 수 없는 차별화된 나만의 비즈니스 모델을 구축하는 것이다.

비즈니스 모델은 한번 만들고 끝나는 것이 아니다. 항상 현재 상황에 맞게 끊임없이 수정, 보완하며 발전시켜야 한다. 고객의 마음은 수시로 변하고, 기술의 발전은 너무나도 빠르다. 도태되지 않으려면 나만의 강점을 계속해서 유지해야 한다. 그러기 위해서는 끊임없이 가치 제안을 해야 한다. 나의 역량과 능력이 당신에게 어떤 이익을 가져다줄 것인지 고객에게 끊임없이 제안해야 한다. 회사는 직장인에게 가장 중요한 고객이다.

요약

· 개인도 경쟁력 있는 비즈니스 모델을 구축하지 않으면 오래 못 간다.
· 비즈니스 모델이 있다는 것은 지도가 있다는 뜻이다. 지도가 있으면 목적지에 도달하기가 수월하다.
· 고객을 명확히 하라. 수익원은 다양할수록 좋다.
· 아무리 좋은 것을 갖고 있어도 고객이 원하지 않는 것이면 쓸모없다.
· 자원이 떨어지지 않게 끊임없이 학습하라.

일 못하는
사람은
자신감이 없다

필자가 사회생활을 하면서 만났던 많은 사람 중에는 십수 년이 넘는 기간 동안 보아온 사람이 여럿 있다. 이들 중에는 평범한 월급쟁이 직장인에서 업계의 유명 인사가 되어 승승장구하는 사람도 있고, 발전이 없고 늘 회사에서 쫓겨날까 봐 전전긍긍인 사람도 있다. 10년이면 강산도 변한다고 하는데 꾸준히 발전 없는 사람도 있는 걸 보면 옛말도 틀릴 때가 있는 듯하다.

그렇다면 무엇이 이런 차이를 만들까? 확실히 말할 수 있는 것은 성공한 사람은 늘 자신감이 있다는 것이다. 그들은 할 수 있다는 마음가짐과 미래에 대한 정확한 상象, image 을 갖고 있다. 그들은 늘 '어떻게 하면 할 수 있을까?'를 생각한다. '과연 내가 할 수 있을까?'를 생각하지 않는다. 성공과 실패는 마음먹기에 달렸다는 생각이 든다. 현대그룹의 창업주인 고 정주영 회장은 살아생전에 이렇게 말했다. "운이 없다고 생각하니까 운이 없는 것이다." 이제 이 말을 이렇게 바꾸어보자. "성공이 내 것이 아니라고 생각하니까 성공하지 못하는 것이다."

자신감이 부족한 사람은 자기 효능감이 낮다

자기 효능감自己效能感, self-efficacy은 캐나다의 심리학자 앨버트 반두라Albert Bandura가 1977년에 처음 제시한 개념으로, 자신이 어떤 일을 잘 해낼 수 있다는 스스로의 믿음이다. 자기 효능감 이론은 인간이 감정, 사고, 행동을 통제할 수 있는 능력을 갖고 있다고 주장한다. 예컨대 자신이 운동에 소질이 있다고 생각하면 운동선수가 되기 위해 연습을 한다는 것이다.

자기 효능감 이론에 따르면 자기 효능감에 영향을 주는 요인은 네 가지라고 한다.

첫째, 성취 경험. 고기도 먹어본 사람이 먹는다는 말이 있다. 성공도 일종의 습관이다. 작은 것이라도 성공을 경험한 사람은 자신감이 높다. 작은 성취를 통해 앞으로 더 큰 성취를 할 수 있을 것 같은 자신감이 생기는 것이다.

둘째, 대리 경험. 자신이 직접 경험하지는 않았지만, 타인의 성공과 실패 경험을 목격하는 것만으로도 자기 효능감에 영향을 미친다. 예컨대 나와 비슷한 수준의 친구가 어느 날 커다란 성공을 하는 것을 보았다면 '어? 나도 할 수 있겠는데!' 하는 마음이 생긴다는 것이다.

셋째, 언어적 설득. '넌 잘 해낼 수 있어'라는 말이 자기 효능감에 영향을 준다. 말에는 에너지가 있다. 긍정적인 말이 자기 효능감에 좋은 영향을 미칠 것이라는 데에는 의심의 여지가 없다.

넷째, 정서적 각성. 인간은 정서적 각성을 조절하는 능력에 따라 자기 효능감이 달라진다고 한다. 명상이나 기도, 긍정적인 생각을 통한 마인드 컨트롤 등이 자기 효능감에 영향을 준다.

어려운 상황에 처했을 때, 자기 효능감이 높은 사람은 자신의 능력 향상을 위해 노력하고, 향상된 능력을 기반으로 더 높은 수준의 자기 향상심을 갖게 된다고 한다. 지속적인 성장이 가능한 선순환 구조가 만들어지는 것이다. 반면에 자기 효능감이 낮은 사람은 자신의 결점에 집중하고, 과제가 자신의 능력보다 어렵다고 생각하여 문제를 회피한다고 한다. 조금만 노력하면 해결할 수 있는 상황에서도 쉽게 포기하여 스스로 발전할 기회를 놓치게 된다. 악순환의 늪에 빠지는 것이다.

자기 효능감을 높이기 위해서는 자신의 통제 범위 내에 있는 작은 것이라도 스스로 목표를 세우고 달성하는 습관을 만들어야 한다. 예를 들어 '아침에 잠에서 깰 때 첫 번째 알람 소리를 들으면 한 번에 벌떡 일어난다', '하루에 한 문장을 쓴다', '하루에 한 개 윗몸

일으키기를 한다' 등 너무 쉬워서 핑계를 대지 못할 만한 것들 말이다.

미국의 전 특수 작전 사령관이자 오사마 빈 라덴Osama bin Laden 체포 작전을 성공적으로 완수한 해군 대장 윌리엄 맥레이븐William McRaven이 한 대학교 졸업식 연설에서 한 말이다. "세상을 변화시키고 싶은가요? 그럼 침대 정돈부터 똑바로 하세요. 매일 침대를 정리한다는 건, 여러분이 그날의 첫 번째 과업을 완수했다는 것입니다. 그것은 작지만 성취감을 맛보게 해줄 것입니다. 그리고 다음 과업을 수행할 용기를 줄 것입니다. 하루가 끝나면 완수된 과업의 수가 여러 개 쌓여 있을 것입니다. 침대를 정돈하는 사소한 일이 인생에서 얼마나 중요한 것인지 보여줍니다. 여러분이 사소한 일을 제대로 해낼 수 없다면, 큰일 역시 절대 해내지 못할 것입니다."

자신의 가치를 객관적으로 평가하라

자신감 없는 사람들은 자신의 가치를 낮게 평가한다. 엄밀히 말하면 자신의 가치에 대해 제대로 생각해본 적조차 없다. 모든 직장인은 가치를 갖고 있다. 월급을 받는다는 사실이 그 증거다. 그런데 대부분의 직장인은 월급의 의미를 노동력 제공의 대가라고 생각한다. 이는 잘못된 생각이다. 자본주의는 가치 있는 것에 지불한다. 노동력은 그 가치 중 하나의 형태일 뿐이다. 그렇다면 가치란 무엇인가? 가치는 내가 가진 역량을 돈으로 환산한 것이다.

스스로 자신의 가치 평가를 해보자. 가치 평가는 세 단계로 이루어진다.

첫째, 나의 역량을 목록화하라. 내가 가진 역량들을 노트에 적어서 나열해보자. 처음엔 뭘 적어야 할지 막막할 것이다. 그래도 스스로 가치 있는 것이라고 생각하는 것들을 모두 적어보자. 적어야 명확해진다.

둘째, 역량 목록 중에서 회사가 원하는 것에 체크하라. 내가 가진 모든 역량을 회사가 원하는 것은 아니다.

셋째, 회사가 원하는 각각의 역량을 금액으로 환산하라. 금액을 정하는 기준은 '내가 사장이라면 얼마를 줄 것인가'다. 이렇게 매겨진 금액, 즉 가치의 합이 바로 월급이다. 회사는 직원이 가진 가치 중 회사에 필요한 가치만 인정한다. 반면 직원은 자신의 가치 전체를 인정받길 원한다. 흔히 회사는 줄 만큼 준다고 생각하고 직원은 자신의 가치를 제대로 인정받지 못한다고 생각하는 이유다. 자본주의의 성질을 제대로 이해하지 못하면 이런 인식 차가 생길 수밖에 없다.

추가로 알아야 할 한 가지 중요한 사실은 가치는 절대적인 게 아니라는 것이다. 두 가지 측면에서 그러하다. 하나는 가치의 가격은 변할 수 있다는 것이고, 다른 하나는 회사가 원하는 가치의 종류도 언제든 변할 수 있다는 것이다.

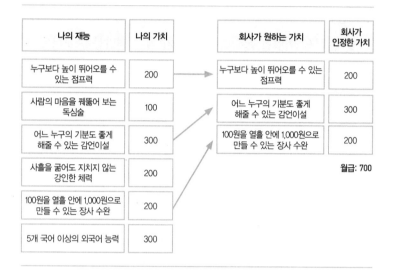

나의 재능	나의 가치	회사가 원하는 가치	회사가 인정한 가치
누구보다 높이 뛰어오를 수 있는 점프력	200	누구보다 높이 뛰어오를 수 있는 점프력	200
사람의 마음을 꿰뚫어 보는 독심술	100	어느 누구의 기분도 좋게 해줄 수 있는 감언이설	300
어느 누구의 기분도 좋게 해줄 수 있는 감언이설	300	100원을 열흘 안에 1,000원으로 만들 수 있는 장사 수완	200
사흘을 굶어도 지치지 않는 강인한 체력	200		
100원을 열흘 안에 1,000원으로 만들 수 있는 장사 수완	200		
5개 국어 이상의 외국어 능력	300		

월급: 700

가치의 가격에 영향을 주는 요소는 장소, 수요, 희소성이다. '체력'이라는 가치는 육체노동을 하는 곳에서는 가격이 높지만, 지식노동을 하는 곳에서는 낮을 것이다. 시장에서 수요가 많고 희소성이 있는 가치일수록 높은 금액에 거래되는 것은 당연하다. 또한 회사가 필요로 하는 가치는 늘 변한다. 과거에는 직원들에게 성실함, 끈기, 도전 정신을 요구했다면 현재는 창의성, 협업 능력, 변화 적응력 등을 요구할 수 있다. 시장이 변하기 때문에 피할 수 없는 일이다.

직장인이라면 자신의 가치를 객관적으로 평가할 줄 알아야 한다. 제대로 된 평가를 해보기 전에 굳이 먼저 스스로의 자신감을 떨어뜨릴 필요는 없다. 평가 후에 어떻게 역량을 강화할 것인지 고민하면 된다. 객관적인 자기 평가는 '진단'이고, 역량 강화는 '처방'인 셈이다. 제대로 된 진단이 선행되어야 제대로 된 처방이 나올수 있다.

생각만으로도 자신감을 올릴 수 있다

2016년 브라질 리우데자네이루 하계 올림픽에서 긍정의 아이콘으로 떠오른 한 선수가 있다. 바로 펜싱 남자 에페 종목 개인전에서 금메달을 딴 박상영 선수다. 그는 3라운드로 진행되는 경기에서 2라운드까지 9:13으로 지고 있었다. 에페는 15점을 먼저 따는 사람이 이기는 종목이다. 게다가 상대 선수는 세계 3위의 노련한 베테랑 선수였다. 마지막 라운드가 시작됐지만 점수 차는 좀처럼 좁혀지지 않았고 10:14까지 몰리게 되었다. 1점만 더 빼앗기면 경기는 패배로 끝나는 상황이었다.

그런데 이때부터 대역전의 드라마가 시작된다. 잠깐 동안의 휴식 시간에 관중석에서 누군가가 "할 수 있다!"라고 외쳤고, 박상영 선수 또한 "할 수 있다"라고 세 차례 되뇌었다. 이때까지만 하더라도 정말 기적이 일어날 줄은 아무도 몰랐을 것이다. 다시 경기가 재개되었고 박상영 선수는 상대방에게 한 점도 내주지 않고 연달아 5점을 따내며 결국 금메달을 거머쥐었다. 만약 박상영 선수가 그 상황에서 '아, 이제 끝났다', '내가 이길 가능성은 없다'고 생각했다면 결과는 어떻게 됐을까?

'할 수 있다'고 생각하면 '어떻게 할 것인가'에 집중하게 된다. 반면 '할 수 있을까?'라고 생각하면 불가능할 것 같은 이유를 찾기 시작한다. 이것이 사람의 마음이다. 생각은 행동을 유발하고 행동은 결과를 만든다. 자신감 없는 생각으로 머릿속이 채워진 사람이 좋은 결과를 얻을 리 없다. 뇌과학이 밝힌 바에 따르면, 뇌는 성장한다고 믿으면 실제로 성장한다. '나는 노력을 통해 성장할 수 있다'라고 믿으면 자기 효능감이 높아진다.

동기부여 전문가인 브라이언 트레이시Brian Tracy는 저서 《겟 스마트》에서 이렇게 말했다. "내면에서 이루지 못하면 밖에서 어떤 것도 이룰 수 없다. 겉으로 부유해지려면, 내면에서 부자처럼 생각해야 한다. 다른 방법은 없다." 성공과 거리가 먼 사람들은 해보지도 않고 못할 거라고 생각한다. 성공은 남의 일이라고 생각한다. '내가 100킬로그램 역기를 어떻게 들어?'라고 생각하는 사람은 시도조차 하지 않지만, '한번 해보자'고 마음먹은 사람은 언젠가 한번은 100킬로그램짜리 역기를 들어 올리는 날이 올 것이다.

· 자신감 없는 사람은 성공을 남의 일이라고 생각한다. 자기 효능감이 낮기 때문이다.

· 자신감을 높이려면 작은 성공을 습관으로 만들어야 한다.

· 자신의 가치를 제대로 평가해야 한다. 나를 제대로 알아야 성공할 수 있다.

· 생각만 바꾸어도 성공에 가까워질 수 있다. 생각은 행동을 유발하고 행동은 결과를 만든다.

· '내가 할 수 있을까?' 의심할 시간에 '어떻게 하면 될까?'를 고민하라.

일 못하는 사람은
고객 중심 사고를
하지 않는다

고객 중심 사고를 한다는 말은 고객의 관점에서 생각한다는 것이다. 그런데 이것이 말처럼 쉬운 일은 아니다. 고객 중심 사고를 하려면 내가 상대하는 고객이 누구인지 알아야 한다. 많은 직장인들이 자신의 고객이 누구인지 제대로 알지 못한 채 그냥 직장 생활을 한다. 심지어 자신은 고객을 직접 만나는 일이 없으므로 고객 중심 사고는 세일즈 담당자나 가져야 할 덕목이라고 생각한다. 고객은 우리 회사의 제품을 사주는 소비자나 거래처라고 생각하기 쉽지만, 이것은 잘못된 생각이다. 나를 고용한 고용주, 상사, 동료가 모두 고객이다.

당신의 고객은 누구인가?

많은 직장인들이 일하는 모습을 보면 그저 관성적으로 일을 한다. 목적의식이 없다. 일을 왜 하는지, 목적에 부합하는지, 나는 왜 이 회사에 있어야 하는지, 왜 회사는 나에게 월급을 주는지 제대로 알지 못하는 사람이 많은 것 같다. 스스로 불어야 한다.

인사 담당자를 예로 들어보자. 인사 담당자는 모든 기업에 존재하고, 직원들에게 다양한 인사 서비스를 제공한다. 인사 담당자에게는 내부 직원 전체가 고객이다. 회사 내에는 다양한 직군, 다양한 세대, 다양한 직급의 사람들이 있다. 그중에서도 신입 사원은 인사 담당자에게는 신규 고객인 셈이다. 신규 고객은 매우 중요하다. 또한 신규 입사자에게도 인사 담당자는 매우 중요하다. 입사 전부터 소통하게 되는 첫 번째 사람이자, 입사 후에도 도움을 받아야 할 중요한 사람이다.

〈사례 1〉

새 직장에 출근하는 첫날이다. 9시까지 출근 시간인데, 너무 일찍 가면 내 자리가 어딘지도 모르고, 남의 회사에 무작정 들어가서 헤집고 다니는 것같이 보일까 부담되어 9시 정각에 맞추어 출근했다. 출근 후 인사 담당자에게 연락해서 만났다. 회의실로 안내해주고 잠시 기다리라고 한다. 잠시 후 들어온 인사 담당자는 화면에 준비된 문서를 띄우고 설명을 시작한다. 기본적인 회사

규정, 결재 규정, 출장 규정, 승진 규정 등등 규정이 참 많다. 입사 전에는 얘기가 없었던 내용도 다소 포함되어 있다. '구직자 입장에서는 중요한 사안인 듯한데, 왜 사전 설명이 없었을까?' 하는 생각이 든다. 살짝 속았다는 기분을 지울 수가 없다. 궁금한 사항이 있어서 인사 담당자에게 몇 가지 질문을 했으나 속 시원한 답이 안 나온다. 규정이 없어서, 전례가 없어서 답을 주기가 애매하다고 한다. 알아보고 이야기해준다고 한다. 한 시간쯤 지나 설명이 끝났다. 회의실 문을 나서는데 기억에 남는 것이 거의 없다. 궁금한 것은 해소가 안 되었고 '지내다 보면 차차 알게 되겠지' 하는 생각이 들었다. 안내된 내 자리로 갔다. 미리 준비한 노트북 한 대가 놓여 있다. 책상은 급히 치웠는지 먼지가 뽀얗게 쌓여 있고, 의자는 망가져 있다.

〈사례 2〉

새 직장에 출근하는 첫날이다. 9시까지 출근하여 7층 ○○ 회의실로 오라는 안내를 사전에 이미 들은 상태였다. 회사에 도착하여 엘리베이터를 탔다. 엘리베이터 벽면에 "Welcome! ○○○ 님의 입사를 환영합니다!"라고 적힌 환영 인사말이 붙어 있다. 7층에 도착하여 엘리베이터 문이 열리자 정면 벽에 "○○○ 님, ○○ 회의실은 오른쪽 복도 끝에 있습니다"라는 안내문이 붙어 있다. 배려심과 디테일이 돋보인다는 생각이 들었다. 약속된 회의실에 가보니 며칠 전 근로 계약서 날인 시 만났던 인사 담당자 외에도 두 명이 더 있었다. 인사 담당자가 그 두 명을 소개한다. 한 명은 자신의 상사인 관리 이사님이고, 다른 한 명은 앞으로 일주일간 나의 회사 적응을 도와줄 메이트라고 한다. 메이트는 일주일간 나와 점심 식사를 함께 하고, 궁금한 점은 메이트에게 물어도 된다고 한다. 간단히 각자 소개를 하고, 미리 준비된 다과를 함께 먹으며 30분 정도 이야기를 나누었다. 메이트가 내 자리까지 안내해준다. 깨끗한 책상 위에 노트북 한 대와 작은 상자 하나가 놓여 있다. 상자 포장을 풀어보니 필기구, 메모 노트, 명함이 들어 있다. 회사의 일원이 되어주어 감사하다는 인사말이 적힌 작은 카드와 함께.

모든 조건이 같다면, 두 회사 중 어느 회사에 입사하고 싶은 마음이 들겠는가? 어느 인사 담당자가 더 고객 중심적으로 일하는 사람인가? 필자는 두 곳 모두 다녀봤으니 이미 답을 알고 있다. 사전에 알았더라면 둘 중 한 곳엔 안 갔을지도 모르겠다.

사용자 경험 관점에서 생각하라

사용자 경험UX, user experience이라는 말이 익숙하지 않은 분들도 있으리라 생각한다. 사용자 경험이란 사용자가 어떤 제품이나 서비스를 이용할 때 느끼는 감정과 생각 등 총체적 경험을 말한다. 보통은 사용자 인터페이스UI, user interface라는 말과 한 세트로 쓰이는 경우가 많다. 사용자 인터페이스는 사용자가 시스템, 특히 기계, 컴퓨터 프로그램 등과 의사소통을 할 수 있도록 만들어진 매개체를 뜻한다. 예컨대 TV와 사람이 의사소통하기 위해서는 리모컨이라는 사용자 인터페이스를 통해야 한다. 리모컨을 통해 사용자는 TV에게 '전원 켜기', '채널 변경', '볼륨 조절' 등의 명령을 전달할 수 있고, TV는 사용자에게 '영상 보여주기', '채널 변경', '소리 들려주기' 등의 서비스를 제공하는 것이다.

그런데 만약 리모컨에 자주 사용하지도 않는 수많은 버튼이 있고, 버튼의 위치나 모양이 일반적인 리모컨과 다르다면 어떻게 될까? 사용자가 버튼을 잘못 눌러서 의도와 다르게 TV가 오작동하게 될 것이다. 이는 사용자 인터페이스 설계가 잘못된 것이다. TV 오작동으로 인해 사용자는 당황, 황당, 분노, 제품에 대한 불신 등의 감정을 느낄 것이다. 제품을 사용하면서 사용자는 나쁜 경험을 얻은 것이다. 요즘에는 전자 기기, 웹사이트, 스마트폰 앱 등 많은 분야에서 사용자 인터페이스는 기본이고, 제품 사용 중에 사용자가 겪게 될 사용자 경험까지 고려하여 제품을 개발한다. 단순히 기능을 좋게 만드는 것뿐만 아니라 기능을 사용함으로써 얻게 되는 사용자 경험까지도 사전에 고민하여 제품에 반영하는 것이다.

사람과 제품 사이에서도 사용자 경험이 중요한데, 사람과 사람 사이에서는 오죽할까? 사용자 경험의 개념 정도만 이해해도 직장 생활이 달라질 것이다. 사용자 경험을 고려하면 나의 행동이 달라지고 행동이 달라지면 결과도 달라진다. 동료 간에 부탁을 할 때도 내용의 전달이라는 기능적인 부분만이 아니라, 동료의 감정까지 고려한 말로써 부탁하게 될 것이다. 보고서를 작성할 때도 내용은 물론이고 보고서를 읽는 상사의 감정까지 고려한 보고서를 쓰게 될 것이다. 보고서를 읽는 상사가 바로 고객이다. 고객 관점에서 작성되지 않은 보고서가 상사의 마음에 들 리 없다. 고객 관점에서 보려면 고객의 경험을 고려해야 한다. 고객의 만족스러운 경험을 만들어낼 수 있어야 프로다.

고객 관점에서 보려면 눈높이를 맞춰야 한다

정부 산하 기관에서 주최하는 스타트업을 위한 IR 스피치 대회를 참관한 적이 있다. 아이디어와 기술력을 가진 스타트업들이 투자를 유치하기 위해 자사의 제품을 소개하는 대회 형식의 행사였다. 행사 중에 전년도 입상 회사의 대표가 성공 경험을 공유하기 위해 초청되어 발표하는 것을 보게 되었다. 그 회사는 양치하기 싫어하는 아이와 반드시 양치를 시키려는 부모 사이에서 발생하는 갈등을 풀어야 할 문제로 정의하고, 이 문제를 해결하기 위해 창업했다고 했다.

그들은 처음에 '왜 아이들은 양치하는 것을 싫어할까?'를 고민했다고 한다. 그 고민을 해결하기 위해 어린이집, 유치원 등을 방문하여 양치하는 아이들을 관찰한 결과, 아이들이 즐겁게 양치하는 것을 목격하게 되었다. 그래서 질문을 '왜 아이들은 집에서는 양치하는 것을 싫어할까?'로 바꾸고 다시 그 이유를 찾기 시작했다. 시간이 흐른 후에, 유치원에는 커다란 거울이 있다는 사실을 알게 되었다고 한다. 커다란 거울에 비친 자신의 모습을 보면서 이를 닦기 때문에, 입 속에 생기는 거품이나 자신의 치아와 칫솔이 닿는 부분을 보면서 구석구석 닦으려고 한다는 것이다. 그런데 보통의 가정집 욕실에는 커다란 거울이 없다. 심지어 거울과 세면대의 높이가 높아서 아이가 자신의 모습을 볼 수 없다. 어른들 관점에서는 전혀 알 수 없었던 점이다. 아이의 관점, 즉 고객 관점에서 문제를 바라보니까 어떻게 문제를 해결해야 하는지 길이 보이기 시작했다고 한다.

필자의 아들은 여섯 살이 되고부터 부쩍 배 나온 아빠를 놀리기 시작한다. 안 그래도 신경이 쓰이는데 말이다. 하루는 출근하는 아빠에게 인사를 하면서 이렇게 한마디 덧붙였다. "아빠, 벨트가 너무 작은 것 같아." 그 말을 듣고 출근하는 길에 문득 생각이 떠올랐다. '저 녀석 눈높이에서는 가장 눈에 띄는 아빠의 신체 부위가 배라서 저러는 게 아닐까?' 그 이후로 아들과 이야기를 나눌 때는 예전보다 더 열심히 눈높이를 맞춘다. 그리고 관심을 아빠의 팔 근육으로 돌리기 시작했다. 이두박근을 보여주고, 팔뚝에 매달려보게도 한다. 그 이후로 아빠의 별명은 '삼겹살 배 아빠'에서 '알통 아빠'로 바뀌었다.

요약

- 내 주변의 모든 동료가 나의 고객이다. 때로는 내부 고객이 더 중요하다.
- 고객 중심 사고를 하지 않는 사람은 아무리 많은 일을 하더라도 한 명의 고객도 만족시킬 수 없다.
- 아무리 좋은 첨단 제품도 사용자 경험이 나쁘면 기술 덩어리에 불과하다.
- 고객 중심 사고를 하기 위해서는 고객과 눈높이를 맞춰야 한다.
- 고객과 눈높이를 맞춘다는 것은 고객의 눈을 보는 것이 아니다. 고객이 보고 있는 것을 봐야 한다.

일 못하는
사람은
도전하지 않는다

사람은 누구나 더 나은 삶을 살길 원한다. 크든 작든 성공을 꿈꾼다. 하지만 누구나 성공하기 위한 행동을 하는 것은 아니다. 꿈만 꾸면서 어떠한 실천도 하지 않는 사람도 있다. 심지어 남의 성공에 무임승차하기 위해 호시탐탐 기회만 노리는 사람도 있다. 세상사 마음먹기에 달려 있다고는 하지만 생각만으로 이루어지는 것은 아무것도 없다. 행동해야 결과가 나온다.

아티스트이자 아마존 밀리언셀러 《훔쳐라, 아티스트처럼Steal Like an Artist》의 저자인 오스틴 클레온Austin Kleon은 이렇게 말했다. "많은 사람들이 '동사verb'를 행하지 않고 '명사noun'가 되기를 원한다." 무언가가 되고자 한다면, 무언가를 이루고자 한다면 행동해야 한다.

도전하지 않고 안정적인 삶을 추구한다고?

대학생, 취업 준비생, 직장인 등 많은 사람들이 안정된 삶을 원한다. 그런데 왜 안정된 삶을 살길 원할까? '안정'의 사전적 의미는 '바뀌어 달라지지 아니하고 일정한 상태를 유지함'이다. 사전적 의미대로 자신의 삶이 앞으로 아무런 변화 없이 지속되길 바라는 사람이 몇이나 될까? 현재 자신의 삶에 만족을 느끼면서 사는 사람 말이다. 안정된 삶을 원하는 마음에는 기본적으로 '먹고살 만하면서'라는 전제가 깔려 있다. 먹고살 만하면서 오랫동안 안정적으로 살 수 있는 환경을 원하는 것이, 그렇게 많은 사람들이 공무원 시험에 몰리는 이유일 것이다.

그렇다면 누구나 이런 삶을 살 수 있는가? 그렇지 않다. 안정적인 삶을 희망하는 사람이 많다는 말은 그만큼 경쟁이 심하다는 뜻이다. 2018년 6월에 시행된 서울특별시 지방직 공무원 시험의 경쟁률은 63.2:1이었다. 일반 기업의 사정은 어떨까? 취업 정보 사이트 잡코리아가 2017년에 실시한 조사에 따르면, 우리나라 남녀 직장인이 예상하는 본인의 체감 퇴직 연령은 51.7세로 나타났다. 대기업 직장인은 전체 평균보다 조금 낮은 49.8세로 나타났다. 기업 규모, 업종, 직종에 따라 차이는 있겠으나, 확실한 점은 꾸준한 자기 계발과 도전 없이는 안정적인 삶을 살기 어렵다는 것이다.

우리 주변을 둘러보자. 어느 직장에나 별로 하는 일 없이 저공비행 모드로 낮게 날면서 직장 생활을 하는 사람들이 있다. 그런 부류의 사람들은 변화 수용력이 떨어진다. 늘 하던 방식대로 업무를 처리하고 문제를 일으키기 싫어한다. 더 좋은 기술과 업무 처리 방식이 등장해도 배우고 수용하려 하지 않는다. 기존 방식이 익숙하고 편하기 때문이다. 특히 점점 나이가 들고 직급이 올라갈수록 이런 현상이 심화된다. 익숙하고 편한 것을 추구한다.

그러나 뭔가가 익숙하다는 것은 위험 신호다. 성장이 멈췄다는 신호다. 편안하고 안정된 현재의 직장과 지위가 미래의 경쟁력 측면에서는 독이 될 수 있다. 역설적이게도 안정적인 삶을 추구하려면 공격적인 삶을 살아야 한다. 수비적인 삶을 살면 안정적인 삶을 경쟁자에게 빼앗길 수 있다. 축구에서 가장 좋은 수비는 공격이라는 말도 있지 않은가? 골이 언제 들어갈지 몰라도 계속 넣으려고 시도해야 한다. 공격적인 팀의 점수는 0 또는 플러스가 될 것이고, 수비만 하는 팀의 점수는 0 또는 마이너스가 될 것이다. 당신은 어떤 선택을 할 것인가?

미래가 나에게 오는 것이 아니라, 내가 미래를 향해 가는 것이다. 시간이 흐른다고 누구나 같은 미래를 만나는 것은 아니다. 내가 꿈꾸는 미래가 있다면 내 의지에 따라 그곳으로 가야 한다. 첫걸음이 중요하다.

모터사이클 대회에서 우승한 63세 노인

버트 면로 Burt Munro는 1899년 뉴질랜드에서 태어났다. 그는 어릴 때부터 모터사이클을 좋아했다. 18세 때 지역 레이스에 참가하여 최고 속도로 우승을 하기도 했다. 21세가 되는 해에 그는 새 모터사이클을 구입했는데 그 모터사이클의 모델명이 '인디언'이다. 그때부터 인디언과의 인연이 시작된다. 세월이 지나면서 모터사이클은 낡기 시작했고, 돈이 없던 그는 손수 모터사이클을 고쳐나가기 시작했다. 손으로 깎아서 부품을 만들기도 하고, 고물 트럭에서 부품을 떼다가 개조해서 사용하기도 했다. 가난했던 그는 모터사이클 판매원으로 일하면서 번 돈을 자신의 인디언을 수리하는 데 사용했다.

지나친 모터사이클 사랑 때문이었을까? 그는 결국 아내와 이혼하게 된다. 모터사이클밖에 모르며 살던 어느 날, 인생의 전환점을 맞게 된다. 갑자기 심장에 문제가 생겨 쓰러진 것이다. 그때 그는 결심했다. '언제 죽을지도 모르는데 내 평생의 꿈을 이루어보자.' 그의 꿈은 미국 유타Utah주 보너빌Bonneville에서 열리는 모터사이클 대회에 참가하는 것이었다.

보너빌 모터사이클 대회는 전 세계 모터사이클 마니아들의 꿈의 무대였다. 대회에 참가하기로 결심한 그는 그날부터 모터사이클을 본격적으로 수리하기 시작했다. 그가 남긴 기록에 따르면 거의 10년간 매일 열여섯 시간을 모터사이클 수리에 투자했다고 한다. 오랜 시간 수리를 마치고 대회에 나갈 수 있게 되었을 때, 그의 나이는 63세였다. 나이 말고도 또 다른 문제가 그를 기다리고 있었다. 바로 돈이었다. 가진 돈 전부를 모터사이클 수리에 사용해버려서 미국까지 갈 돈이 없었던 것이다. 하지만 대회 참가라는 확실한 목적이 있었기에 그는 설거지, 청소 등 허드렛일을 마다하지 않았다. 일을 해주고 배를 얻어 탄 그는 자신의 모터사이클과 함께 미국으로 향한다. 미국에 도착해서도 보너빌까지 가는 경비를 충당하기 위해 일을 하고 달리기를 반복하여 드디어 대회 장소에 도착할 수 있었다.

그런데 그곳에는 또 다른 문제가 기다리고 있었다. 출전 신청 기간이 마감되었을 뿐 아니라 그의 모터사이클이 너무 낡고 직접 제작한 부품이 안전 기준에 적합하지 않아 대회 참가가 거부된 것이다. 하지만 그는 주최 측에 사정했다. "나는 이 대회를 위해 수십 년을 기다려 왔어요. 제 남은 인생의 마지막 꿈입니다." 대회장에 나타난 60대 노인과 낡은 모터사이클을 보고 모든 선수들은 비웃었다. 제대로 굴러가기나 할지 의구심을 가진 사람이 많았다. 다른 선수들은 모두 최신형 모터사이클과 함께였고, 아무도 그를 경쟁 상대로 보지 않았다.

드디어 경기가 시작되고, 그의 차례가 됐다. 경기 진행 요원들의 도움을 받아 드디어 인디언이 출발했다. 얼마 후, 놀라운 일이 벌어졌다. 버트 먼로가 우승한 것이다. 심지어 모터사이클 1,000시시 이하 부문에서 시속 288킬로미터로 세계 기록을 세웠다. 63세의 나이에 꿈을 이룬 것이다. 더욱 놀라운 사실은, 첫 번째 우승 이후 계속 대회에 참가하여 5년 후인 68세에 본인이 세웠던 세계 기록을 경신했다는 것이다. 그때의 기록이 시속 305.9킬로미터다. 미국 모터사이클 협회는 그의 업적을 기려 그를 명예의 전당에 추서했다. 그의 꿈과 도전에 관한 이야기는 각종 다큐멘터리에 소개되었으며, 2005년에는 영화로 제작되기도 했다.

도전과 실패를 통해 일 근육을 키워라

좋은 교육을 받고 아는 것도 많고 머리도 좋은데 일을 잘하지 못하는 사람들이 있다. 이들의 공통점은 공부 머리는 있는데 일 근육이 없다는 것이다. 몸 근육이 수많은 움직임을 통해 만들어지듯이, 일 근육도 수많은 시도와 좌절을 겪는 과정에서 생긴다. 열 번쯤 시도하면 한두 번 정도는 작은 성취를 맛보기도 한다. 실패를 통해 배우고 성취의 기쁨을 맛보면서 성장하는 것이다.

처음 자전거를 배울 때 넘어지는 것을 두려워하는 사람은 배움이 더디다. 반면 넘어지고 몸으로 느끼면서 요령을 터득하는 사람들이 있다. 이들은 안 넘어지려 하기보다 잘 넘어지는 방법을 찾는다. 이런 사람들은 얼마 지나지 않아 스스로 자전거를 탈 수 있게 된다. 작은 실패를 경험하면서 실패의 고통이 그리 크지 않음을 알게 되고, 다음 시도를 위한 자신감을 얻는 것이다.

그렇다면 일 근육은 어떻게 키워야 하는가? 필자가 경험했고,

다른 여러 사람들에게도 효과가 있었던 몇 가지 방법을 알려주려 한다.

첫째, 성과 중심으로 계획하고 실천하라. 구체적인 실천 사례를 들자면 계획을 세울 때 무엇을 할지 먼저 적지 말고, 무엇을 이룰지를 먼저 적어라. 계획서 지면의 위쪽과 왼쪽은 '목표'가 차지해야 한다. 사고방식도 성과 중심으로 바꿔야 한다. '오늘 할 일이 무엇이지?'가 아닌 '오늘 이루어야 할 목표가 무엇이지?'를 생각하라. 그리고 자신을 'ㅇㅇ하는 사람'이 아니라 'ㅇㅇ을 만드는 사람'이라고 규정하라. 무엇을 만드는 사람인지 먼저 규정되어야 그것을 만들어내기 위한 행동이 결정된다.

둘째, 책임감을 느껴라. 실패했을 때 비난받는 것을 좋아할 사람은 없다. 하지만 비난받는 것이 두려워서, 실패의 책임이 두려워서 도전하지 않는다면 성장의 가능성은 없다. 실패하면 내가 책임진다는 자세로 끊임없이 도전하고 실패하는 과정을 통해서 일 근육이 생긴다. 실패는 창피한 것이 아니다. 오히려 실패자가 되기 싫어서 조직 속에 숨어 지내는 것이 더 비굴하다. 동료들 틈에 스며들어서 적당히 분위기 봐가며 일하고, 성과 중심이 아닌 과정 중심의 일들을 그저 바쁘게 하는 사람들이 있다. 실제 일을 하는 것이 아니라 일하는 시늉을 하며 살아가는 것이다.

셋째, 그냥 하라. 나이키 광고 문구인 "저스트 두 잇Just do it"은 필자가 좋아하는 문구다. 때로는 생각하지 말고 그냥 해야 할 때가 있다. 아무리 깊이 고민하고 많은 생각을 해도 해보기 전에는 결과를 알 수 없다. 너무 많은 생각은 실행력을 떨어뜨린다. 생각과 생각이 엉켜서 길을 잃게 만든다. 일단 실행한 후에 수습은 나중에 하면 된다. 아무리 아이디어가 좋아도 생각만 하는 사람은 행동하는 사람을 이길 수 없다. 미국의 철학자인 지그 지글러 Zig Ziglar 는 "행동하는 사람 2퍼센트가 행동하지 않는 사람 98퍼센트를 지배한다"고 했다. 생각은 움직이며 하는 것이다. 총알이 빗발치는 전쟁터라면 가만히 서서 다음 작전을 생각하겠는가?

직장 생활 중에 뭔가 실패를 하더라도, 생각만큼 큰일이 일어나는 경우는 별로 없다. 회사에 엄청난 타격을 줄 수 있을 만한 큰 사고를 치도록 회사가 그냥 내버려두지 않는다. 그러니 회사를 믿고 도전해보자. 과녁 중앙을 맞추지 못할까 봐 활시위를 놓지 못하는 사람은 평생 명궁이 될 수 없다.

- 명사가 되려면 동사를 행하라. 동사형 인간이 되지 않으면 아무것도 이룰 수 없다.

- 최선의 수비는 공격이다. 도전하지 않으면 그나마 누리던 안정도 경쟁자에게 빼앗길 것이다.

- 꿈과 도전 정신이 있다면 심장병 있는 할아버지도 모터사이클 세계 기록을 세운다.

- 신체 근육은 수축과 이완을 통해 발달하고, 일 근육은 도전과 실패를 통해 발달한다.

- 도전을 주저하지 마라. 마지막에 패배자가 되는 것보다 지금 실패자가 되는 것이 낫다.

- 머릿속이 복잡할 때는 생각을 멈추고 그냥 해라.

일 못하는
사람은
끌려다닌다

일 못하는 사람은 늘 상황에 끌려다닌다. 지식과 기술이 부족하다 보니 업무 파악이 늦고 숙련도가 떨어진다. 그러니 늘 끌려다닌다. 일 잘하는 사람에게 끌려다니고, 상황에 끌려다니고, 늘 시간에 쫓긴다.

이런 상황에서 좋은 성과를 기대하기는 어렵다. 스스로 상황을 주도할 수 없으니 늘 불만이 있다. 그렇다고 딱히 할 말을 할 수 있는 것도 아니다. 요즘 같은 세상에서는 '농경적 성실함'은 경계해야 한다. 끌려다니지 않으려면 스마트하게 일해야 한다.

객차는 기관차에 끌려갈 수밖에 없다

김신배 전 SK(주) 부회장은 한 강연에서 세 가지 유형의 인재가 있다고 말했다. 첫째, 자기 발화성이 좋은 사람, 둘째, 인화성이 좋은 사람, 셋째, 냉소적인 사람. 자기 발화성이 좋은 사람은 스스로 불을 내는 사람이다. 스스로 일하고 새로운 것을 시도하며 상사에게 "이런 것이 있는데 한번 해봐야 하지 않을까요? 제가 한번 해보고 싶은데 도와주십시오"라고 말한다. 인화성이 좋은 사람은 스스로 불을 내지는 않지만 누군가 불을 붙이면 타오르는 사람이다. 뭔가 일을 벌이지는 않지만 자기 발화성이 좋은 사람이 일을 벌일 때 동조하고 "그거 괜찮겠는데요. 저도 함께하고 싶어요"라고 말하며 참여하는 사람이다. 반면 냉소적인 사람은 매사에 부정적이고 참여하지도 않으면서 "그게 잘되겠어?", "괜히 일 벌이지 말고 조용히 지내자"라고 말하는 사람이다.

자기 발화성이 좋은 사람은 기관차다. 스스로 열을 뿜고 동력을 만들어서 전진한다. 인화성이 좋은 사람은 객차다. 기관차가 이끄는 방향으로 잘 따라간다. 마지막으로 냉소적인 사람은 객차에 올라탄 짐이다.

어떤 조직에도 자기 발화성이 좋은 사람만 모일 수는 없다. 그래서도 안 된다. 적당한 비율로 섞여 있을 때 조직이 제대로 굴러간다. 앞장서서 위험을 무릅쓰고 새로운 일을 시도하는 사람도 필요하고, 비판적인 시각으로 브레이크를 걸어줄 사람도 필요하다.

자기 발화성이 좋은 사람, 인화성이 좋은 사람, 냉소적인 사람의 비율이 2:6:2 정도면 적당할 듯하다. 물론 이는 회사마다 다를 수 있다. 이제 막 설립한 스타트업일 경우에는 5:4:1이 될 수도 있고, 안정 지향적인 조직에서는 1:8:1이 될 수도 있다. 어느 경우라도 객차가 될지 기관차가 될지는 개인의 선택이다. 하지만 확실한 점 하나는 기관차만이 방향과 속도를 결정할 수 있다는 것이다.

일에서 방향과 속도를 결정할 수 있다는 것은 매우 큰 의미가 있다. 자기 주도적으로 일을 할 수 있다는 뜻이기 때문이다. 일 못하는 사람들이 자기 주도적으로 일하는 경우는 별로 보지 못했다. 일을 잘하지 못하는 사람들이 공통적으로 부족한 능력이 있는데, 바로 '주제 설정 능력'이다. 주제 설정 능력이 부족한 사람은 시키는 일은 잘할지라도 스스로 과제를 선정하고 처음부터 일의 틀을 잡으며 진행하는 것은 제대로 하지 못한다.

서울대학교 공과대학의 이정동 교수는 저서 《축적의 길》에서 한국 산업이 위기에 처한 원인으로 개념 설계 역량 부족을 꼽았다. 개념 설계란 쉽게 이야기하면 흰 종이 위에 밑그림을 그리는 것이다. 100층이 넘는 초고층 빌딩을 짓기 위해서는 설계와 시공이 필요한데, 몇 년 전에 완공된 우리나라 최고층 건물의 설계는 대부분 외국 회사들이 했다고 한다. 시공 능력은 우리나라도 세계 수준이지만 건축 설계, 토목 설계, 풍동 설계, 구조 설계 등은 해외의 기업들이 도맡아 진행한 것이다.

아무리 높은 건물도 그 시작은 흰 종이 위에 그려진 한 장의 스케치였을 것이다. 어떤 건물을 지을지 주제를 설정하는 것이 가장 먼저다. 주제 설정 능력은 여러 상황에서 필요하다. 보고서 작성, 프로젝트 선정, 프레젠테이션 발표, 협상, 회의 등 거의 모든 순간 순간마다 주제 설정 능력이 필요하다. 주제 설정 능력이 부족하면 어젠다agenda 를 선점할 수 없고, 상황에 끌려다닐 수밖에 없다.

한 걸음만 앞서면 된다

필자는 주니어 시절에 상사에게 잔소리 듣는 것이 너무 싫었다. 특히 상사가 지시한 일의 마감 기한을 넘기는 것은 자존심이 허락하지 않았다. 업무량은 많은데 어떻게 모든 일을 마감 기한 전에 마칠 수 있을까? 이 문제를 풀기 위해 상사의 속도보다 딱 한 걸음만 앞서자고 생각하고 일을 했다.

예컨대 상사가 시속 100킬로미터로 일하기를 요구하면 101킬로미터로 달리는 식이다. 시속 50킬로미터도 안 되고, 99킬로미터도 안 된다. 시속 100킬로미터를 넘지 못하면 상황 통제력은 여전히 상사의 손에 있기 때문이다. 추월하기 위해 한 번은 시속 120킬로미터 정도로 속도를 내야 한다. 이때가 힘들다. 순간적으로 많은 에너지가 소모된다. 그래도 한번 앞서기 시작하면 내가 통제할 수 있는 상황이 만들어진다. 이때부터는 이전보다 수월하다. 매번 조금씩 상사의 기대를 넘는 사람과 매번 조금씩 상사의 기대에 못 미치는 사람의 차이는 크다. 전자의 인생은 흑자 인생이고, 후자의 인생은 적자 인생이다. 시간이 지날수록 그 차이는 더욱 뚜렷해진다. 승자와 패자는 한 끗 차이로 결정되고, 승자가 모든 것을 갖는다.

《이기는 습관》, 《동사형 인간》 등 다수의 책을 낸 위닝경영연구소의 전옥표 박사는 신입 사원 시절을 회고하며 이렇게 말했다. "대기업 신입 사원 시절, 상사에게 '조금 더' 하는 사람으로 비치도록 최선을 다했습니다. 지금 하는 일을 '조금 더' 잘하도록 최선을 다했습니다. 하찮은 일이라도 신께 하듯이 했습니다."

직장인에게 인사 평가 시즌은 괴로운 시기다. 평가받는 사람도 괴롭지만 평가하는 사람도 괴롭기는 마찬가지다. 대체로 평가하는 사람과 평가받는 사람의 생각에는 차이가 있다. 이 차이가 크면 클수록 괴로움의 크기도 함께 커진다. 평가받는 사람 중에 열심히 안 했다고 하는 사람은 한 명도 보지 못했다. 그렇다면 열심히 했다는 것의 기준은 무엇인가? 내가 가진 능력의 한계인가? 상사가 생각하는 기준인가? 경쟁자만큼 한 것을 말하는가?

열심히 한다는 말은 상대적이다. 상사의 기준치가 100인데 부하 직원의 기준치는 50이라면 부하 직원 입장에서는 50만큼만 하면 열심히 한 것이고, 상사 입장에서는 아닌 것이다. 그러니 이 '열심히'라는 것에 대한 기준이 필요하다.

필자가 오랜 직장 생활을 통해 세운 '열심히'에 대한 한 가지 기준이 있다. 바로 '그럼에도 불구하고'다. 일을 하다 보면 여러 가지 예상치 못한 어려움을 겪게 된다. 비협조적인 동료, 열악한 환경,

부족한 자원, 결과를 알 수 없는 불안함 등. 하지만 이런 모든 상황을 이겨내고 끝까지 해냈을 때 비로소 열심히 했다고 말할 자격이 있다. 이것은 상사가 나를 좋게 평가하든 나쁘게 평가하든 변하지 않는 기준이다. 이 기준에 부합하지 않으면 열심히 했다고 말하지 않는다.

당신의 핑계를 들을 시간이 없다

끌려다니는 사람의 공통된 특징 중 하나는 핑계가 많다는 것이다. 일을 시작하기도 전에 안 되는 이유를 몇 개씩 갖다 댄다. 이런 사람들을 세 가지 유형으로 나눌 수 있다.

첫째, 능력이 부족하다. 이런 유형의 사람들은 본인이 못하는 일을 안 되는 일이라고 말한다. 본인의 부족한 실력을 감추는 데 급급하다. 함께 일하는 팀원들에게 못하면 못한다고 손들 수 있는 것도 능력이다. 정말 팀을 위한다면 못하는 것을 못한다고 말할 수 있어야 한다. 이것은 비난받을 행동이 아니라 오히려 용기 있는 행동이다. 본인의 부상을 숨기고 개인적인 욕심을 위해 경기에 나서는 선수는 팀 전력에 악영향을 끼친다.

둘째, 본인이 아는 범위 내의 일만 하려고 한다. 이런 유형의 사람들은 본인이 모르는 일을 안 되는 일이라고 말한다. 새로운 것을 학습하지 않고 늘 같은 방법으로 일하려고 한다. 더 효율적이고 효과적인 방법이 있다고 해도 새로운 것을 받아들이기가 귀찮은 것이다. 그저 익숙한 것을 취해 관성대로 일한다.

셋째, 책임지기 싫어한다. 이런 유형의 사람들은 본인이 하기 싫은 일을 안 되는 일이라고 말한다. 책임을 진다는 것은 핑계 대지 않고 끝까지 일을 마치겠다는 태도다. 잘못되면 내 탓이지만 잘되면 공을 제대로 인정해달라는 자신감의 표현이기도 하다. 책임지지 않는 것은 자신 없음을 스스로 인정하는 것이다.

세 유형 모두 최악이다. 세상에 모든 것을 다 할 수 있는 능력이 있고 모든 것을 다 아는 사람은 없다. 게다가 내 꿈은 일하다 죽는 것이라고 할 사람도 없다.

일을 하면서 항상 좋은 결과를 얻을 수는 없다. 사실 성공보다 실패를 경험하는 경우가 훨씬 많다. 그때마다 핑계를 댈 것인가? 실패한 이유를 대자면 한도 끝도 없을 것이다. 모든 잘못된 일에는 이유가 있기 마련이다. 하지만 한 가지 알아두어야 할 사실은 제대로 된 상사라면 잘못된 이유보다는 앞으로 어떻게 할 것인지를 더 중요하게 생각한다는 점이다. 잘못된 상황을 어떻게 수습할지, 어떻게 같은 실수를 반복하지 않고 일을 잘할지가 중요한데 핑계를 듣고 있을 시간이 어디 있는가?

그러니 일이 잘못되었을 때 자신을 위해서도 조직을 위해서도 핑계는 금물이다. 남 탓, 환경 탓, 현실 탓 하며 불평해서 달라지는 것은 아무것도 없다. 직장 생활이 힘들지 않은 사람이 어디 있겠는가? 모든 문제의 중심은 나 자신이다. 내가 바뀌지 않으면 아무것도 바뀌지 않는다. 결국 하고자 하는 사람은 방법을 찾고, 하기 싫은 사람은 핑계를 찾는다.

미국 풋볼계의 영웅이자 《위닝 에브리데이 Winning Everyday》의 저자인 루 홀츠 Lou Holtz 는 한 대학 졸업식 축사에서 이렇게 말했다. "힘들다고 말하지 마십시오. 열 명 중 아홉 명은 관심이 없고, 나머지 한 명은 기뻐할 것입니다." 핑계 대는 사람은 성장할 수 없다.

- 객차는 기관차에 끌려다닌다. 내 인생의 운전대를 남에게 맡길 것인가?
- 주도권을 갖기 위해서는 딱 한 걸음만 앞서면 된다.
- 핑계 대는 사람 주변은 잘못된 것으로 가득 차 있다.
- 핑계 대지 마라. 들어줄 시간 없다. 불평하지 마라. 아무도 관심 없다.

일 못하는
사람은
공부하지 않는다

성실하고 열심히 일하는데 업무 능력이 떨어지는 사람들이 있다. 대부분 맡겨진 업무를 수행하기에는 전문성이 떨어지는 경우가 많다. 전문성이 떨어지니 일을 잘 해내기가 쉽지 않다. 성과를 기대하기도 어렵다. 이런 사람들의 가장 큰 문제는 평소에 공부하지 않는다는 것이다. 세상은 빠르게 변하는데 늘 하던 대로, 익숙한 방법으로만 일한다.

몇 개월 후를 예측하기도 힘들 정도로 빠르게 변하는 세상이다. 공부하지 않는다는 것은 자신의 역량을 가져다 쓰기만 하는 것이다. 쓰기만 하고 채우지 않으면 언젠가는 고갈된다.

공부하지 않는 사람은 전문성을 키울 수 없다

전문가 중에 공부하지 않는 사람은 없다. TV 토론회에 참석한 전문가 패널 중에 '뭐 저런 사람이 전문가라고 나와 앉아 있나?' 싶을 정도로 수준 낮은 사람이 보일 때가 있다. 하지만 적어도 그 자리에 오르기까지는 공부를 한 사람이다. 일 못하는 사람들은 대부분 전문성이 없다. 전문성은 공부와 훈련을 통해 길러지는데, 평소에 공부하지 않으니 전문성이 없는 것이 당연하다.

대부분의 직장인들이 학교를 졸업하고 직장을 잡고 난 후에는 공부를 멀리한다. 대학 졸업 후 1년에 책 한 권 읽지 않는 사람도 부지기수다. 학교에서의 공부는 프로 세계에 입문하기 위해 갖춰야 할 기본적인 지식을 배우는 것이다. 학교 졸업은 공부의 끝이 아니라 진정한 공부의 시작이다. 월급을 주어가면서 일을 가르치기만 하는 회사는 없다. 직장은 기량을 발휘하는 곳이지 일을 배우기만 하는 곳이 아니다.

그렇다면 많은 직장인들이 공부하지 않는 이유는 무엇일까? 세 가지로 요약된다.

첫째, 자신이 뭘 모르는지 모른다. '메타 인지'가 부족한 것이다. 메타 인지의 사전적 의미는 '자신이 아는 것과 모르는 것을 자각하는 것'이다. 그럼 자신이 무엇을 모르는지 어떻게 알 수 있을까? 바로 공부를 통해 알 수 있다. 세상은 아는 만큼 보인다. 일단 공부를 해봐야 내가 아는 것과 모르는 것을 알 수 있다.

둘째, 겸손함이 부족하다. 겸손함이 부족하기 때문에 배움에 대한 마음이 닫혀 있다. 이들은 들어본 것을 안다고 여긴다. 이런 사람들과 대화를 해보면 어디서 들어본 것을 다 아는 얘기라고 한다. 세상의 모든 것을 다 알고 있으니 학습할 필요를 못 느낀다. 스티브 잡스는 생전에 스탠퍼드 대학교 졸업식 축사에서 "배고픈 채로, 어리석은 채로 머무르세요Stay hungry, stay foolish"라고 말했다. 부족하다는 생각이 들어야 배울 마음이 생긴다.

셋째, 변화를 싫어한다. 이들에게 변화는 성가시고 두려운 것이다. 관성에 따라 생각하고 행동하는 것이 편하다. 예전에 하던 방식을 고수하기 위해 자신의 경험에 의존한다. 또한 변화로 인해 발생할 수 있는 위험과 수고로움을 과장하는 방식으로 현재에 머물려고 한다. 현재에 머물기를 원하니 공부할 필요가 없다.

'1만 시간의 법칙'이라는 것이 있다. 세계적인 베스트셀러 작가인 말콤 글래드웰이 저서 《아웃라이어》에서 언급한 개념으로, 어느 한 분야에서 큰 성과를 이루기 위해서는 1만 시간 동안의 학습과 훈련이 필요하다는 의미다. 《아웃라이어》가 세계적인 베스트셀러로 등극하면서 대중들에게 널리 알려졌다. 1만 시간의 법칙의 연구자인 스웨덴 출신의 심리학자 안데르스 에릭슨Anders Ericsson 교수는 저서 《1만 시간의 재발견Peak》을 통해 1만 시간이 절대적인 것은 아니며 훈련 방식에 더 큰 의미를 두어야 한다고 밝히기도 했다.

에릭슨 교수는 '사려 깊은 훈련deliberate practice'이 최고가 되는 핵심 열쇠라고 강조한다. 사려 깊은 훈련이란 나의 문제점이 무엇인지 알고, 그것을 극복하기 위해서 어떻게 해야 하는지 정확히 인지한 상태로 훈련하는 것을 말한다. 전문가 수준에 이르기 위해서는 오랜 시간 동안 꾸준히, 의식적으로 공부하고 훈련해야 한다. 공부 많이 한 사람 중에 전문가가 못 된 사람은 있어도 전문가 중에 공부하지 않은 사람은 없다.

학습에도 전략이 필요하다

공부를 할 때는 부족한 부분을 채우려 너무 애쓰지 마라. 미국의 심리학자인 에이브러햄 해럴드 매슬로 Abraham Harold Maslow 는 성인의 98퍼센트가 '결손 욕구'의 지배를 받는다고 했다. 대부분의 사람들은 자신의 부족한 부분을 채우려는 욕구가 있다는 것이다. 결손 욕구의 지배를 받는 사람은 부족한 부분을 신경 쓰느라 정작 자신의 장점은 제대로 깨닫지 못한다. 부족한 부분을 채우는 것보다 나의 장점을 극대화하는 것이 더 중요하다.

직장인의 학습 전략은 학생 때와는 달라야 한다. 학생 때는 모든 과목을 잘해야 좋은 평가를 받을 수 있지만, 직장인은 모든 것을 잘하기보다 자신의 분야에서 전문성을 갖춰야 한다. 대부분 회사는 한 사람이 모든 것을 처리하기보다 각 구성원이 맡은 임무를 전문적으로 처리하는 방식으로 조직화되어 있다. 모든 것을 다 잘한다는 것은 잘하는 것이 없다는 말과 같다. 누구도 나를 대체할 수 없는 역량을 찾아내고 개발하는 것이 전문성과 경쟁력을 갖추는 길이다. 모든 역량을 무난하게 갖추는 것보다 예리하게 날이 선 한 가지를 갖추는 것이 더 경쟁력 있다. 따라서 단점을 보완하기보다 장점을 극대화하는 데 에너지를 쓰는 것이 효율성과 효과성 면에서 더 낫다. 이는 5장의 〈경쟁하기보다 남들과 '다르게' 한다〉에서 이야기할 차별화를 통한 경쟁력 강화 전략과 일맥상통하는 것이다. 다만 주의할 것은 장점을 극대화하라는 말이 기본을 무시해도 된다는 말은 아니라는 점이다.

독일의 식물학자 유스투스 폰 리비히 Justus von Liebig 의 '최소량의 법칙 law of the minimum'에 따르면 식물의 생장은 가장 부족한 영양소의 양에 따라 결정된다고 한다. 가령 질소, 칼륨, 인산, 석회 중 어느 하나가 부족하면 다른 영양소가 아무리 많아도 식물이 제대로 자랄 수 없다는 이론이다. 이 이론에 빗대어보면 개인이나 조직의 역량은 가장 부족한 한 가지 역량에 의해 평가될 수 있으므로 최소 수준의 역량은 갖춰야 한다. 예컨대 팀워크, 책임감, 적극성, 끈기, 전문성 등의 역량 중에 책임감이 현격히 낮은 수준이라면 '책임감 없는 사람'으로 평가될 수 있다는 것이다. 따라서 자신이 속한 분야에 필요한 역량을 파악하여 기본을 갖추어야 한다. 그런 후에 그중 가장 중요한 역량을 극대화하는 전략을 취해야 한다. 쇠사슬의 강도는 가장 약한 고리의 강도로 결정된다.

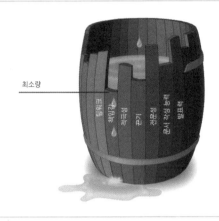

최소량

학(學)은 20퍼센트, 습(習)은 80퍼센트

수많은 학자들이 4차 산업혁명 시대에 가장 중요한 역량 중 하나로 학습 능력을 꼽는다. 기술 발전 속도는 기하급수적으로 빨라지고, 지식 생산 비용은 점점 낮아지고 있다. 우리는 예전에 비해 훨씬 저렴한 비용과 적은 수고를 들여 새로운 지식을 얻을 수 있다. 가히 정보의 홍수 속에 살고 있다고 해도 과언이 아니다. 그런데 아이러니하게도 이렇게 쉽게 정보를 얻을 수 있다 보니 많은 사람들이 오히려 공부를 게을리하는 것 아닌가 하는 생각이 든다. 어떤 학자는 "요즘 사람들이 검색 능력은 좋은데 사색 능력은 떨어진다"고 개탄했다. 많은 사람들이 지식을 찾아서 쓰기만 할 뿐 자기 것으로 내재화內在化, internalization 하는 데에는 소홀한 듯하다.

흔히 사람들은 많이 보고 들으면 공부가 된다고 착각한다. 이것은 편하게 공부하려는 안일함이다. 또한 자기 스스로를 공부한 것처럼 속이는 행위다. 책상에 앉아서 한두 시간 자기 계발 동영상을 보고 나면 뭔가 공부한 것 같은 뿌듯한 마음이 생기고, 스스로 대견하기까지 하다. 그런데 이러한 인풋input 방식의 공부는 진짜 공부가 아니다. 공부는 아웃풋output 방식으로 해야 한다. 배운 것을 써먹을 줄 알아야 진짜 공부가 되는 것이고, 자꾸 써먹어야 내 것이 된다.

'학습'이라는 단어의 한자는 배울 학學, 익힐 습習으로 되어 있다. 이 두 한자 중에 '익힐 습'이 더 중요하다. '배울 학'이 인풋이라면, '익힐 습'은 아웃풋이다. '학'은 20퍼센트, '습'은 80퍼센트의 비율이 적당하다. 배운 것을 일과 생활에 적용해보고 내 것으로 만드는 과정에서 내재화가 이루어진다. 좋은 것은 의식적으로 무의식의 영역에 집어넣어야 한다. 무의식의 영역에 저장해야 습관이 된다. 이것이 내재화다. 수영하는 법에 대한 책을 아무리 많이 읽어도 물속에 들어가 몸을 움직여 연습하지 않고는 수영하는 법을 익힐 수 없다.

새롭게 배운 지식을 내재화하는 가장 좋은 방법은 입 밖으로 꺼내어 말하고 글로 써보는 것이다. 내가 알고 있는 것을 말과 글로 써 타인에게 제대로 전달할 수 있어야 진짜 아는 것이다.

지식 경영의 세계적 권위자인 일본 히토쓰바시 대학의 노나카 이쿠지로野中郁次郎 교수는 지식에는 두 가지 유형이 있다고 말한다.

암묵지暗默知, tacit knowledge 와 형식지形式知, explicit knowledge 다. 암묵지는 경험을 통해 개인에게 습득된, 겉으로 드러나지 않는 상태의 지식을 말한다. 누군가의 머릿속에만 존재하는 지식인 것이다. 형식지는 문서화되어 외부로 드러나서 여러 사람이 공유할 수 있는 형태의 지식이다. 글, 그림, 소리, 영상 등의 형태로 표현된 지식이 형식지라 할 수 있다. 암묵지를 형식지로 변환하는 과정은 쉽지 않은 일이지만, 그러한 과정을 통해 지식은 체계화되고 더욱 단단해진다. 나의 암묵지가 형식지가 되고, 그 형식지는 다른 누군가의 암묵지가 된다. 이런 과정을 반복하면 지식은 점차 고도화되고 개인과 조직은 발전한다.

지식의 발전 과정

자신이 몸담고 있는 조직에서 배울 것이 없다고 말하는 사람들이 있다. 그것은 틀린 말이다. 자신이 무엇을 배워야 할지 깨닫지 못했거나 배움에 대한 자세가 안 되어 있는 경우가 더 많다. 내가 무엇을 할 줄 아는지, 내가 하는 일이 무엇인지, 내가 알고 있는 것이 무엇인지, 내가 속해 있는 분야는 어떻게 돌아가는지, 지금 벌어지고 있는 현상이나 행위의 이름이 무엇인지 알아야 한다. 스스로 배울 것을 선정하라. 배움에도 주제 설정 능력이 필요하다. 그래도 안 보인다면 본인이 아는 것을 남에게 가르쳐라. 가르친다는 것은 아웃풋 방식으로 학습하는 것이다. 가르치다 보면 배우게 되는 것이 있다. 이곳에서 배울 수 없다면 다른 곳에서도 배울 수 없다.

요약

· 일을 잘하기 위해서는 전문성을 갖추어야 하고, 전문성은 학습을 통해 키워진다.

· 메타인지, 겸손함, 변화 수용, 이것이 학습을 위한 기본자세다.

· 전문가 중에 공부하지 않는 사람은 없다.

· 배운 것을 직접 해보면서 내 것으로 만드는 것이 진짜 학습이다. '학'은 20퍼센트, '습'은 80퍼센트.

· 가르침은 곧 배움이다. 가르침을 통해 얻는 배움이 더 크다.

일 못하는
사람은
놀 줄 모른다

"신선놀음에 도낏자루 썩는 줄 모른다"라는 말이 있다. 재미있는 일에 정신이 팔려 세월 가는 줄 모른다는 뜻이다. 국적, 나이, 성별 불문하고 노는 것을 싫어하는 사람은 없을 것이다. 놀이는 인간의 본능일지 모른다.

네덜란드의 역사학자 요한 하위징아Johan Huizinga 는 여타 동물과 다른 인간의 본질은 '놀이를 하는 것'이라고 했다. 그러면서 인간을 호모 루덴스Homo Ludens, 즉 '놀이하는 인간'이라고 정의했다. 그렇다고 모든 사람이 다 잘 노는 것은 아니다. 노는 것도 뭘 좀 아는 사람들이 제대로 하기 때문이다.

뭘 좀 알아야 놀지

웅진그룹의 윤석금 회장은 소문난 바둑 애호가다. 누군가 바둑 두자고 찾아오면 새벽 두 시라도 나갈 정도라고 한다. 바둑을 비롯한 낚시, 골프, 서핑, 사진, 농구 등 종류는 제각각이지만 취미에 푹 빠져 있는 사람들에겐 공통점이 있다. 어느 정도 실력을 갖췄다는 점이다. 아예 해본 적이 없는 사람이라면 재미를 느낄 수 없을 것이고, 해본 적은 있지만 실력이 향상되지 않는 경우에도 푹 빠지기 어렵다. 그렇기 때문에 제대로 즐기려면 뭘 좀 알아야 하고, 잘할 줄 알아야 한다.

필자와 친한 지인들이 모이면 종종 와인을 마실 때가 있다. 이중 한 명이 와인에 대해 관심을 갖더니 얼마 지나지 않아 꽤 많은 지식을 갖게 되었다. 그 이후엔 와인 생산 지역, 맛과 향, 포도 품종, 생산 연도에 따른 특징들을 이야기해주기도 한다. 모르고 마실 때는 그것이 그것 같았는데 이야기를 듣고 마시니까 이전과는 다른 느낌이 들었다. 요즘은 와인 관련 앱도 많아서 와인 라벨을 카메라로 찍으면 자세한 정보를 조회해볼 수 있고, 내가 마셨던 와인들을 기록으로 남길 수도 있다. 마셔본 와인에 평점을 매기거나 선호하는 와인을 친구에게 추천할 수도 있다. 와인이라는 주제를 통해 얻을 수 있는 또 다른 재미다. 이렇듯 뭔가 알고 할 때와 모르고 할 때의 경험은 완전히 다르다. 아는 만큼 보이는 것처럼, 아는 만큼 즐길 수 있다.

국립생태원 초대 원장을 지낸 이화여자대학교 최재천 교수의 강연을 들은 적이 있다. 최재천 교수의 말에 따르면 우리나라 사람들의 관람 문화 중 독특한 점은 관광버스를 타고 우르르 몰려와서 '빨리빨리'를 외치며 순식간에 코스를 둘러보곤 돌아간다는 것이다. 그러고는 재방문을 하지 않는다고 한다. '한번 가본 곳'이기 때문이다. 그 말을 듣고 생각해보니 필자도 여행 가본 곳 중 두 번 이상 가본 곳이 별로 없었다. 마치 게임 미션을 클리어하듯이 '가봤다'에 초점을 맞춘 탓인지 괜찮았던 음식 말고는 별로 기억에 남는 것이 없다.

〈어서 와 한국은 처음이지?〉라는 TV 예능 프로그램이 있다. 이 프로그램의 포맷은 우리나라에 거주하는 외국인이 자기 나라 친구들을 한국에 초대하고, 그 친구들이 한국에 머무르면서 벌어지는 에피소드를 보여주는 것이다. 필자가 봤던 장면 중에서 인상 깊었던 것은 외국인들이 우리나라 전쟁 박물관에 가서 우리나라의 역사, 전쟁에 얽힌 이야기에 귀 기울이고 전쟁의 참혹함과 희생자들에 대해 대화하는 장면이었다. 여행 오기 전에는 어디에 붙어 있는지도 몰랐을 외국에 와서 그 나라의 전쟁 박물관에 간다는 것이 처음엔 이해가 되지 않았다. 하지만 한국이라는 나라에 대해 알고 싶어 하는 그들의 모습을 보면서 반성과 후회가 밀려왔다. '나는 내가 여행한 지역에 대해 무엇을 알고 있나? 여행 가서 뭘 하고 온 거지?'라는 생각이 들었다. 필자에겐 '가본 곳'이 기억에 남았지만, 아마도 그들에게는 한국의 '스토리'가 기억에 남았을 것이다.

남는 시간을 어떻게 쓸 것인가?

세상은 늘 변한다. 변하지 않는 것은 세상은 변한다는 사실뿐이다. 고정관념에 사로잡혀 있는 사람은 세상의 변화를 알아채지 못한다. 그 변화 속에 숨겨진 재미있는 현상들을 느끼고 경험해볼 수도 없다.

이 아이콘을 본 적이 있을 것이다. 각종 소프트웨어의 '저장' 버튼에 그려져 있다. 필자에게는 이 그림이 '저장'을 의미하는 것이 너무도 당연해서 한 번도 의문을 가져본 적이 없었다. 그런데 어느 날 문득 여섯 살 아들을 보고 깨달았다. 이 그림이 어디에 쓰는 물건인지, 왜 '저장'을 의미하는지 모르는 사람도 있으리라는 사실을. 이 책을 읽는 독자 중에도 이것이 어디에 쓰는 물건인지 모르는 사람이 있을지 모르겠다. 누군가에게는 플로피 디스크^{floppy disk} 라는 데이터 저장 장치가 '저장'의 의미로 사용되는 것이 당연하겠지만, 플로피 디스크를 본 적도 없는 사람에게는 이해가 안 되는 것일 수 있다.

필자의 여섯 살 아들은 아직 컴퓨터를 배운 적이 없다. 마우스를 왜 '쥐^{mouse}'라고 부르는지도 모른다. 스마트폰이 더 익숙한 그 녀석이 컴퓨터를 배우게 될 때, 손가락으로 조작하면 편리할 텐데 왜 불편한 마우스를 써야 하느냐고 투덜댈지도 모를 일이다. 필자의 아들보다 늦게 태어난 아이들에게는 스마트폰이 아닌 인공지능 스피커가 더 친숙할지도 모른다. 그 아이들은 필자의 아들에게 이렇게 말할지 모른다. "왜 불편하게 손가락으로 해? 말로 하면 되는데." 이렇게 빠르게 변하는 세상이다. 심지어 우리가 진실이라고 믿는 것도 진실이 아닐 수 있다고 가정해야 한다. 진실은 그것이 진실이 아님이 증명될 때까지만 진실이기 때문이다. 예전엔 그랬으나 지금은 그렇지 않은 것이 우리 주변에 생각보다 많다. 그러니 열린 마음이 필요하다. 변화를 두려워하지 않고 즐길 수 있는 마음가짐 말이다.

인공지능을 탑재한 로봇에게 내가 할 일을 모두 주고 나면 나는 무엇을 할 것인가? 일본의 한 연구소가 발간한 보고서에 따르면 2050년에는 2일 일하고 5일 노는 세상이 된다고 한다. 이렇게 남는 시간을 어떻게 보내야 할까? 많은 사람이 시간이 되면 가장 하고 싶은 일은 휴식이라고 말한다. 2016년 한 중견 건설사에서 임직원을 상대로 여름휴가 계획에 대한 설문을 실시한 결과, '올여름에 가장 하고 싶은 것은?'이라는 질문에 '휴식'이라고 답한 사람이 31.7퍼센트로 가장 많았다. 그럼 어떻게 쉬는 것이 잘 쉬는 것일까?

전문가들에 따르면 몸만 잘 쉰다고 해서 피로가 풀리는 것이 아니다. 몸과 머리가 함께 쉬어야 한다. 머리를 쉬게 하는 방법으로 많은 사람이 명상을 꼽는데, 또 다른 방법은 새로운 분야를 경험하는 것이다. 평소에 하지 않던 운동하기, 새로운 사람 만나기, 새로운 길로 가보기, 새로운 음식 먹기, 새로운 장소 가기 등을 하면 스트레스가 풀리고 머리가 맑아지는 느낌이 든다. 피곤할 때 따뜻한 물로 샤워를 하면 상쾌함을 느낄 수 있듯이 머리도 새로운 경험을 통한 샤워가 필요하다.

100세 시대다. 일하는 시간보다 삶을 삶답게 살아야 하는 시간이 더 길다. 그러기 위해서는 고정관념에 사로잡혀 있어서는 안 된다. 학창 시절에 배운 지식에 기대서도 안 된다. 매일 샤워하듯이, 두뇌도 일상적인 샤워가 필요하다. 기존의 낡은 지식과 고정관념을 씻어내고 새로운 지식과 경험을 학습하는 것, 그것이 바로 놀이의 출발선이어야 한다. 기존에 인간이 하던 일은 인공지능이 탑재된 로봇에게 줘버리고, 우리는 더 잘 놀 수 있는 궁리를 해보는 것이 어떨까?

쉼표도 음표다

아이러니하게도 잘 놀 줄 아는 사람이 성과도 좋다. 일을 많이 하는 것이 성과와 비례하지 않는다는 사실은 여러 연구 결과로 증명된 사실이다. 2017년에 미국 CNBC 방송이 보도한 바에 따르면 온종일 쉴 새 없이 일하는 것보다 자주 휴식을 취하며 일하는 것이 능률이 높다고 한다. 라트비아의 SNS 회사인 드라우기엠 Draugiem 그룹이 실시한 연구에 따르면 일하는 시간과 휴식 시간의 황금 비율은 52:17이다. 즉, 52분 일하고 17분 쉬는 사람이 일에 대한 집중도가 가장 높았으며 정해진 시간에 일을 마치는 비율이 100퍼센트로 나타났다. 인간의 뇌는 약 1시간 동안 많은 에너지를 사용하고, 이후 약 15~20분 동안 낮은 에너지를 방출하며 휴식한다. 두뇌도 휴식이 필요하다.

일본의 뇌 재활 전문 치료사이자 베스트셀러 작가인 스가와라 요헤이菅原洋平가 쓴《일 잘하는 사람의 두뇌 리듬》에 따르면 하루에 두 차례 우리 뇌가 활동하지 않는 시간대가 있다. 각각 기상 시간으로부터 8시간, 22시간 후다. 아침 6시에 기상한 사람은 오후 2시쯤에 멍한 상태가 되는 것이다. 이렇게 인간의 두뇌가 잘 작동하는 시간대가 있고 휴식이 필요하다는 사실은 굳이 연구 결과를 들먹이지 않아도 이미 많은 사람이 본능적으로 알고 있는 듯하다.

한 채용 사이트가 직장인을 상대로 조사한 결과, 하루 중 가장 집중이 잘되는 시간대는 오전 10시부터 11시라고 응답한 사람이 가장 많았다. 그 뒤를 이어 오전 11시부터 12시, 오전 9시부터 10시 순으로 나타났다. 출근해서 점심 전까지 오전 시간대에 업무 집중도가 높게 나타난 것이다. 점심 식사를 마친 뒤 오후 시간대에는 나른하고 일의 집중도가 떨어지는 이유가 있었던 것이다.

스페인, 이탈리아 등 일부 지중해 연안 국가들에는 점심 식사 후 잠깐 낮잠을 자는 '시에스타siesta'라는 독특한 관습이 있다. 뇌 활동 주기를 생각하면 참 현명한 풍습이라는 생각이 든다. 하지만 우리는 현실을 고려할 때 50분 정도 집중하고 10분 정도 휴식을 취하는 것이 어떨까 한다. 이때 머리를 온전히 쉬게 해주는 것이 중요하다. 스마트폰도 내려놓고 완전히 언플러그된unplugged 상태에서 쉬는 게 좋다. 잘 쉬어야 새로운 아이디어가 떠오른다. 일이 잘 풀리지 않아서 잠깐 쉬는 동안, 화장실에 앉아 있다가, 샤워 중에, 동료들과 잡담 중에 뭔가 머릿속이 번쩍하면서 안 풀리던 문제의 실마리를 찾은 경험이 있을 것이다. 성과를 내기 위해서는 휴식은 선택이 아닌 필수다. 쉼표도 음표다.

- 잘 노는 사람이 일도 잘한다.
- 아는 만큼 보이고 아는 만큼 즐길 수 있다.
- 고정관념과 낡은 지식은 일에도 놀이에도 좋은 영향을 줄 수 없다.
- 머리도 쉬어야 제대로 일할 수 있다. 쉼표도 음표다.

이번 장에서는 일의 기본 원리 다섯 가지를 이야기하고자 한다.

쪼개기, 효과성과 효율성, 우선순위, 팀플레이, 주고받기에 관한 내용이다.

이 다섯 가지는 어떤 일에도 공통적으로 적용할 수 있는 기본 원리다.

일의 원리를 모르고 일을 하면서 좋은 성과를 기대하는 것은 말이 안 된다.

이들 모두가 중요하지만 이 중에서 단 하나를 꼽으라고 하면 주저 없이 쪼개기를

선택할 것이다. 쪼개기는 필자의 직장 생활 내내 많은 도움이 되었던

매우 유용하고 실용적인 원리다. 중요도로 보자면 다섯 가지 중에 절반 정도를 차지하는

내용이니 독자 여러분도 반드시 자신의 것으로 만들어서 활용해보기를 권한다.

일에 대한 자신감이 생길 것이다.

Chapter

3

어디서나
통하는
일의 기본 원리

큰일도
쪼개면
만만해진다

달에 우주인 보내기, 100층짜리 건물 짓기, 쇼핑몰 구축하기…… 만약 당신이 이런 일을 맡게 된다면 제일 먼저 어떤 생각이 들까? 아마도 어디서부터 시작해야 할지 막막한 기분이 들 것이다. 비단 이런 거창한 프로젝트가 아니더라도 회사에서 우리는 이런저런 크고 작은 프로젝트를 맡게 된다. 그러한 일이 늘 해오던 일이거나 예전에 유사한 일을 해본 적 있다면 큰 어려움 없이 해낼 수도 있겠지만, 그렇지 않은 경우라면 막연하고 크게 느껴질 것이다. 모든 일을 하는 데는 몇 가지 원리가 있는데, 그중 첫 번째이자 대부분 일에 적용하면 효과가 있는 것이 '쪼개기'다.

분할하여 정복한다

복잡하고 정교한 시스템을 개발하는 데 필요한 이론과 방법론을 체계적으로 다루는 소프트웨어공학이라는 학문이 있다. 이 소프트웨어공학에 소프트웨어를 설계하기 위한 기본 원리 중 '분할과 정복divide and conquer'이라는 것이 있는데, 이것이 쪼개기의 원리를 잘 설명해준다. 이 원리는 말 그대로 분할하여 정복한다는 개념으로 아무리 큰 문제도 잘게 쪼개면 해결할 수 있고, 잘게 쪼개진 개별 문제를 해결함으로써 전체 문제를 제대로 해결할 수 있다는 논리를 제공한다.

그렇다면 큰 과제를 어떻게 쪼개야 하는가? 쪼개는 기준은 무엇인가? 얼마나 잘게 쪼개야 하는가? 이해하기 쉽게 '집 짓기'라는 과제를 예로 들어보자. 집을 지으려면 우선 '땅'이 있어야 한다. 그리고 집을 어떻게 지을지 '설계'하고, 설계도를 보고 '건축'하는 단계를 거칠 것이다. 땅은 다시 '부지 매입', '토목 공사' 등으로 쪼개지고, 부지 매입이라는 과제는 다시 위치, 토지 용도, 인허가 관계를 조사하는 '부지 조사' 단계와 '계약' 단계로 쪼개질 수 있을 것이다. 눈치챘겠지만 집 짓기라는 과제는 여러 개의 하위 과제로 구성되고, 하위 과제는 또다시 여러 개의 하위 과제로 구성되는 일종의 트리tree 구조를 갖게 된다. 이 트리 모양을 업무에서는 '업무 분해도WBS, work breakdown structure'라고 한다. 집 짓기라는 과제로 업무 분해도를 그려보면 아마도 다음과 유사한 그림이 나올 것이다.

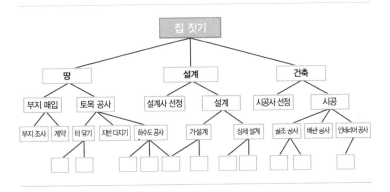

위 그림에서 땅, 설계, 건축은 수평적인 관계에 있고, 땅, 부지 매입, 부지 조사는 수직적인 관계에 있다. 수평적인 관계에 있는 과제가 얼마나 많은가는 일의 '너비width'를 나타내고 수직적인 과제가 얼마나 많은가는 '깊이depth'를 나타낸다. 집 짓기라는 과제의 크기(면적)는 이 너비와 깊이의 곱이라 할 수 있다.

항상 동일한 방법으로 일을 쪼개는 것은 어려운 일이고 정답이 있는 것도 아니다. 같은 일이라도 그 일을 둘러싸고 있는 환경이 모두 다르기 때문이다. 일에 영향을 주는 환경 요인은 시기, 인력 구성, 시장 상황, 일의 목적 등 다양하다. 집 짓기만 하더라도 주거용인지 별장인지, 평지에 짓는 것인지 경사면에 짓는 것인지, 목조 건물인지 콘크리트 건물인지에 따라 하위 과제가 다르게 쪼개질 수 있다.

쪼개는 데도 원칙이 있다

일을 쪼개는 데 정답은 없지만 몇 가지 원칙은 있다. 첫째, '관리 가능한 단위'로 쪼갠다. 관리 가능한 단위란 해당 프로젝트에 참여하는 사람들이 이해할 수 있고, 담당자를 지정할 수 있고, 담당자별 책임을 명확히 정할 수 있는 단위다.

둘째, 비슷한 크기로 쪼개야 한다. 동일 레벨에 있는 과제는 그 크기가 비슷해야 한다. 만약 동일 레벨에 있는 어떤 과제가 유독 커 보인다면 더 잘게 쪼개야 한다.

셋째, 이름을 붙일 수 있는 단위로 쪼개야 한다. 이름을 붙일 수 없는 것은 명확한 실체가 없다는 뜻이며, 실체가 없는 것은 관리될 수 없다. 이름을 붙일 수 있다면 그 과제 내에 있는 하위 과제는 비슷한 성격끼리 묶일 수 있다는 뜻이다.

그렇다면 과제를 얼마나 잘게, 즉 얼마나 깊게 쪼개야 할까? 답부터 말하자면 '적당히'다. 어째 좀 시시한가? 다음 얘기를 들어보면 좀 이해가 될 것이다.

'수박 한 통 먹기'라는 가상의 과제가 있다고 하자. 수박 한 통을 먹기 위해서 수박을 통째로 입에 넣는 사람은 없을 것이다. 칼로 수박을 반으로 자르고 숟가락으로 퍼서 먹는 사람도 있을 것이고, 부채꼴 모양으로 잘라서 껍데기 부분을 잡고 먹는 사람도 있을 것이다. 또한 수박의 알맹이 부분만 한입에 먹을 수 있도록 깍두기 모양으로 잘라서 먹을 수도 있을 것이다. 마지막 방법으로 수박을 먹기로 한다면, 수박의 크기는 얼마나 작게 잘라야 할까? 한입에 먹을 수 있는 수준이면 될 것이다. 물론 그보다 훨씬 더 작게도 자를 수 있지만 그럴 필요는 없지 않을까?

업무 분해도의 가장 끝부분에 있는 '말단 노드leaf node'는 '실행 가능한' 과제여야 한다. 수박 한 통 먹기의 예에서 말했듯이 수박의 크기는 한입에 먹을 수 있는 수준, 말 그대로 '먹는다'는 실행이 가능한 수준인 것이다.

즉, 과제를 얼마나 잘게 쪼개야 하는가에 대한 1차적인 답은 '실행 가능한 과제가 도출될 때까지'다. 이 실행 가능한 과제를 프로젝트 관리 이론에서는 '워크 패키지WP, work package'라고 부른다. 이 워크 패키지는 다시 쪼개질 수도 있는데, 장기 프로젝트의 경우 하나의 워크 패키지는 2주 정도의 작업으로 정의된다. 하지만 이는 절대적인 것이 아니며 단기 프로젝트에서는 1주일 이내로 정해도 무방하다. 이렇게 워크 패키지가 여러 개 생기면 그것을 수행하는 데 들어가는 비용과 인력의 규모, 작업 기간을 산정할 수 있다.

실행할 수 없는 계획은 계획이 아니다

이렇게 업무를 쪼개는 과정은 모호한 큰 과제를 구체화해나가는 과정이다. 모호한 주제를 실행 가능한 수준의 과제로 전환하는 것이다. 실행할 수 없는 계획은 계획이 아니다. 머릿속에 '집을 지어야 해'라는 큰 그림만 있는 사람과 집을 짓기 위한 트리 구조가 있는 사람의 업무 효율과 성과는 하늘과 땅 차이라고 할 수 있다.

큰 과제를 작게 쪼개면 쪼갤수록 일의 범위가 명확해지고 과제가 구체화된다는 장점이 있지만, 너무 잘게 쪼개서 너비가 넓어지고 깊이가 깊어지면 그만큼 관리 비용이 커진다. 또 개별 과제의 개수가 많아지면 오히려 전체 프로젝트를 이해하는 데 어려움이 생길 수 있다. 추상화된 개념이 이해하기 더 수월하기 때문이다. 또한 개별 과제에 관심을 두고 관리하는 담당자의 수도 늘어날 수 있다. 관리 포인트가 늘어나면 비용도 늘기 마련이다. 모든 프로젝트는 제한된 비용, 기간, 인력으로 목표를 달성해야 한다. 그러므로 '적당한' 수준으로 일을 쪼개는 것이 바람직하다.

잘 쪼개기만 해도 대부분의 일을 해낼 수 있다. 쪼개기는 앞으로 이야기할, 일을 잘하고 성과를 내기 위한 여러 방법의 근원에 깔린 가장 중요한 원리다. 전략 기획, 사업 계획, 프로젝트 진행, 보고서 쓰기, 프레젠테이션 등 거의 모든 일에 활용할 수 있는 가장 핵심적인 원리다. 일을 잘하는 사람들은 일을 잘 쪼갠다. 그냥 쪼개는 것이 아니라 업무 간의 수평 관계, 수직 관계, 선후 관계를 잘 파악하고 연관성 높은 일끼리 잘 분류하며 이름을 잘 붙인다. 이름을 잘 붙인다는 것은 모호한 것을 실체화하는 데 능하다는 것이다. 어떤 일이라도 두려워하지 말고 쪼개자! 첫 번째 처리해야 할 녀석이 만만해 보일 때까지.

· 일의 범위 = 일의 너비 X 일의 깊이.

· 일을 쪼갤 때는 비슷한 크기로 쪼개라.

· 연관성 높은 일들끼리 묶고 이름을 붙여라.

· 실행 가능한 단위까지 쪼개라.

· 일의 최소 단위는 2주 정도가 좋다(단기 프로젝트에서는 1주 이하도 무방).

· 쪼개진 일들의 선후, 상하 관계를 파악하여 배치하라.

성과를
높이는 공식:
효과성 × 효율성

'인생은 속도보다 방향이다'라는 말을 들어본 적이 있을 것이다. 요즘같이 빠른 세상에서 살아남기 위해 속도만큼 중요한 가치도 없다지만, 효과성과 효율성을 논하기엔 여전히 유효한 말인 듯하다. 효과성이 방향에 관한 이야기라면 효율성은 속도에 관한 이야기다. 성과 중심으로 일하기 위해서는 먼저 효과성과 효율성의 차이를 이해해야 한다.

효과성은 목표 달성에 영향을 미치는지에 관한 것이고, 효율성은 최소한의 비용으로 최대의 효과를 내는지에 관한 것이다. 피터 드러커Peter F. Drucker 는 "하지 않아도 되는 일을 효율적으로 하는 것만큼 쓸모없는 일은 없다"고 했다. 효과성과 효율성은 곱하기 관계다. 효과성에 효율성을 곱한 값이 생산성이다. 명심할 것은 둘 중 하나라도 0이면 값은 0이라는 점이다. 효과가 없는 효율성은 의미가 없다.

터널은 왜 뚫리지 않았을까?

두 토목 회사가 함께 터널을 뚫는 공사를 진행했다. A 회사는 서쪽에서 동쪽으로, B 회사는 동쪽에서 서쪽으로 각각 500미터씩 터널을 뚫어서 1,000미터짜리 터널을 뚫는 것이 목표였다. A 회사는 공사 기간을 단축하기 위해 최신 공법을 도입하여 B 회사보다 빠르게 할당 거리만큼 공사를 마쳤다. B 회사는 A 회사보다 조금 더 많은 시간이 걸렸지만 납기에 맞추어 공사를 마쳤다. 계획대로라면 터널이 뚫렸어야 하는데 공사를 마친 후에 보니 두 회사는 여전히 벽과 마주하고 있었다. 어찌 된 일일까?

알고 보니 A 회사가 담당한 구역의 터널이 설계 방향과 다르게 휘어져 있었던 것이다. A 회사는 더 효율적으로 일해서 공사 기간을 단축할 수 있었지만 목표를 달성하지 못했다. B 회사는 A 회사보다 느리긴 했지만 목표를 완수했다.

이처럼 효과 없는 효율성은 무의미하다. 그런데도 많은 기업에서 직원들에게 효율적으로 일하기를 더 많이 주문하는 듯하다. 효율성은 반복적이고 기계적인 업무를 수행하는 데 중요한 덕목이었다. 제한된 시간에 최소한의 자원 투입으로 최대한의 결과를 얻기 위해 효율을 높이는 것이 대부분의 기업에서 매우 중요한 경쟁력이었던 것이다. 그러나 가장 능력 있는 사람, 가장 열심히 일하는 사람이 성공하지 못하는 이유는 '효율성의 함정'에 빠졌기 때문일 수 있다.

효율성의 함정이란 목표를 상실한 채 효율에만 몰입되어 쓸데없는 일을 잘하고 있는 상태를 말한다. 효율보다 효과를 먼저 생각해야 한다. 성과 중심으로 일하기 위해서는 해야 할 일과 하지 말아야 할 일을 구분하는 능력이 필요하다. 그렇다고 효율적으로 일하는 것이 중요하지 않다는 말은 아니다. 제대로 된 일이라는 전제하에 같은 일을 효율적으로 하는 능력은 성공을 위한 매우 중요한 요소다. 앞선 터널 공사의 예에서 B 회사의 경우를 생각해보자. 만약 B 회사가 A 회사처럼 기간을 단축하거나 더 안전한 터널을 뚫는 기술을 갖춘다면 어떻게 될까? 그 회사의 가치는 한층 높아질 것이라는 데 의심의 여지가 없다.

선택과 집중이 필요하다

시간을 효율적으로 쓰고 효과를 내기 위해서는 에너지를 집중할 필요가 있다. 한 사람이 한 가지 일에 집중할 때와 열 가지 일을 한 번에 할 때를 생각해보자. 100의 에너지를 10씩 나누어 쓸 수 있을까? 아니다. 열 가지 일을 하기 위해 신경 써야 할 일이 늘어나기 때문에 각각의 일에 온전히 집중하기 어렵다. 한 가지 일에 집중하지 않으면 몰입할 수 없고, 몰입하지 않으면 성과를 내기 어렵다. 간혹 선택과 집중을 이야기하면 멀티태스킹multi-tasking 이 안 되느냐고 핀잔을 주는 사람들이 있는데, 그런 사람들이 멀티태스킹의 진짜 의미를 알고 하는 말인지 묻고 싶다.

멀터태스킹을 멀티플레이multi-play 와 혼동해서는 안 된다. 축구 선수 중에 여러 포지션을 소화하는 선수들이 있다. 이런 선수들을 멀티플레이어라고 한다. 그런데 이 선수들도 그날의 포지션이 정해지면 감독이 작전을 변경하지 않는 한 그 포지션에 맞는 역할을 수행한다. 한 선수에게 최전방 공격수와 풀백의 역할을 동시에 하라고 하는 경우는 없다.

컴퓨터 중앙처리장치CPU, central processing unit 조차도 한 순간에 한 가지 명령만 처리할 수 있다. 컴퓨터로 음악을 듣는 동시에 문서 작업을 하고 필요한 파일을 다운로드받을 수 있는 것은 CPU가 각각의 일을 작은 단위로 쪼개서 번갈아 가며 처리하기 때문이다. 번갈아 가며 처리되는 작업들이 매우 빠르기 때문에 마치 모든 작업이 동시에 이루어지는 것처럼 보일 뿐이다. 그런데 사람은 기계와 다르다. 한 가지 일에 몰입했다가 인터럽트interrupt (일시 중단)가 걸리면 다시 몰입하는 데 시간이 걸리고 집중력이 흐트러진다.

한때 전 세계인의 사랑을 받았던 가전 브랜드가 있다. 바로 일본의 소니Sony 다. 소니의 제품은 혁신적이고 높은 품질을 제공했다. 소니는 여러 개의 세계 최초 타이틀을 보유하고 있는데 포터블

트랜지스터 라디오(1957년), 트랜지스터 TV(1960년), 콤팩트디스크(1982년) 등이다. 특히 포터블 미디어 플레이어인 '워크맨'은 전세계 10대라면 누구나 갖고 싶어 하는 히트 상품이었다. 이러한 혁신과 소비자들의 사랑에 힘입어 승승장구하던 세계 최고의 전자 회사 소니는, 그러나 2000년대에 들어서면서 몰락의 길을 걷기 시작한다. 그간 이룬 성공에 힘입어 영화, 게임, 금융, 부동산에 이르기까지 무리하게 사업을 확장한 것이 원인이었다. 무리한 사업 확장 탓에 수익성은 악화되었고, 방대해진 조직의 운영 비용은 급증했다. 소니는 더 이상 혁신적이지 않았고 소비자들도 예전처럼 소니의 제품에 열광하지 않았다.

그러나 2017년을 기점으로 소니는 부활의 신호탄을 쏘아 올렸다. 2017년 결산 보고서에 따르면 매출액 8조 5,439억 엔(한화 약 86조 3,856억 원), 영업 이익은 7,348억 엔(한화 약 7조 4,294억 원)으로 20년 만에 최고치를 달성한 것이다. 어떻게 이런 극적인 반전이 가능했을까?

2012년에 취임한 CEO 히라이 가즈오平井一夫는 철저하게 선택과 집중 전략을 취했다. 컴퓨터, 화학, 모바일 디스플레이 등의 사업 부문을 매각하고 가전, 스마트폰, 카메라 사업에서 고가 상품 위주로 라인업을 재편했으며, 부가가치가 높은 제품군에 경영 자원을 집중했다. 이런 과정에서 대규모 인력 구조조정이 병행되었고, 그의 전략은 '소니의 핵심인 전자 사업 부문을 소홀히 한다'는 비난에 부딪히기도 했다. 그러나 그의 결정은 옳았고 결국 20년 만에 늪에 빠져 허우적대던 소니의 부활을 이끌어냈다.

선택과 집중은 때로는 아픈 살을 도려내는 고통이 따르고, 온 에너지를 쏟아부은 일이 잘못될까 봐 두려운 일이기도 하다. 그러나 마음 편해지자고 여기저기 일을 벌여놓기만 하면 죽도 밥도 안 된다.

생산성을 높이기 위한 실천 방법

우리나라가 선진국에 비해 생산성이 낮다는 보도를 접한 적이 있다. 한국생산성본부가 2017년에 발표한 자료에 따르면 우리나라는 OECD 35개국 노동 생산성 순위에서 28위를 차지했다. 근로자 1인의 시간당 부가가치 창출 금액은 31.8달러를 기록했다. 이는 1위인 룩셈부르크의 82.5달러의 절반에도 못 미칠 뿐 아니라 OECD 평균인 46.7달러에도 미치지 못하는 것이다. 국가별 주력 산업의 업종이나 경제 규모에 따라 다를 수도 있겠으나, 불필요한 일에 많은 시간을 쏟고 있는 것은 아닌지 생각해볼 필요가 있다.

효과성을 높인다는 것은 생산적인 일을 한다는 것이다. 그런데 냉철히 따져보면 업무 중에 비생산적인 일들이 상당히 많다는 것을 알 수 있다. 분명히 많은 업무를 열심히 하는데도 성과가 안 난다면 스스로에게 물어보자. '나는 생산적인가? 아니면 바쁘기만 한가?' 어떻게 하면 한정된 시간을 효과적으로 쓰면서 성과를 낼 수 있을까?

첫째, 불필요한 일을 하지 마라. 일을 많이 하는 것보다 중요한 것이 하지 말아야 할 일을 걸러내는 것이다. 회사 업무 중에는 생각보다 많은 시간 낭비 요인이 있다. 결론 없이 긴 회의, 동료와의 잡담, 담배 피우기, 불필요한 이메일 확인하기 등 말이다. 스티브 잡스는 이렇게 말했다. "사람들은 '집중'이란 집중할 것에 예스^{Yes}라고 말하는 것이라 여긴다. 그러나 집중은 그런 게 아니다. 수백 가지의 좋은 아이디어에 노^{No}라고 말하는 게 집중이다. 나는 내가 이룬 것만큼 이루지 않은 것에도 자부심을 느낀다. 혁신이란 천 가지에 퇴짜 놓는 것이다."

하면 좋은 일인지, 반드시 해야 하는 일인지 구분할 수 있어야 한다. 하면 좋은 일이란 안 해도 되는 일이란 뜻이다. 냉정하게 잘라낼 필요가 있다. 불필요한 일을 잘라낼 때도 '파레토의 법칙'이 적용된다. 업무 중의 20퍼센트는 의도적으로 잘라내자.

둘째, '업무 집중 시간'을 설정해보자. 대부분의 직장은 혼자 생활하는 곳이 아니기 때문에 인터럽트가 생길 수밖에 없다. 업무에 집중하지 못하고 흐름이 끊기는 경우가 발생하는 것이다. 많은 연구 결과에 따르면 어떤 일에 집중하고 있다가 흐름이 깨진 후 다시 업무로 돌아가 몰입하는 데 평균 23분의 시간이 걸린다고 한다. 하루에 다섯 번만 인터럽트가 걸려도 두 시간가량이 사라진다. 이것을 1개월이나 1년으로 계산해보면 엄청난 시간이 낭비되는 것이다. 이런 문제를 해결하기 위해 하루에 두세 시간 정도 업무 집중 시간을 운영해보자.

업무 집중 시간에는 회의, 외근, 이메일 확인, 전화 통화, 메신저, SNS 등을 금지해야 한다. 동료들에게도 알려야 한다. '당신의 요청을 제대로 처리하기 위해 꼭 필요한 조치이니 양해해달라. 이런 나의 조치가 결국 당신에게도 더 큰 성과를 가져다줄 것이다'라고 말이다. 업무 집중 시간은 개인 단위로 운영하는 것보다 팀 단위로 운영하는 것이 훨씬 효과적이다. 필자도 IT 개발 부서에서 몇 년 동안 업무 집중 시간을 운영하여 좋은 효과를 본 경험이 있다.

셋째, 반드시 오늘 끝내야 할 일을 정하라. 일반적으로 놓치는 업무가 없도록 '할 일 목록to-do list'을 만들어서 업무를 처리하곤 한다. 이렇게 업무 목록을 만들어서 일하는 것이 좋은 방법이긴 하지만 효과적으로 일을 하기 위해서는 이것만으로는 부족하다. 반드시 오늘 끝내야 할 일을 단 하나만이라도 적어야 한다. '오늘'이라고 기한을 정하고 구체적으로 '할 일'을 적어야만 그 일에 완전히 몰입할 수 있다. 그리고 반드시 이것만은 오늘 내로 끝낸다고 각오하고 실행해보자. 하루에 하나씩이라도 성과를 내는 날을 만들어 가는 것이 중요하다. 하루하루의 성과가 모여 미래의 성공을 가져다줄 것이다.

넷째, 형식보다 내용에 집중하라. 몇 년 전부터 스타트업 기업을 중심으로 '린lean'하게 일하는 것이 하나의 문화로 형성되기 시작했다. 이는 소수의 인력으로 운영되는 대부분의 스타트업에서 효율적, 효과적으로 일하는 방법론으로서 확산되었다. 린하게 일하는 것은 군살을 빼고 기름기가 없는 상태, 즉 형식적인 낭비 요소를 없애고 본질에 충실하게 일하는 방식이다.

린하게 일하는 방식을 문서 작성 업무에 적용해보자. 회사 업무를 하다 보면 문서를 작성해야 하는 경우가 많다. 보고나 발표를 위해서, 원활한 소통을 위해서, 그리고 기록을 남기는 차원에서 문서화는 중요하다. 다만 효율적인 소통을 위해서는 불필요하게 형식적일 필요는 없다. 예컨대 브레인스토밍을 위한 회의가 끝난 후에 별도의 회의록을 작성하기보다는 화이트보드에 적은 내용을 휴대폰 카메라로 찍어서 메신저 단체방에 공유할 수 있다. 간단하게 소통하고 그것을 공유할 방법은 얼마든지 있다. 모든 업무 진행 상황을 형식을 갖춘 문서로 만드는 것은 비생산적이다.

요약

- 생산성은 효과성에 효율성을 곱한 것이다. 효과가 없는 효율성은 의미가 없다.
- 시간, 돈, 체력 등 일을 위한 에너지를 효과적으로 사용하기 위해 선택과 집중이 필요하다.
- 파레토의 법칙을 적용하여 할 일 목록의 20퍼센트는 지워라.
- 불필요한 일을 하지 마라. 하지 않아도 되는 일을 효율적으로 하는 것만큼 쓸모없는 일은 없다.
- 하루에 두세 시간, 업무 집중 시간을 설정하라.
- 하루에 한 가지, 반드시 오늘 끝내야 할 일을 적어라. 그리고 집중하라.
- 효율적인 업무를 위해 형식보다 내용에 집중하라.

모든 일에는
우선순위가
있다

같은 시간 동안 일을 하는데 어떤 사람은 좋은 결과를 만들어내고, 어떤 사람은 일은 많이 하는데 뭔가 지지부진하다. 비슷한 업무 역량을 가진 사람들 사이에서도 이런 경우는 흔하게 발생한다. 기본적인 업무 역량에 차이가 없다면 혹시 업무 우선순위 조절을 잘못하고 있는 것은 아닌지 돌아봐야 한다.

우선순위 하면 중요한 순서대로 일을 처리하는 것이라고 생각하기 쉬운데, 그것만 있는 것이 아니다. 일의 효율을 높일 수 있는, 덜 일하고도 좋은 성과를 낼 수 있는 우선순위 정하는 법을 알아보자.

시급성과 중요성 측면에서 봤을 때, 일은 네 가지로 구분할 수 있다. '급하고 중요한 일', '급하지만 안 중요한 일', '안 급하지만 중요한 일', '안 급하고 안 중요한 일'. 이 중에서 어떤 일을 잘해야 성공할 수 있을까?

정답은 '안 급하지만 중요한 일'이다. 안 급하지만 중요한 일에는 어떤 것이 있을까? 당장 시급함을 못 느끼지만 항상 중요하게 생각하는 그런 일 말이다. 운동, 영어 공부, 금연, 다이어트 등이 여기에 해당한다. 건강관리와 능력 계발은 중요하다고 느끼면서도 계속 뒤로 미루게 되는 일이다. 시급성을 느끼지 못하기 때문이다. 하지만 안 급하지만 중요한 일들 대부분은 장기적 관점에서 우리에게 이익이 되는 일이다. 이런 일들은 미래에 우리에게 큰 이익을 가져다줄 가능성이 높다.

회사의 일도 마찬가지다. 이런 장기적 이익과 관련한 일들은 전략 과제인 경우가 많다. 일을 잘하고 계속해서 높은 성과를 내는 사람들은 단기적 이익보다 장기적 이익 관점에서 일한다. 지금 당장의 작은 성과보다 미래의 큰 성과를 위해 일한다.

그렇다면 '급하고 중요한 일'에는 어떤 것이 있을까? 예컨대 이번 주까지 임원에게 보고해야 할 보고서 작성, 다음 주에 가야 할 해외 출장 준비, 중요한 거래처와의 저녁 식사 장소 예약 등이 있을 것이다. 이런 일들은 누가 시키지 않아도 알아서 잘하는 경향이 강하다. 즉, 시급성과 중요성이라는 두 가지 요인이 우리를 내버려 두지 않고 압박하는 것이다.

　사실 급하고 중요한 일을 제대로 처리하기만 해도 중간은 갈 수 있다. 불행히도 우리는 급하지만 안 중요한 일에 너무 많은 에너지를 쏟으며 살아간다. 여기저기서 걸려오는 전화, 누가 보냈는지 모르지만 일단 확인해야 하는 이메일, 갑자기 전달되는 상사의 업무 지시 등 중요한 일인지 아닌지 알 수 없지만 일단 대응해야 하는 일들이 너무나 많다. 직장 생활을 하면서 중요한 일만 할 수는 없겠지만 의식적으로 중요한 일에 더욱 신경을 쓰는 노력을 해야 한다.

중요성과 시급성 관점에서 본 일의 종류

	높음	
운동	중장기 성과	거래처 저녁 약속
	다이어트	출장 준비
금연		사장님 보고
	영어 공부	단기 성과
유치원 동창 모임		전화 응대
	새로운 동호회 물색	갑작스러운 상사의 지시
		참조자로 지정된 이메일 확인
어제 모임에서 들었던 연예인 검색		결론 없는 회의

중요성

낮음

낮음　　　　시급성　　　　높음

성과를 내고 일 잘하는 사람이라는 평가를 받길 원한다면 네 가지 일의 종류를 인지하고 자원 배분을 잘해야 한다. 특히 급하고 중요한 일과 안 급하지만 중요한 일이 균형을 잘 이루도록 해야 한다. 사람들은 눈앞에 닥친 작은 일은 과대평가하면서도 10년 후의 중요한 일은 과소평가하는 경향이 있다. 그러므로 의식적으로 안 급하지만 중요한 일에 관심을 두어야 한다. 팀을 이끄는 리더라면 더욱더 그러하다. 모든 구성원이 시급한 일에만 매몰되어 있으면 장기적이고 지속적인 성공을 이루기 어렵다. 안 급하고 안 중요한 일은 언급할 필요가 없을 듯하다. 이 책의 독자 중에 그런 일에 열심인 사람은 없다고 믿는다.

원칙 2 - 내가 할 일과 남에게 시킬 일 구분하기

팀원으로서 높은 성과를 내던 사람이 팀장으로 승진하면서부터 저성과자로 평가받는 경우를 많이 봤다. 새내기 팀장들에게 자주 나타나는 현상인데, 그들에게 공통으로 나타나는 문제점은 자신이 직접 해야 할 일과 남에게 시킬 일을 구분하지 못한다는 것이다.

팀장과 팀원에게 기대되는 능력은 확연히 다르다. 팀원일 때는 본인의 일만 잘하면 됐지만 팀장이 되면 팀 전체의 성과가 잘 나도록 해야 한다. 팀장의 역할은 팀원들 각자의 능력을 극대화하고 일을 적절하게 배분하여 팀 전체의 성과를 높이는 것이다. 팀장은 일을 쥐고 있으면 안 된다. 자신이 처리하지 못할 일을 들고 있으면 팀 전체에 병목 bottleneck 현상을 유발한다.

팀장은 유관 부서에 업무 협조를 요청하거나 담당 임원의 지원을 이끌어내는 역할도 수행해야 한다. 그런데 타 부서가 우리 부서를 위해 항상 대기하고 있는 것은 아니다. 그들도 그들의 업무 우선순위가 있고 항상 내가 원하는 타이밍에 원하는 답을 줄 수 없다. 그러니 미리미리 내가 할 일과 남에게 요청할 일을 구분할 줄 알아야 한다. 남에게 요청할 일을 넘겨놓고 내가 할 일에 집중하면 된다. 내 일에 집중하는 시간에 누군가는 나를 위해 일을 하고 있을 것이다. 일이 동시에 돌아가니 전체 시간을 줄일 수 있다.

자신의 상사에게도 일을 잘 시켜야 한다. 예컨대 자신의 선에서 의사결정을 할 수 없는 사안이라면 빠르게 상사에게 보고해야 한다. 특히 나쁜 뉴스일수록 빨리 알려야 한다. 많은 사람이 문제가 생겼을 때 어떻게든 자기 선에서 해결해보려고 애쓰다가 문제를 더욱 키우곤 한다. 그러나 이때도 내가 할 일과 남에게 시킬 일을 구분할 줄 알아야 한다. 우선 상사에게 보고한 후 자신은 자신 나름의 대책을 강구하면 될 일이다. 나 나름대로 노력하는 동안 상사도 대책을 궁리할 것이다.

남에게 일을 잘 시키는 사람이 유능한 사람이다. 팀원, 타 부서는 물론 임원에게도 일을 잘 넘길 줄 알아야 한다. 물론 자신이 해야 할 일은 제대로 하면서 말이다.

원칙 3 – 오래 걸릴 일과 금방 끝낼 일 구분하기

중국집에 손님이 바글바글하다. 요리 주문이 많이 밀려 있다. 이때 자장면 두 그릇 주문이 들어왔다. 어떻게 할 것인가?

주문 순서대로 처리하자니 자장면을 주문한 손님이 한 시간은 기다릴 것 같다. 그렇다고 주문 순서대로 처리하지 않는 것은 원칙에 위배된다. 이때는 빨리 처리할 수 있는 자장면 두 그릇을 먼저 처리하는 것이 고객 만족도를 높일 수 있는 방법이다. '주문 순서대로 음식을 낸다'는 원칙만 고수하다가 '자장면 한 그릇 먹기 위해 한 시간을 기다려야 하는 중국집'으로 인식되기 싫으면 말이다.

직장에서도 이와 비슷한 일은 얼마든지 일어난다. 필자가 예전에 함께 일했던 한 팀장의 이야기를 해볼까 한다. 편의를 위해 R 팀장이라고 하겠다. R 팀장은 웹사이트를 개발하고 운영하는 팀을 맡고 있었다. 그는 회사 내에서 대체로 좋은 평가를 받았다. 특히 10년 넘게 그 회사에 근무한 덕에 회사 사정에 밝았고, 예전에 있었던 일에 대한 정보도 풍부했다. 업무 능력도 뛰어나서 서비스에 장애가 발생하거나 문제가 생길 경우 R 팀장을 통하면 해결된다는 신뢰가 동료들 사이에 있었다. 그렇기 때문에 직원들은 문제가 생기면 R 팀장을 찾아가는 일이 많았다. 일종의 문제 해결사trouble-shooter였던 셈이다.

그런 R 팀장에게 한 가지 단점이 있었는데 '속도가 느리다'는 것이었다. 매년 인사고과 때마다 동료 평가에서 빠지지 않고 등장하는 말이 '다 좋은데 속도가 느리다'라는 말이었다. 그 한 가지 때문에 일을 잘하고도 점수가 깎이는 모습을 보고 있으니 안타까운 마음이 들었다.

R 팀장을 관찰한 결과, 한 가지 흥미로운 사실을 발견했다. R 팀장이 담당하고 있는 업무가 웹사이트를 운영하는 일이다 보니 고객 지원팀, 마케팅팀 등 다양한 관련 부서의 요청을 처리해줄 일이 많았다. 그런데 R 팀장은 오래 걸릴 일과 금방 끝낼 일을 구분하지 않고 접수된 순서대로 일을 처리해주고 있었던 것이다. 업무 요청 사항 중에는 고객 응대를 위해 간단히 데이터를 확인해줘야 할 일도 있고, 며칠간 프로그램을 개발해야만 처리할 수 있는 일도 있었다. 간단한 업무들이 80퍼센트 정도였다. 그런데 간단한 업무도 순서대로만 처리해주다 보니 고객들은 이해할 수 없다는 반응을 보이고, 고객 지원팀 입장에서도 난감한 일이 발생했다. R 팀장에게 업무 요청을 하는 동료들의 대다수는 간단한 업무 요청을 하는 경우가 더 많았으므로 많은 사람들이 R 팀장은 속도가 느리다고 인식하게 된 것이다.

R 팀장의 사례는 부분 최적화는 되었을지 몰라도 전체 최적화에는 실패한 사례다. 접수 순서대로 일을 처리하든 금방 끝낼 만한 일을 먼저 처리해주든 R 팀장이 해야 할 일의 총량은 같다. 일의 우선순위를 제대로만 정했더라도 R 팀장의 성과는 더 좋았을 것이다. '속도도 빠른' 사람이라는 타이틀까지 얻을 수 있었을 텐데 아쉬운 점이다.

- 일의 우선순위만 제대로 파악해도 두 배 이상의 성과를 낼 수 있다.
- 인생에서 진짜 중요한 일은 '안 급하지만 중요한 일'이다.
- 남에게 넘길 일을 끌어안고 있으면 전체 효율을 망가뜨린다.
- 금방 끝낼 수 있는 일은 먼저 하는 편이 낫다. 중요한 일이라면 더욱더!

시너지 =
시스템+에너지

여럿이 만나서 동반 상승효과가 발생하는 것을 '시너지synergy' 효과라고 한다. 사람들이 모여서 함께 일한다고 저절로 시너지 효과가 발생하지는 않는다. 여러 사람이 협업할 때는 시너지 효과가 날 수 있는 구조를 만드는 것이 우선이다. 제대로 된 팀을 만드는 것이 중요하다. 개인 역량보다는 조직력을 갖춘 회사가 지속 가능한 성장을 할 수 있다.

직장 생활은 골프보다는 축구에 가깝다. 각자의 포지션에서 맡은 임무를 수행하면서도 팀 전체가 유기적으로 움직인다. 조직력이 좋은 팀은 개개인의 능력이 최고 수준이 아니더라도 팀을 승리로 이끌 수 있다. 마이크로소프트의 창업자이자 세계 최고 부자인

빌 게이츠^{Bill Gates}는 이렇게 말했다. "내 사업 모델은 비틀스다. 비틀스의 멤버 네 명은 상대방의 부정적인 성향을 통제하며 균형을 이루었다. 이들 넷의 총합은 넷의 합계보다 컸다. 이것이 나의 사업관이다. 사업에서 대단한 일은 개인이 아닌 팀이 해낸다." 위대한 팀이 위대한 결과를 만든다.

작은 팀의 비밀, 피자 두 판의 법칙

세계적인 전자상거래 기업이자 IT 기업인 아마존에는 '피자 두 판의 법칙'이라는 것이 있다. 한 팀은 피자 두 판으로 식사를 해결할 수 있는 수준으로 인원수를 유지해야 한다는 것이다. 피자 두 판이면 보통 열여섯 조각이고, 한 사람이 두세 조각을 먹는다고 보면 최대 여덟 명을 넘지 않는 셈이다. 구글의 경우에도 비슷한 규칙이 있다. 이른바 '7의 규칙'인데 직속 부하의 수가 일곱 명을 넘지 않는다는 것이다.

세계적인 기업들은 왜 팀을 작은 규모로 유지할까? 사람이 일정 수 이상 모일 경우 오히려 성과가 나빠지기 때문이다. 그 이유는 무엇일까?

첫째, 의사소통 비용이 커진다. 사회심리학자인 리처드 해크먼^{Richard Heckmann} 박사는 이런 현상을 다음과 같은 공식으로 정리했다. "인원수×(인원수 − 1)÷2" 이 공식대로라면 두 명 사이에 발생하는 커뮤니케이션의 양은 1이다. 세 명일 경우에는 3, 네 명 경우에는 6, 다섯 명일 경우에는 10, 스무 명만 되어도 190이 된다. 일정 수 이상이 되면 인원이 한 명 추가될 때마다 의사소통 양이 기하급수적으로 늘어난다. "사공이 많으면 배가 산으로 간다"라는 말을 새겨들을 필요가 있다.

의사소통 비용

둘째, 책임 소재가 모호해진다. '누군가 하겠지' 하는 안이한 마음이 생겨나는 것이다. 이런 현상을 '방관자 효과bystander effect'라고 한다. 1964년, 미국 뉴욕에서 한 여성이 새벽에 강도에게 살해당한 사건이 일어났다. 그녀는 강도에게 격렬하게 저항했고, 이 소리를 주변 40여 가구에서 들었으나 누구도 경찰에 신고하지 않았다. 이 사건은 방관자 효과의 대표적인 사례다.

직장에서도 이런 방관자 효과는 자주 나타난다. 아무리 역할과 책임을 잘 정해놓은 회사라도 일을 하다 보면 책임 소재가 불분명한 일이 생기기 마련이다. 책임과 책임의 경계에 있는 일에 방관자 효과가 스며들 가능성이 높다. 사람이 많을수록 무임승차도 많아진다. 이를 방지하기 위해서라도 많은 인원으로 한 팀을 구성하는 것은 바람직하지 않다.

셋째, 동기부여가 되지 않는다. 이 현상은 앞서 설명한 방관자효과 때문에 발생할 수도 있지만, 조금은 다른 이유로 발생하기도 한다. 열정적이고 인정 욕구가 큰 사람은 팀의 성과에 크게 이바지하길 원한다. 이들은 성과에 더 많이 기여하고 동료들로부터 인정받을 때 만족감을 느낀다. 그런데 사람이 너무 많으면 개인의 기여도가 잘 드러나지 않기 때문에 동기부여가 덜 된다.

사람이 많다고 반드시 좋은 성과를 내는 것이 아니라는 사실은 노스캐롤라이나 대학교 브래들리 스타츠Bradley Staats 교수 팀의 연구 결과에서도 나타난다. 연구 팀은 두 명으로 구성된 한 팀과 네 명으로 구성된 한 팀에게 각각 같은 양의 레고 블록을 조립하는 임무를 주었다. 그 결과 두 명으로 구성된 팀이 36분 만에 완성한 반면, 네 명으로 구성된 팀은 52분이 걸렸다. 작은 팀일수록 팀원 개개인이 성과에 미치는 영향력은 커진다.

권한 위임은 시스템을 이루는 뼈대다

살아 움직이는 조직을 만드는 데 필요한 것이 '권한 위임'이다. 조직 전체가 제대로 작동하고 조직력을 발휘하기 위해서는 팀장이 모든 권한을 갖고 있어서는 안 된다. 한 사람이 권한을 틀어쥐고 있으면 일이 흐르지 않는다. 팀원 개개인에게 권한이 주어지고 주어진 권한 범위 내에서 자유롭게 의사결정을 할 수 있어야 한다.

여기서 한 가지 주목해야 할 단어는 바로 '위임'이다. 배분도 아니고 할당도 아니고 왜 위임일까? 위임이라는 말의 사전적 의미는 '어떤 일을 책임 지워 맡김'이다. 한자로는 맡길 위委, 맡길 임任으로 구성되어 있다. 맡긴다는 뜻이 두 번이나 쓰였다. 만약 나에게 어떤 권한이 있다면 그것은 누군가가 나에게 맡긴 것이다. 내 것이 아니다. 팀장의 권한은 임원이 맡긴 것이고, 임원의 권한은 사장이 맡긴 것이고, 사장의 권한은 주주가 맡긴 것이다. 많은 사람이 자신의 위임받은 권한을 권력으로 착각한다. 많은 문제가 이 착각에서 비롯된다. 최근 우리 사회에 불거진 수많은 갑질 사례들은 국민들로부터 위임받은 권한 또는 주주들로부터 위임받은 권한을 권력으로 착각하고 휘두른 데서 비롯된 것이다. 직장인이라면 이 점을 명심해야 한다.

다시 본론으로 돌아와서, 리더의 관점에서 생각해보자. 리더는 팀원들에게 어느 정도의 권한을 위임해야 할까? 얼마만큼의 권한을 주고 어느 정도까지 믿을 수 있을까? 많은 리더들이 이 주제로 고민한다. 이론적으로는 권한 위임이 제대로 된 조직이 개개인의 성취 욕구를 올려서 조직 전체의 성과가 좋아진다고 알려져 있다. 하지만 리더들이 보기에는 팀원들이 뭔가 미덥지 않고 역량이 부족해 보인다.

이렇게 자문해보자. '팀원이 사고를 쳤다고 가정했을 때, 그로 인해 발생할 수 있는 영향이 얼마나 될까?' 그 크기만큼 권한을 줘도 된다. 개인이 회사에 실질적인 손실을 입힐 가능성은 생각보다 크지 않다. 또한 대부분의 사람들은 일을 망치려고 애쓰지 않는다. 내 손에서 떠난 일이 누군가 다른 사람의 손으로 들어가더라도 걱정만큼 큰 문제가 발생하지 않는다. 리더라면 그 정도 위험은 떠안을 정도의 배짱이 필요하다.

리더가 잡다한 일까지 직접 하려 한다면 조직이 제대로 돌아갈 리 없다. 게다가 리더가 모든 면에서 팀원들보다 뛰어나다고 볼 수도 없다. 그렇기 때문에 리더는 권한 위임을 통해 팀원들이 역량을 발휘할 수 있는 환경을 조성해줘야 한다. 리더에게 권한을 위임받은 사람은 비로소 자신도 조직의 일원이라는 감정을 느끼게 된다. 아무런 권한도 없는데 매일 시키는 일만 해야 한다면 일이 즐거울 리 없다. 즐겁게 일해야 성과도 나온다.

신뢰는 시스템을 돌리는 에너지원이다

작은 팀을 구성하고 적절히 권한을 위임하면 조직이 잘 작동하고 성과를 낼 수 있을까? 권한 위임까지가 성과를 내기 위한 구조의 기본 틀이라고 한다면, 신뢰는 조직을 움직이는 에너지라고 할 수 있다. 사람은 누구나 자신을 믿어주는 사람을 실망시키지 않으려는 습성이 있다. 팀원이 마음껏 기량을 발휘할 수 있도록 믿어야 한다. 아무리 미숙해 보이더라도 대부분의 팀원들은 기본적인 역량을 갖추었다고 봐도 무방하다.

팀원 중에 해외여행을 다녀와본 사람, 집을 계약해본 사람, 이직을 해본 사람들이 있을 것이다. 여행 일정을 짜고 항공권, 숙소 등을 예약하고 예산을 계획해본 경험이 있고, 많게는 몇억에서 적게는 몇천만 원짜리 집 계약을 해본 경험이 있고, 인생의 방향이 걸린 이직을 해본 경험이 있는 사람이라면 기본 입무 역량을 갖추었다고 봐도 무방하지 않을까?

필자의 부하 직원 한 명이 얼마 전에 다녀온 일본 여행 이야기를 해주면서 자신이 직접 짠 계획표를 보여준 적이 있다. 30분 단위로 꼼꼼하게 짠 계획표를 보고 속으로 적잖이 놀랐다. 방문지, 이동 경로, 교통수단, 소요 비용 등이 매우 구체적이고 꼼꼼하게 정리되어 있었다. 여행사 직원보다 더 꼼꼼하게 작성한 계획표를 보고 그 직원이 맡고 있는 일은 믿어도 되겠다는 생각이 들었다.

이렇게 역량을 갖춘 인재들이 왜 직장에서는 두각을 드러내지 못할까? 아직 그들의 역량을 제대로 발휘한 적이 없기 때문이다. 더 정확히 말하자면 그들의 역량을 회사 업무에 활용하지 않기 때문이다. 왜 활용하지 않을까? 첫째, 자신이 가진 역량이 회사 업무와 어떤 연관이 있는지 모르기 때문이다. 둘째, 설사 알더라도 '정말 이 역량이 회사 업무에 도움이 될까?' 하고 망설이기 때문이다. 셋째, 가뜩이나 바빠 죽겠는데 괜히 역량을 발휘했다가 업무만 늘어날까 봐 걱정하기 때문이다.

리더는 이런 팀원들에게 신뢰를 보여줘야 한다. 평소에 팀원의 역량 개발에 관심을 두고 도와줘야 한다. 역량을 발휘할 수 있는 분위기를 만들어줘야 한다. 또한 역량이 뛰어난 팀원에게 일이 몰려서 '번아웃 증후군burnout syndrome'에 걸리지 않도록 해야 한다. 번아웃 증후군이란 에너지가 고갈되고 피로가 누적되어 열정이 상실된 상태를 말한다.

　필자와 함께 근무하는 직원 중에 앱 기획자와 마케터가 있다. 하루는 이 두 직원에게 "두 사람이 VJ로 등장하는 홍보 영상을 재미있는 콘셉트로 제작해서 유튜브에 올려보면 어떨까?"라고 농담 반 진담 반 이야기를 했다. 그리고 몇 주가 지난 후에 두 사람이 VJ로 등장한 고퀄리티 영상을 보게 되었다. 두 사람이 기획, 소품, 의상, 연기, 촬영, 편집까지 모든 과정을 스스로 작업한 결과물이었다. 결과물은 기대를 훨씬 뛰어넘었다. 이전에 비싼 비용을 들여 외주 제작을 맡겼던 다른 영상보다 내용도 알차고 수준도 높았다. 알고 보니 이들은 예전에도 영상물을 제작해본 경험이 있고, 브이로그Vlog(비디오video와 블로그blog의 합성어) 앱을 통해 영상 촬영, 편집을 재미 삼아 즐기고 있었다. 이들은 평소에 즐기면서 얻게 된 역량을 회사 업무에 적용해서 뛰어난 결과물을 만들어냈다.

　리더는 팀원들이 가진 잠재적인 역량을 파악해야 한다. 역량을 갖고 있으면서도 그것이 어떤 가치가 있는지, 어떻게 팀에 기여할 수 있는지 모르는 사람이 의외로 많다. 잠재력을 발휘할 수 있도록 믿어주는 것이 리더의 역할이다. 팀원들은 리더보다 훨씬 뛰어난 무언가를 하나쯤은 갖고 있다. 이것은 사실이니 믿어도 좋다.

· 시너지 효과가 나는 팀의 성과 총합은 개인 성과의 합보다 크다. 1+1=3 도 가능하다.

· 팀은 작을수록 좋다. 의사소통 비용을 줄일 수 있고 일에 대한 몰입도가 높아지기 때문이다.

· 팀원이 미덥지 않다면 거꾸로 그 사람이 망가뜨릴 수 있는 최대치를 가정해보라. 그 최대치가 위임해도 되는 권한의 크기다.

· 권한을 위임했다면 믿어라. 팀원은 누구나 팀장보다 뛰어난 무언가를 하나쯤은 갖고 있다.

세상만사 기브 앤 테이크

옛날 어느 왕이 당대의 현인들을 모아놓고, 백성들이 살면서 알아두어야 할 귀감이 되는 글을 써오라고 시켰다. 현인들이 여러 권의 책으로 정리해온 것을 줄이고 줄이기를 반복해서 한 문장으로 만들었는데, 그 말이 바로 '천하막무료天下莫無料'다. '천하에 무료는 없다'는 뜻이다.

공짜를 바라는 삶은 자신의 인생을 요행에 맡기는 삶이다. 세상에 공짜는 없다는 말은 직장 생활뿐만 아니라 인생을 살면서 기본적으로 알아야 할 원리다.

기브 앤 테이크의 원칙

'거래'라는 말의 한자 뜻(갈 거去, 올 래來)은 정확히 기브 앤 테이크give and take다. 거래는 마냥 퍼 주거나 받기만 하는 것이 아니다. 모든 거래는 상호주의 원칙에 따른다. 상호주의란 상대방이 우호적이면 나도 우호적으로 대하고, 상대방이 비우호적이면 나도 비우호적으로 대한다는 말이다. 이는 국가 간 조약, 거래 계약 등에 일반적으로 적용되는 원칙이다. 인간관계에서 발생하는 모든 거래에 대해 계약을 체결할 수는 없지만, 모든 주고받음에는 이 원칙이 통한다고 보면 된다. "가는 말이 고와야 오는 말이 곱다"라는 속담도 상호주의 원칙을 잘 표현한 말이다. 현실에서는 주었는데 못 받는 경우도 있고, 가는 말이 고운데 오는 말이 거친 경우도 있다. 그렇더라도 받기를 기다리기보다 주기를 먼저 행할 필요가 있다.

'거래', '기브 앤 테이크', '가는 말이 고와야 오는 말이 곱다' 등의 말에 공통점이 하나 있다. 받기보다 주는 것이 먼저라는 것이다. 혹시 주변에 받기만 바라는 사람이 있다면 관계를 끊기를 추천한다. 그리고 누군가로부터 뭔가 받았다면 그에 상응하는 감사함을 표시하는 것도 잊어서는 안 된다. 도움 주는 사람 입장에서는 자신에게 도움을 받고 감사할 줄 모르는 사람을 두 번 도와줄 일은 없다. 상호주의는 이처럼 평등한 관계에서 거래가 이루어지는 것을 원칙으로 삼는다.

주는 사람과 받는 사람 중 어느 쪽이 성공할 가능성이 클까? 미국 와튼 스쿨Wharton School의 애덤 그랜트Adam Grant 교수는 저서 《기브 앤 테이크》에서 기버giver, 테이커taker, 매처matcher라는 개념을 통해 해답을 제시했다. 기버는 자기가 받는 것에 비해 더 많이 주는 것을 좋아하는 사람, 테이커는 자신이 준 것보다 더 받기를 원하는 사람, 매처는 이익과 손해의 균형을 맞추려고 애쓰는 사람이다. 그랜트 교수의 연구 결과에 따르면 사회적으로 성공할 가능성이 가장 높은 사람과 사회 밑바닥 계층으로 내려갈 가능성이 가장 높은 사람 모두 기버라고 한다.

그렇다면 성공한 기버와 실패한 기버의 차이점은 무엇일까? 실패한 기버의 특징은 자신의 손해를 감수하면서까지 테이커에게 퍼준다는 것이다. 이런 사람은 테이커에게 고맙다는 소리를 듣기는커녕 실컷 이용만 당할 가능성이 높다. 남에게 먼저 베푸는 것은 좋으나 주는 것도 스마트하게 해야 한다. 우리 속담에 "곳간에서 인심 난다"라는 말이 있다. 곳간이 든든하게 채워져 있으면 남에게 인심을 베풀 수 있다는 말이다. 남에게 준다는 것은 내가 능력이 있다는 뜻이다. 호구가 되지 않기 위해서라도 계속 채우고 발전해야 한다. 내가 가진 것이 없다면 주지 말고, 주고 싶다면 먼저 채워야 한다.

베풀면 어떤 모습으로든 되돌아온다

필자는 종종 기획서, 제안서, 사업 계획서를 봐달라는 부탁을 받는다. 어떤 사람은 작성한 기획서를 들고 주말에 집 앞에까지 찾아와서 봐달라고 부탁하기도 하고, 아예 제안서 목차를 잡아달라고 부탁하는 사람도 있었다. 부탁하는 사람 처지를 생각하면 오죽 다급하면 그럴까 하는 생각이 들지만, 부탁받는 입장에서는 좀 부담스러운 것이 사실이다. 그 사람들에게는 매우 중요한 일인데 허투루 할 수 없기 때문이다.

필자와 가까운 한 후배는 필자의 이런 모습이 의아하게 보였는지, 하루는 이런 질문을 했다. "선배한테 별 도움이 되는 사람들도 아니고, 그렇게 해준다고 돈이 나오는 것도 아닌데 왜 그런 데다가 시간을 써요?" 물론 그런 생각이 들 수도 있다. 사실 틀린 말도 아니다. 하지만 필자가 그렇게 하는 이유는 내가 알고 있는 것을 남에게 알려주는 것 자체가 즐겁기도 하고, 도움을 주는 과정에서 새로운 것을 배울 수도 있기 때문이다.

몇 년 전에는 한 선배의 지인을 도와준 적이 있는데, 카 셰어링 car sharing 사업과 관련한 것이었다. 이 시기에 마침 공유 경제 sharing economy 에 대해 관심이 많았었는데, 공유 경제의 대표 격인 카 셰어링 사업이 어떻게 돌아가는지 배울 수 있어서 재미있는 경험이었다. 필자의 경험과 지식을 누군가에게 나누어주고 그 반대급부로 새로운 경험을 할 수 있었으니 손해 본 것이 아니다. 어찌 보면 남을 돕는 것은 씨를 뿌리는 과정이다. 열매를 얼마나 맺을지는 모르지만 말이다. 싹도 못 피우고 죽는 씨앗도 있겠지만 그렇다고 씨 뿌리는 것을 멈추어서는 안 된다.

필자의 선배 중에 20년 정도 알고 지낸 분이 있다. 이 선배는 필자가 사회생활을 하면서 만난 사람들 가운데 존경하는 몇 안 되는 사람 중 한 명이다. 여러 가지 존경할 부분이 많지만, 그중에서도 '내가 좀 손해 본다고 생각하자'라는 자세가 필자에게 많은 울림을 주었다.

선배와 같은 회사에 다닐 때였다. 회사의 대표가 따로 있었고, 선배가 사업 총괄 임원이었다. 명절을 앞둔 어느 날, 회사에 돈이 없어서 직원들 명절 선물을 지급하지 못할 것 같다는 얘기가 돌았다. 그런가 보다 하고 있었는데 명절 당일 선물이 지급되었다. 그 것도 꽤 고가의 선물이었다. 알고 보니 선물 지급 비용을 마련하기 위해 선배의 차를 팔았던 것이다. 그 당시 필자는 선배에게 "왜 그렇게까지 하세요? 본인도 좀 챙겨가며 하세요"라고 말했다. 7년 넘게 그 회사에 다니면서 평소에도 직원들을 잘 챙기는 선배였고, 월급도 몇 개월씩 밀리는 일이 허다했던 사실을 잘 알고 있었기 때문이었다. 그때마다 선배는 "나는 훗날 회사가 더 잘되면 그때 받아도 괜찮다" 하곤 했다.

오랜 세월 지내보니 이 선배는 인간관계를 중요하게 생각하고 그 관계에 시간과 에너지를 투자하는 사람이었다. 지금도 만나면 종종 이렇게 말한다. "어려운 시절에 조그만 도움이라도 줬던 사람들이 결국 내 사업에 더 큰 도움으로 돌아오더라. 몇 년 전에 대리, 과장이었던 사람 중에 이제 팀장, 본부장이 된 사람도 있고, 그들이 다른 고객들을 소개해주기도 하고."

주는 사람이 더 많이 갖는 이유

어떤 사람이 천국과 지옥을 번갈아 가게 되었는데, 예상과 달리 천국과 지옥의 모습은 크게 다르지 않았다. 천국은 휘황찬란하고 지옥은 아비규환의 모습일 줄 알았는데 그렇지 않았다. 한 가지 다른 점은 천국 사람들은 얼굴이 밝고 행복해 보이는데, 지옥 사람들은 피골이 상접하고 아사 직전의 몰골을 하고 있다는 것이었다. 그러던 중 식사하는 모습을 보게 되었는데 숟가락의 길이가 팔 길이보다 훨씬 긴 것이 아닌가. 천국 사람들은 긴 숟가락으로 음식을 떠서 상대방에게 먹여주는데, 지옥 사람들은 그 긴 숟가락으로 자기 입에 음식을 넣으려 하니 다 흘려버리고 결국 하나도 먹지 못했다. 그제야 비슷한 환경에 처해 있음에도 천국 사람들과 지옥 사람들의 모습이 차이 나는 이유를 알 수 있었다.

이 이야기는 《필연적 부자》의 저자이자 (주)리골드의 창업주인 이재호 회장이 어느 산사의 주지 스님에게 들은 이야기라고 한다. 이재호 회장은 초등학교도 못 나온 가난한 소년이었다. 밑천 한 푼 없이 기술을 배워서 사업을 시작한 그는 사업 시작 30년 만에 수천억대 자산가가 되었다. 이재호 회장은 사회 공헌 활동에도 적극적이다. 2009년에 사재 200억 원을 출연하여 월곡주얼리산업진흥재단을 세웠다. 재단에서는 장학생에게 학자금을 주고, 이들이 또 다른 창업을 할 수 있도록 교육하는 과정을 무료로 제공한다. 그는 나눔이 자신에게 더 큰 부를 가져다주었다고 말한다. 그가 말하는 나눔은 봉사가 아니다. 남을 돕는 데에는 당연한 대가가 있어야 하고, 그 대가만큼 타인의 필요를 충족시켜줘야 한다고 말한다. 상호주의 원칙을 철저히 지킨 것이다.

마트 시식 코너에서 무료로 음식을 나누어주는 이유가 무엇일까? 음식이 남아돌아서? 아무 대가 없이 손님을 대접하고 싶어서? 당연히 아님을 누구나 안다. 공짜로 주는 음식을 맛보면 원래 사려하지 않았던 물건도 사게 되고, 안 사고 돌아서면 괜히 미안한 마음이 드는 게 인지상정이다. 빚지고는 못 사는 성격의 사람들이 있는데, 양심이 작동하고 있다는 증거다. 만약 친구에게서 5만 원짜리 생일 선물을 받았다면, 그 친구의 생일에 얼마짜리 선물로 보답할 것인가? 내가 어려운 시기에 소주 한잔 사주며 응원해주던 친구에게 훗날 형편이 나아지면 어떻게 보답할 것인가? 사람마다 차이는 있겠으나 자신이 받았던 것과 비슷한 수준이거나 더 큰 것으로 보답할 것이다. 호의에 보답하고 싶은 것이 사람 마음이다.

세계적인 베스트셀러 《설득의 심리학》에서는 다음과 같은 말로 이런 현상을 설명한다. "누군가의 호의를 입으면 사람은 마음의 빚을 지게 되고, 그런 빚으로부터 벗어나고 싶어 한다. 빚을 진 사람의 입장에서 마음의 빚을 깔끔하게 정리하는 방법은 받은 것보다 더 큰 호의나 보상으로 갚는 것이다. 그것이 상호성의 법칙이다."

- 주고받는 것도 스마트하게. 기브 앤 테이크는 상호주의 원칙에 따라.
- 주고 싶다면 먼저 채워라. 능력도 안 되면서 퍼 주는 것은 호구 짓이다.
- 베푸는 것은 씨를 뿌리는 것과 같다. 설사 열매를 맺지 못하더라도 씨는 뿌려야 한다.
- 먼저 주는 사람이 더 많이 갖는다.
- 누군가에게 호의를 받은 사람은 그것보다 더 큰 것으로라도 마음의 빚을 갚으려 한다.

시대가 변함에 따라 일을 잘하기 위해 필요한 능력도 달라진다.

기업에서 요구하는 인재상도 달라진다. 시대 변화에 발맞추어 리더십, 의사소통 능력,

데이터 활용 능력, 창의력 등 소프트파워를 요구하는 경향이 뚜렷하다.

이번 장에서는 시대상을 반영하여 일 잘하는 사람이 되기 위해 갖추어야 할

필수 능력 열두 가지에 대해 이야기한다.

이러한 필수 능력들을 모두 다 갖출 수는 없겠지만 그것이 왜 필요한지는 알아야 한다.

무엇이 부족한지 알아야 대비할 수 있기 때문이다.

부족한 부분을 파악하고 가능한 한 그것들을 갖추기 위해 노력해야 한다.

Chapter 4

어디서나
인정받는
일 잘하는 사람의
필수 능력

리더십:
비전을 현실로 만드는
사람이 리더다

"리더는 비전을 현실로 만드는 사람." 세계 최고의 리더십 전문가이자 서던캘리포니아 대학교 경영학 교수인 워런 베니스^{Warren} ^{Bennis}의 말이다. 필자는 이 말 중에서 '현실'에 방점을 찍고 싶다. 비전을 제시하고 아무런 실체가 없다면 사이비 교주나 사기꾼과 다를 바 없을 것이다.

사람들에게 배를 만들게 하려면 배 만드는 방법을 알려주지 말고 바다에 대한 동경을 심어주라는 말이 있다. 구성원들에게 함께 가야 할 목표, 목표를 이루었을 때의 모습을 그려주고, 가슴 뛰게 하고, 거기서 멈추지 않고 기어이 실현해내는 사람. 그런 사람이 진정한 리더가 아닐까? 리더는 비전을 제시하고 실천함으로써 목표를 이루어낼 수 있어야 한다.

리더는 어떠해야 하는가?

리더란 '구성원들에게 비전을 제시하고 함께 행동하여 결과를 만들어내는 사람'이라고 할 수 있겠다. 그렇다면 비전을 제시한다는 말은 무슨 뜻일까?

'비전vision'이란 말은 라틴어 'videre(보다)'에서 기원했으며, 이후 1300년대 중세 영어에서는 '상상imagine'의 뜻이 추가되었다고 한다. 이 두 가지를 조합해보면 비전이란 볼 수 있는 상像, image이라고 할 수 있다. 그렇다. 비전은 구체적인 그림이어야 한다. 그런데 이 그림은 구성원마다 다를 수 있다. 목적지는 같아도 그곳에 가야 하는 이유는 각기 다를 수 있기 때문이다.

예컨대 수천 킬로미터 떨어진 미지의 대륙을 찾아 떠날 배의 선원을 모집한다고 가정해보자. 선장, 기관장, 갑판장, 선원 등 많은 사람이 필요할 것이다. 수백 명의 사람들이 같은 방향, 같은 목표를 위해 한 배를 타고 가지만 미지의 대륙에 가는 이유는 각자 다를 것이다. 누군가는 모험심 때문에, 누군가는 큰돈을 벌기 위해, 또 누군가는 범죄를 저지르고 도피하기 위해 배에 올랐을지 모를 일이다.

직장에서의 일도 마찬가지다. 새로운 프로젝트가 시작되어 팀원을 모집할 때 그 프로젝트에 참여하기 위해 지원하는 사람들의 이유는 가지각색일 것이다. 임원 승진을 앞둔 만년 부장님은 프로젝트를 성공적으로 마치고 승진하는 모습을 그릴 것이고, 못살게 구는 자신의 팀장을 피해서 프로젝트에 참여한 사람도 있을 수 있다. 리더는 각기 다른 가치관을 가진 사람들에게 지향점과 그 의미를 공감할 수 있도록 설명할 줄 알아야 한다. 아무리 좋아 보이는 비전이라도 구성원들이 공감하지 못하면 비전을 향해 한 발자국도 나아가기 어렵다.

좋은 비전과 구성원의 참여가 있다면 그 비전은 달성될 수 있을까? 아니다. 비전은 일종의 조감도다. 고층 빌딩의 조감도를 보면 그럴듯하고 멋지지 않은가? 그런데 멋진 조감도만 있다고 해서 빌딩이 완성될 수는 없다. 리더는 비전을 달성할 구체적인 전략을 갖고 있어야 한다. 전략이란 건물의 설계도라고 보면 된다. 또한 전략은 실행 가능한 것이어야 한다(실행 가능하지 않으면 전략이 아니다).

자, 이제 비전도 좋고 구성원도 있고 비전을 달성할 좋은 전략도 있다. 남은 것은 행동이다. 설계도대로 실행을 했을 때 비로소 원하는 목표를 달성할 수 있다. 리더는 설계하는 행동가여야 한다.

리더십이란 행동을 통해 드러난다

리더십은 무엇인가? 리더십의 형태는 다양하다. 시대에 따라 달라지기도 하고 조직의 상황에 따라 다르기도 하다. 이제 막 창업한 회사에서는 새로운 것에 도전해야 할 일이 많을 것이므로 속도감 있게 업무를 추진하는 공격적인 리더십이 필요할 수 있고, 사업이 일정 궤도에 올라선 기업에서는 안정 지향적인 관리형 리더십이 필요할 수 있다. 좋은 리더십은 솔선수범하는 리더십이다. "자식은 부모의 거울"이라는 말이 있다. 자식은 절대 부모가 시키는 대로 하지 않는다. 부모가 보여준 모습대로 한다. 즉, 부모가 솔선수범해야 그것을 보고 자식이 따라오는 것이다.

상사와 부하 직원의 관계가 부모 자식 관계와 똑같을 수는 없지만, 리더십 관점에서 유의미한 통찰이라고 생각한다. 미국의 전략 커뮤니케이션 전문가이자 《나는 왜 이 일을 하는가?》, 《리더는 마지막에 먹는다》의 저자인 사이먼 사이넥Simon Sinek은 테드TED 강연에서 "리더십은 계급이나 지위가 아니라 우리가 어떤 행동을 하느냐에 달려 있다"고 말했다. 어떤 상황에서는 직급이 낮은 직원도 리더가 될 수 있다.

필자가 속한 조직에 마케팅 담당자가 있다. 이 직원은 경력은 많지 않으나 온라인 마케팅에 필요한 지식이 많고 도구를 잘 다룬다. 또한 글을 맛깔나게 잘 쓰고 고객과 부드럽게 소통하는 데 능하다. 우리 부서에서 마케팅과 관련해서는 이 직원이 리더다. 그런데 이 직원이 처음부터 리더는 아니었다. 몇 개월의 시간 동안 작은 업무일지라도 항상 깔끔하게 처리해서 결과를 보여주었다. 성과가 나기 시작하고 그것이 주변 동료들에게도 보이고 인정받았기 때문에 해당 업무에서 리더가 될 수 있었다.

좋은 리더십의 세 가지 요소

그렇다면 좋은 리더십이란 무엇인가?

첫째, 실력이 있어야 한다. 동기부여 전문가인 브라이언 트레이시는 저서 《겟 스마트》에서 "리더십은 문제 해결 능력이다. 성공 또한 문제를 해결하는 능력이다"라고 말했다. 비전을 달성하기 위한 과정에는 수많은 문제를 해결하기 위한 경험과 지식이 필요하다. 업무 능력뿐만 아니라 조직 관리 능력, 의사소통 능력 등 말 그대로 '실력'이 필요한 것이다. 특히 나이가 들어갈수록 실력을 쌓는 일을 게을리해서는 안 된다. 과거의 경험에만 의존하고 학습하지 않으면 '꼰대' 소리를 감내해야 할 것이다.

둘째, 겸손해야 한다. 리더들은 앞장서서 무언가를 추진하는 경우가 많고 성공을 경험해볼 기회도 그만큼 많다. 소위 잘나가는 리더들은 항상 자만하지 않도록 노력해야 한다. 때로는 자기 자신을 과대평가하거나 '부정적 승자 효과'에 빠질 수 있기 때문이다. 부정적 승자 효과란 여러 번 승리를 맛본 사람이 승리의 기분에 고취되어 무모한 행동을 할 가능성이 높아지는 것을 말한다. 고수는 실력을 자랑하거나 과대평가하는 법이 없다. 이미 고수이기에 더 과장할 수조차 없고 그럴 필요도 없다.

딜로이트 컨설팅의 김경준 부회장은 《직원이라면 어떻게 일해야 하는가》에서 "겸손은 강한 자의 특권이다. 강한 사람이 자신을 낮추는 것은 겸손이고, 자신을 높이는 것은 거만이다. 약한 사람은 겸손해질 수 없다. 자신을 낮출 수 없기 때문이다. 약한 사람이 자신을 낮추는 것은 비굴이고, 자신을 높이는 것은 허풍이다"라고 했다. 실력을 쌓고 겸손해지자.

셋째, 희생해야 한다. 진정한 리더는 팀을 위해 희생할 수 있어야 한다. 미국 해병대의 전통 중에 '리더는 마지막에 먹는다'는 것이 있다. 병사가 음식을 다 먹으면 사관이 먹을 수 있는 것은 없다. 하지만 전장에 나가면 오히려 부하들이 자신의 먹을 것을 나누어 준다. 이런 행위는 서로에 대한 신뢰가 없으면 나올 수 없는 것이다. 이런 신뢰는 리더의 희생에서 나온다.

또한 리더는 이익 앞에서 희생할 수 있어야 한다. 크게 성공한 사람들의 공통점은 단기적 이익에 연연하지 않는다는 것이다. 이익의 희생에 관해 브라이언 트레이시는 다음과 같이 말했다. "장기 관점에서 가장 중요한 단어는 '희생'이다. 성공한 사람들은 현재의 즉각적 만족을 기꺼이 미루어 미래에 더 큰 보상을 누린다. '장기 이익을 위해 단기 고통을 참아내는' 의지와 훈련이 없다면 당신이 성공할 확률도 거의 없다."

예전에 부하 직원 중 한 명이 필자에게, 자신의 팀장이 옆 부서 아무개 팀장의 리더십을 좀 본받았으면 좋겠다며 불평한 적이 있다. 무언가 자신의 팀장과 잘 맞지 않는 것 같았다. 필자는 그 직원에게 "세상에는 리더의 숫자만큼 리더십의 모양도 다양할 것이다"라는 말을 해주었다. 몇 년이 지난 후 불평하던 그 직원이 팀장이 되었는데, 팀장으로서 역할을 제대로 수행하지 못하고 있다는 얘기가 들려왔다. 그 직원의 업무 스타일을 견디지 못해 퇴사한 직원도 있다고 하니 참 아이러니하다는 생각이 들었다.

세상에는 다양한 모습의 리더십이 있지만 솔선수범하지 않고 말로만 지시하는 리더십이 오래가는 것을 보지 못했다. 회사가 임명한 팀장, 본부장, 임원만 리더라는 생각을 버려야 한다. 나 또한 어느 날 갑자기 리더가 될 수도 있다. 리더십은 어느 한순간 생기는 것도 아니고, 교육 며칠 받는다고 생기는 것도 아니다. 평소에 리더십에 관심을 두고 하루하루 적극적으로 솔선수범하며 리더처럼 행동할 필요가 있다. 우리는 언젠가 한 번은 리더가 된다.

요약

- 리더는 비전을 제시하고 함께 행동하여 결과를 만들어내는 사람이다.
- 리더십은 행동을 통해 드러난다.
- 리더십의 삼박자는 실력, 겸손, 희생이다.
- 리더십은 어느 한순간에 생기지 않는다. 평소에 훈련이 필요하다.

팔로워십:
좋은 팔로워가
좋은 리더가 된다

기러기 떼가 무리를 지어 하늘을 날아가는 것을 본 적이 있을 것이다. V자 대형의 맨 앞에는 무리를 이끄는 리더 기러기가 있다. 리더 뒤의 기러기들은 박자를 맞추어 연신 '꽉꽉' 소리를 내는데, 이는 무리가 잘 따라가고 있다고 리더에게 알림과 동시에 힘든 리더를 격려하는 행동이라고 한다. 또한 장시간 비행에 리더 기러기가 지치면 뒤를 따르던 기러기가 자리를 바꾸어 무리를 이끈다고 한다.

좋은 리더십은 하루아침에 생기지 않는다. 팔로워로 지내는 시간 동안 좋은 팔로워십을 익힌 사람이 좋은 리더가 될 수 있다. 그리스의 철학자 아리스토텔레스는 이렇게 말했다. "남을 따르는 법을 알지 못하는 자는 좋은 지도자가 될 수 없다."

팀 없는 리더는 존재할 수 없다

직장 생활을 하는 동안 대부분의 사람들은 리더로서 지내는 기간보다 팔로워로서 지내는 기간이 더 길다. 어찌 보면 팔로워는 리더로 가기까지 거쳐야 할 여정이다. 그럼에도 불구하고 학교, 기업, 사회 전반에 걸쳐 리더십에 비해 팔로워십followership에 대해서는 관심이 덜한 것 같다. 필자가 재직했던 여러 회사에서도 리더십 교육을 하는 것은 봤지만 팔로워십에 대해 교육하는 것은 본 적이 없다. 물론 리더의 의사결정이 조직에 미치는 영향은 크다. 하지만 리더의 의사결정을 실행하는 것은 대다수의 팔로워들이다.

팔로워십에 대해 오랫동안 연구해온 미국의 경영학자 로버트 켈리Robert E. Kelley 교수는 이렇게 말했다. "조직의 성공에 있어 리더의 기여도는 20퍼센트에 불과하며, 나머지 80퍼센트는 팔로워들에 의해 이루어진다." 덧붙여서 "팔로워들이 산을 옮긴다"는 말로 팔로워들의 중요성을 강조했다. '리더 없는 팀'은 있을 수 있지만 '팀 없는 리더'는 존재할 수 없다. 좋은 팔로워십을 갖춘 사람이 리더가 되었을 때 좋은 리더십을 발휘할 수 있다.

역사적 인물이나 위대한 업적을 이룬 성공한 리더 뒤에는 훌륭한 팔로워가 있었다. 조선을 건국한 태조 이성계 뒤에는 정도전이 있었고, 2002년 월드컵 4강을 이룬 히딩크 감독 뒤에는 홍명보, 박지성 등 훌륭한 선수들이 있었으며, 세계에서 기업 가치가 가장 높은 마이크로소프트의 빌 게이츠 뒤에는 스티브 발머Steve Ballmer 가 있었다. 스티브 발머의 업적 중에 가장 위대한 것은 '20년 넘게 빌 게이츠를 참아낸 것'이라는 말이 있을 정도다.

최근에 박항서 감독이 베트남의 영웅으로 떠올랐다. 특히 베트남 축구 국가 대표 팀을 이끌고 동남아시아의 월드컵이라고 불리는 스즈키컵에서 우승하면서 베트남에서 가장 인기 있는 인물이 되었다. 알려진 바에 따르면 박항서 감독은 아버지처럼 선수들을 품으며 매 경기 때마다 "너는 잘 해낼 수 있다", "너를 믿고 있다"는 말로 선수들을 이끌었다고 한다.

박항서 감독의 리더십이 많이 회자되고 있지만, 그의 리더십 못지않게 선수들의 팔로워십도 눈여겨볼 필요가 있다. 스즈키컵 우승 직후 베트남 현지 매체 〈봉다〉는 박항서 감독의 전략을 높이 칭송하면서 이렇게 언급했다. "베트남이 이번 대회 여덟 경기를 여덟 개 팀으로 치렀다." 매 경기 다른 전략과 선수 구성으로 대회를 치렀다는 말이다. 박항서 감독은 이 대회에서 주전 선수 23명 중 20명을 경기에 투입했다. 경기에 나서지 못한 선수는 백업 골키퍼 두 명과 수비수 한 명뿐이었다.

여러 선수가 고루 출전 기회를 얻는다는 것은 선수 개인에게는 출전 시간이 줄어들 수도 있다는 얘기다. 특히 기량이 뛰어난 스타 선수에게 출전 기회가 줄어드는 것은 매우 큰 불만일 수 있다. 실제로 박항서 감독은 말레이시아와의 결승 1차전 원정 경기에서 팀의 주전 공격수와 베트남의 박지성이라고 불리는 스타 선수를 출전시키지 않았다. 그 선수들이 불만을 품었는지 아닌지는 알 수 없지만, 감독의 생각에 따르는 좋은 팀이 있었기에 좋은 결과를 얻을 수 있었다고 생각한다. 좋은 팀워크는 리더십과 팔로워십이 균형을 이룰 때 만들어진다.

좋은 팔로워십의 조건

조직에서 리더와 팔로워 간에 인식 차이가 크게 나는 경우가 많다. 아무리 노력해도 그 차이가 줄어들지 않고 서로 공감이 잘 안 된다. 그 이유 중 하나는 리더는 미래 시점 기준으로, 팔로워는 현재 시점 기준으로 생각하기 때문이다. 리더는 팔로워가 말귀를 못 알아들어 답답하다고 느끼고, 팔로워는 리더가 현실을 모르는 뜬구름 잡는 소리를 한다고 답답해한다.

조직 내에서 리더들은 고급 정보를 접하기 쉽고 팔로워들은 그렇지 않다. 또한 발등에 떨어진 불을 끄듯 현재 닥친 업무를 처리하기에도 벅찬 팔로워들에 비해 리더들은 시장을 보고, 트렌드를 읽고, 미래를 생각해볼 수 있는 시간적 여유가 있다. 어떻게 보면 이것이 정상적인 역할 분담인데, 아이러니하게도 각자의 역할을 제대로 하면 할수록 인식 차는 커질 수밖에 없다. 이 문제를 해결하기 위해서는 각자의 역할을 이해하고 인식 차가 생길 수밖에 없다는 사실 또한 인정해야 한다. 팔로워들은 조직의 리더가 무슨 생각을 하는지, 어떤 방향으로 가려고 하는지 이해하려고 노력해야 한다. 그렇다면 좋은 팔로워십의 조건은 무엇일까?

첫째, 자신의 위치와 역할에 대한 명확한 파악. 조직에서 개인은 역할과 책임에 맞는 직급과 직책을 부여받는다. 그런데 그렇게 부여받은 역할 범위를 넘어서려 할 때 문제가 생긴다. 여기서 범위를 넘어선다는 것은 월권을 한다는 의미만은 아니다. 위쪽이든 아래쪽이든 자신이 맡아야 할 업무 범위의 경계를 넘어설 때 문제가 된다. 예컨대 자신의 직급에 걸맞지 않게 쉬운 업무만 반복적으로 하는 것도 문제이고, 자신의 능력보다 지나치게 어려운 업무를 맡으려 하는 것도 문제가 될 수 있다.

어느 호텔에 한 임원이 있었다. 이 임원은 평사원으로 입사해서 임원까지 오른 입지전적인 인물이었다. 직원들과도 허물없이 지내는 성격이라 평판이 좋았다. 어느 날 이 임원은 호텔 레스토랑 앞에서 바닥에 떨어져 깨진 유리잔과 음료수를 솔선수범하여 치우고 있었다. 이 장면을 본 직원들은 감동했고 고마워했다. 그런데 이 소식을 들은 호텔 사장은 그 임원을 불러 호통을 쳤다고 한다. 그런 일을 하라고 임원을 시킨 것이 아니라며 말이다.

둘째, 리더의 방향을 이해하고자 노력하는 자세. 리더도 예전에는 팔로워였다. 그리고 현재의 팔로워도 언젠가는 리더가 된다. 리더가 좋은 리더십을 발휘하여 조직을 잘 이끌기 위해 노력하는 것도 중요하지만, 그보다 중요한 것은 팔로워들이 리더를 지지하고 리더의 생각을 이해하고자 노력하는 것이다. 회사의 방향을 제대로 알아야 내 역할을 제대로 할 수 있기 때문이다.

여러분은 '회사'가 무엇이라고 생각하는가? 회사를 대표하는 사람은 대표이사다. 즉, 대표이사가 곧 회사인 것이다. 임원들과 그 이하 조직은 대표이사가 추구하는 가치를 실현하기 위해 존재한다. 대부분 조직에는 위계가 있고, 위계상에 나의 위치가 존재하며, 그 위치에 걸맞은 권한과 책임이 주어진다. 즉, 나의 권한과 책임은 나의 상사로부터 위임된 것이며, 각자 주어진 역할을 잘 수행하면 팀의 성과가 좋아지고 결국엔 회사의 성과가 좋아진다. 잘 돌아가는 회사는 권한은 위에서 아래로 내려오고, 성과는 아래에서 위로 타고 올라가서 결국엔 회사가 잘되는 방향으로 흘러간다.

셋째, 불평보다 대안 제시. 많은 사람들이 하는 착각이 리더는 모든 것을 잘하는 사람이라고 여기는 것이다. 하지만 리더라고 해서 모든 것을 다 잘하는 사람은 아니다. 리더는 앞장서는 사람이므로 안 가본 길도 가야 하고, 판단을 해야 하며, 그 판단의 결과에 따른 책임도 져야 한다. 그들도 처음 해보는 일이 많아서 두렵기는 마찬가지다. 리더도 빈틈이 있고 허점이 있는 사람들이다.

좋은 팔로워는 리더의 부족한 부분을 보완해준다. 반면 나쁜 팔로워는 리더의 약점을 찾아내서 찌른다. 그리고 불평하고 불만을 드러낸다. 불평과 의견의 차이는 대안이 있는지 여부다. 대안 없이 불평만 하는 것은 어린아이가 투정 부리는 것과 다를 바 없다. 설악산에 오르기로 했으면 정상에 도착할 때까지 함께 가야 한다. 만약 소백산에 가고 싶은 사람이 있다면 출발 전에 의견을 밝혀야 한다. 나쁜 팔로워는 산에 오르는 내내 구시렁대며 불평한다. '소백산에 가고 싶은데……' 하며 말이다.

당신은 어떤 유형의 팔로워인가?

로버트 켈리 교수는 팔로워십의 유형을 다섯 가지로 분류했다. 어떤 유형의 팔로워십이 있는지 살펴보고 자신은 어디에 속하는지 생각해보자. 조직 내 수많은 팔로워들뿐만 아니라 리더들에게도 유의미한 시사점을 제공할 것이다.

로버트 켈리 교수의 다섯 가지 팔로워십 유형

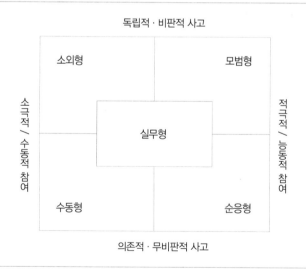

수동형 팔로워는 생각도 하지 않고 참여도 열심히 하지 않는 스타일이다. 리더에게 의존적이고 책임감이 없다. 어떤 일도 솔선수범하지 않고 지시 없이는 움직이지 않는다. 마치 스포츠 경기의 관중인 양 행동하는 방관자형이다. 방관자는 조직에 가장 나쁜 영향을 미친다.

순응형 팔로워는 생각은 모자라지만 군소리 없이 열심히 참여하는 스타일이다. 독립적 사고가 부족하여 리더에게 지나치게 의존하는 경향이 있다. 리더의 지시를 잘 따르는 유형으로 능력이 있는 순응형 팔로워라면 리더에게 힘이 될 수 있다. 하지만 예스맨이거나 리더에게 아첨하는 팔로워일 위험성도 있다.

소외형 팔로워는 독립적이고 비판적인 사고를 하지만 역할 수행에 적극적이지 않다. 리더를 비판하면서도 실제 행동으로 옮기지는 않는 유형이다. 리더의 의견이나 제안에 불평불만이나 부정적인 의견을 늘어놓는 경우가 많다. 이런 유형의 팔로워는 리더 입장에서 가장 골치 아픈 유형이다. 게다가 대안 제시 없이 매사 불평불만인 사람은 조직 분위기를 망가뜨리기 때문에 더욱 좋지 않다.

실무형 팔로워는 위의 성향들을 조금씩 갖고 있다. 크게 비판적이지 않고, 리더의 결정에 의문을 품기는 하지만 자주 그러지는 않는다. 시키는 일은 잘 수행하지만 모험을 하지 않는 유형이라고 할 수 있다. 대립은 가급적 억제하고 무난하게 역할을 수행하는 유형이다.

모범형 팔로워는 스스로 생각하고 알아서 할 줄 아는 유형이다.

리더에게 자신의 의견을 적극적으로 표시하고 행동한다. 혁신적이고 독창적이며 건설적 비판을 할 줄 안다. 이들은 자신이 맡은 일뿐만 아니라 모든 면에서 적극적인 자세를 갖는다.

여러분은 어느 유형에 속하는 팔로워인가? 여러분이 리더가 된다면 어떤 팔로워와 함께 일하고 싶은가? 리더라면 당연히 모범형 팔로워를 원할 것이다. 하지만 현실적으로 모범형 팔로워를 만나기는 쉽지 않다. 조직 구성원 전체를 보면 모범형 팔로워는 열 명 중 한두 명뿐이다.

앞서 여러 차례 말했듯이 리더십만으로는 좋은 팀을 이룰 수 없다. 여러 유형의 팔로워들이 함께 팀을 이루기 마련인데, 리더는 각 유형의 장단점을 파악하고 장점을 잘 활용해야 한다. 아울러 팔로워는 모범형 팔로워가 될 수 있도록 노력해야 할 것이다. 모범형 팔로워는 어느 리더를 만나거나 어느 조직에 가도 환영받는다. 프로가 일하는 모습에 가장 가까운 유형이 모범형 팔로워이기 때문이다.

- "남을 따르는 법을 알지 못하는 자는 좋은 지도자가 될 수 없다." – 아리스토텔레스

- 조직 성과의 80퍼센트는 팔로워들이 만들어낸다. 그만큼 팔로워십이 중요하다.

- 자신의 위치와 역할을 정확히 파악하고, 리더의 생각을 이해하며, 불평보다 대안을 제시하는 자세가 좋은 팔로워의 자세다.

- 이끌든지, 따르든지, 떠나야 한다. 조직의 방관자는 월급 도둑이나 마찬가지다.

- 독립적으로 사고하고 적극적으로 참여하는 모범형 팔로워가 프로의 모습에 가장 가깝다.

문제 해결 능력:
해결사는
살아남는다

    자금난에 빠진 회사는 인력 감축을 해야 하는 상황이다. 누구를 내보내고 누구를 남겨야 하는지 결정하는 것은 매우 어려운 일이다. 대표와 담당 임원은 머리를 맞대고 수십 차례 회의를 하며 인력을 줄이고 또 줄였다. 사업을 공격적으로 할 수 있는 상황이 아니었기에 공격수보다는 수비수가 필요했다. 수비수 중에서도 사업 전반을 잘 이해하고 있고, 업무 범위가 넓고, 실질적인 문제 해결 능력을 갖춘 실용적인 인재들이 필요했다. 결국 남은 사람들은 해결사 스타일의 직원들이었다.

    필자가 오래전에 다녔던 회사에서 있었던 일이다. 비즈니스는 결국 끊임없이 발생하는 크고 작은 문제들을 해결하는 과정이다. 문제 해결 능력은 다른 역량들을 더욱 돋보이게 한다. 특히 위기 시에 더욱 빛이 난다.

문제를 삼으니 문제가 된다

어떤 문제가 발생했을 때 사람들은 문제를 '해결'하는 데 집중하는 경향이 있다. 그러다 보니 근본적인 원인을 알지도 못하고 엉뚱한 해결책을 찾아 헤매는 경우가 생긴다. 한 가지 일에 너무 몰입하면 바로 옆에 있는 해결의 실마리를 보지 못하는 경우가 있다. 이런 불상사를 막기 위해서는 해결책을 찾기 전에 스스로 두 가지 질문을 해보자.

첫째, 이것이 진짜 문제인가? 여섯 살 된 아들과 있었던 일이다. 필자가 모기에 물려서 긁은 부위가 벌겋게 부어올랐다. 필자가 "모기 물린 곳이 볼 때마다 점점 커지는 것 같네"라고 했더니, 잠시 후에 아들이 이렇게 말했다. "아빠, 그럼 안 보면 되잖아요." 귀여운 말에 웃음이 나왔다. 잠시 시간이 흐른 뒤에 문득 생각이 들었다. 아들의 말대로 그저 안 보면 될 문제였다. 필자는 '너무 가려운데 어떻게 해야 하지? 약이라도 발라야 하나? 왜 점점 커지지?'라는 생각뿐이었는데, 자꾸 들여다본다고 해서 가려움이 사라지는 것도 아니고 부기가 빠지는 것도 아니었다.

조정래 작가의 책 《정글만리》에 보면 다음과 같은 말이 나온다.

"문제 삼지 않으면 아무 문제가 되지 않는데 문제 삼으니까 문제가 된다." 이 말은 영화 〈베테랑〉에서 유아인의 대사로 유명해진 말이기도 하다. 일을 하다 보면 대세에 지장을 주지 않는 사소한 문제가 많이 생긴다. 지엽적인 문제를 모두 해결하고 가려는 강박에서 벗어날 필요가 있다. 그냥 신경 쓰지 않아도 되는 작은 문제들에 매달리다 보면 정작 중요한 일을 못 하는 경우가 발생한다. 문제인지 아닌지를 잘 구분할 줄만 알아도 엉뚱한 해결책을 찾아 헤매는 일을 줄일 수 있다.

둘째, 내가 고민한다고 해결할 수 있는 문제인가? 앞서 얘기한, 구조조정을 해야만 했던 회사에 다니던 때에 필자는 결혼을 앞두고 있었다. 그 당시 회사 일로 스트레스가 심했다. 회사의 경영 상태는 점점 나빠지는데 돌파구는 보이지 않았다. 게다가 필자는 인력 감축 대상자들의 명단을 작성하는 일을 맡고 있었다. 7년 넘게 다니던 회사였고 누구 못지않게 애정을 가졌던 회사였다. 그렇게 스트레스에 시달리며 해결책을 찾지 못한 채 지내던 어느 날, 당시 여자 친구였던 아내가 내게 말했다. "그냥 그만둬요." 그 말을 듣고 머리가 시원해지는 느낌이 들었다. 신선한 충격이었다. 문제 해결에 몰입되어 생각지도 못했던 발상이었다.

아내의 말을 듣고 며칠 만에, 결혼을 2주 앞두고 사직서를 냈다. 나중에 아내에게 물어보니 필자가 고민한다고 해결될 문제가 아닌 것 같았다고 했다. 게다가 그 문제를 해결한다고 해서 그리 큰 이득이 있을 것 같지 않았다고 한다. 지금 생각해도 그때 퇴사한 것은 잘한 일이라고 생각한다. 게임에서 이길 수 없을 때는 판을 뒤엎는 것도 방법이다. 판을 뒤엎고 종목을 바꾸어 다른 게임을 하면 된다. 문제라고 느껴질 때는 한 박자 쉬면서 뒤로 한발 물러서보자. 멀리서 보면 객관적으로 볼 수 있다. 멀리서 보면 작은 문제는 보이지 않기 때문에 결정하기 쉬워진다. "인생은 가까이서 보면 비극이지만 멀리서 보면 희극이다." 찰리 채플린 Charlie Chaplin 의 말이다.

현상을 보지 말고 원인을 파악하라

세계 최고 자동차 회사 중 하나인 도요타 Toyota 는 전 세계 경영대학원에서 혁신 사례를 연구할 때 단골로 꼽히는 회사 중 하나다. 특히 낭비를 줄이고 생산성을 극대화한 생산 시스템은 '도요타 생산방식 TPS, Toyota product system'이라는 하나의 장르를 만들어냈다. 이러한 도요타는 문제가 발생하면 그 문제의 근본 원인을 해결하는 것을 목표로 삼는다. 표면적인 현상이 아니라 근본적인 원인을 알아야 더 이상 동일한 문제가 발생하지 않기 때문이다.

도요타에는 문제의 원인에 접근하는 간단하면서도 독특한 그들만의 방식이 있는데, 바로 '5-Why' 기법이다. 5-Why 기법은 질문을 통해 문제의 근본에 접근하는 유용한 방법이다. 5-Why를 적용하여 문제를 해결한 사례 중 미국 제퍼슨 독립기념관의 사례를 소개한다. 이곳의 외벽은 손상이 심해서 매년 큰 비용을 들여 새로페인트칠을 해야만 했다. 이 문제를 해결하기 위해 5-Why를 적용해보면 다음과 같다.

미국 제퍼슨 독립기념관의 5-Why 예시

문제점	매년 외벽 보수 비용이 많이 발생한다	
Why 1	왜 외벽의 부식이 심한가?	비누 청소를 자주 하기 때문
Why 2	왜 비누 청소를 자주 하나?	비둘기의 배설물이 많이 묻어서
Why 3	왜 비둘기의 배설물이 많이 묻나?	비둘기의 먹잇감인 거미가 많기 때문
Why 4	왜 그곳에 거미가 많은가?	거미의 먹잇감인 불나방이 많아서
Why 5	왜 그곳에 불나방이 많은가?	외벽 인근 건물의 실내 전등을 주변의 다른 등보다 일찍 켜기 때문
해결책	외벽 인근 건물의 실내 전등을 오후 7시 이후에 켠다	

이렇게 질문을 통해 얻은 해결책은 '외벽 인근 건물의 실내 전등을 오후 7시 이후에 켠다'였다. 외벽을 깨끗하게 관리하기 위한 방법으로 전혀 예상 밖의 결론이 도출된 것이다.

대다수의 사람들은 문제가 발생하면 'Why'보다는 'How'에 집중한다. 표면적인 현상만 보고 How에 집중하면 엉뚱한 해결책이 나온다. 그 해결책은 미봉책에 그치고 동일한 문제는 계속해서 발생한다. Why에 집중해서 근본 원인을 찾아야 한다. 바둑계의 살아 있는 전설 조훈현은 저서 《조훈현, 고수의 생각법》에서 다음과 같이 말했다. "모든 발견은 질문에서 시작된다. 왜 이런 거지? 다른 방법은 없을까? 이게 정말 최선일까? '왜?'라는 질문이 떠오르는 순간이야말로 지금보다 나아질 수 있는 기회가 찾아온 때다."

어려운 문제를 쉽게 푸는 사람이 고수다

세상에는 네 가지 유형의 사람이 있다. 어려운 문제를 어렵게 푸는 사람, 어려운 문제를 쉽게 푸는 사람, 쉬운 문제를 어렵게 푸는 사람, 쉬운 문제를 쉽게 푸는 사람. 여러분이 사장이라면 누구에게 더 많은 월급을 주고 싶은가? 쉬운 문제를 어렵게 푸는 것은 최악이다. 이런 경우는 개인의 역량 부족보다는 조직 문화 때문인 경우가 많다. 절차와 규정을 강조하는 지나치게 관료화된 조직이나, 아무도 책임지려 하지 않은 무사안일주의가 팽배한 조직일 경우 이런 일이 벌어진다.

일본의 한 비누 공장에서 있었던 일이다. 이 공장에서는 종종 비누가 들어 있지 않은 빈 상자가 출하되어 시중에 유통되곤 했다. 빈 상자를 구매한 고객들의 항의가 계속되자 회사 경영진들은 엔지니어들을 불러 모아 대책을 강구했다. 엑스레이 스캐너, 무게 감지 센서 등을 컨베이어 벨트에 설치하자는 의견이 나왔고 수억 원의 비용을 들여 설비를 갖추었다. 고가의 설비를 갖춘 후에 보고를 받은 경영진들은 흡족해했다. 빈 상자 문제는 더 이상 발생하지 않았고, 당연히 고객 클레임도 없었기 때문이다.

문제 해결사 유형

	쉽게 해결	어렵게 해결
쉬운 일	하수	상상에 맡김!
어려운 일	고수	중수

이런 상황에 만족한 경영진들은 공장 시찰을 나갔다. 그런데 한 경영진이 신기한 장면을 목격했다. 컨베이어 벨트 마지막 공정에 커다란 선풍기 한 대가 돌고 있었다. 더운 날씨도 아니었고 심지어 사람을 향해 틀어져 있는 것도 아니었다. 이를 본 경영진이 의아하게 여기며 직원에게 이유를 물었더니 직원의 대답이 기가 막혔다. "빈 상자 감지 설비가 빈 상자를 걸러낼 때마다 생산 공정을 멈추고, 사람이 와서 빈 상자를 걸러낸 후에 다시 공정을 재개하는 일이 번거로워서 선풍기를 갖다 놨습니다. 빈 상자를 선풍기가 날려 버리니 너무 편리하고 좋습니다."

이 회사는 몇만 원에 해결할 수 있었던 문제에 몇억 원의 비용을 쓴 셈이다. 문제의 본질을 파악하면 해결책은 의외로 가까운 곳에 있을 수 있다. 어려운 문제를 쉽게 푸는 사람이 고수다.

사무실에 파리가 한 마리 들어왔다. 처음엔 아무도 신경 쓰지 않는다. 곧 사라질 줄 알았던 파리가 계속 성가시게 구니까 팀장이 한마디 한다. "누가 저 파리 좀 처리해." 팀원들이 모인다. 어쩐지 우리 팀에서만 할 일은 아닌 듯하다. 파리를 잡는 데 들어가는 비용은 어느 팀에서 부담할 것이며, 법적으로 문제가 없는지도 확인이 필요할 듯하다. 회계팀, 법무팀, 그리고 기타 관련 있을 것으로 생각되는 팀까지 불러 대책 회의를 한다. '원래 파리 잡는 일은 우리 일이 아닌데 하필 우리 팀에서 날아다니는 걸 우리 팀장님이 봤네', '우리가 파리를 잡으면 너희도 좋은 것이니 적극 협조해라', '이건 우리가 할 테니 저건 너희가 해라' 등등 수많은 의견이 오고 간다. 논의 끝에 파리를 어떤 방식으로 잡을 것인지, 누가 언제 잡을 것인지 등 부서별 역할과 책임을 정하고 계획서를 작성하여 팀장에게 보고한다. 팀장은 계획서가 썩 맘에 들지 않는 눈치다. 파리채로 잡으면 얼룩이 생길 수 있고, 살충제를 뿌리면 사람에게도 안 좋을 것 같다고 한다. 추가로 한마디 더 한다. 나중에 문제 될 수 있으니 사전에 감사팀에도 질의하여 의견을 받는 게 좋겠다고. 팀장님이 지시한 대로 감사팀에 질의하여 일종의 면죄부를 받아둔다. 그런데 시간이 지나도 파리는 계속 날아다니고 성가시게 군다. 팀장은 왜 아직 파리가 날아다니는지 궁금하다. 팀장이 담당자에게 이유를 물었더니 대답이 가관이다. "실행 계획은 수립했으나 실제로 실행하는 데는 문제가 있습니다. 파리를 잡은 후에 어떻게 처리할 것인지에 대한 규정도 없고……."

파리 한 마리 잡는 일이 뭐라고……. 그냥 누군가 잡아서 치웠으면 될 일이다. 물론 위 이야기는 가상의 이야기다. 하지만 현실에서는 이보다 더 코미디 같은 상황이 벌어진다. 때로는 '그냥' 할 필요가 있다. 저스트 두 잇!

요약

· 문제 해결 능력은 다른 능력을 더욱 돋보이게 한다.
· 문제 해결 전에 정말 문제인지 생각해보자. 문제를 삼으면 문제가 된다.
· 때로는 문제 해결 대신 판을 뒤엎는 것이 답이 될 수도 있다.
· 현상을 보지 말고 문제의 근본 원인을 파악하라. '왜?'라는 질문을 통해 가능하다.
· 어려운 문제일수록 의외로 쉽게 풀리는 경우가 많다. 어려운 문제를 쉽게 푸는 사람이 고수다.
· 쉬운 문제를 어렵게 푸는 사람도 있다. 주변에 이런 사람이 있다면 멀리 하라.

질문 능력:
답은 이미
구글이 알고 있다

　　요즘 시대에 모든 문제에 대한 답을 머릿속에 넣고 다니는 사람
은 없다. 언제든 인터넷에 접속해서 검색하면 답이 나오는 세상이
다. 정말 말이 안 되는 질문을 해도 인터넷은 뭔가 답을 알려준다.
그런데 세계 최고의 검색 엔진이라 할지라도 검색어의 수준에 따
라 검색 결과는 달라진다. 검색 엔진에게 제대로 된 질문을 해야
제대로 된 답을 얻을 수 있다. 제록스 연구소의 전 소장인 존 실리
브라운John Seely Brown은 "인간다움의 정수는 질문을 제기하는 것
이지 질문에 답하는 것이 아니다"라고 말했다. 사람은 질문을 잘
하면 된다. 답은 이미 구글이 알고 있다.

이 개는 제 개가 아닌데요

어떤 행인이 개와 함께 앉아 있는 사람에게 다가가 물었다. "이 개는 사람을 무나요?" 그가 대답했다. "아뇨." 행인이 손을 뻗어 개를 쓰다듬으려 하자, 개가 그의 손을 물어버렸다. 화가 난 행인이 옆에 있던 사람에게 말했다. "당신 개는 물지 않는다면서요!" 그러자 그가 대답했다. "이 개는 제 개가 아닌데요."

유명한 투자 전문가인 로버트 마일즈Robert Miles 의 저서 《워렌 버핏 실전 가치투자》에 실린 내용이다. 행인의 첫 질문이 '이 개는 당신의 개인가요?'였다면 그는 개에게 물리지 않았을까? 그 개는 왜 옆에 앉아 있는 사람은 안 물고 자신을 쓰다듬으려는 행인은 물었을까? 무엇이 문제였을까?

가장 중요한 문제는 질문자의 의도가 답변자에게 제대로 전달되지 않았다는 점이다. 질문에는 질문자의 의도가 담겨 있다. 질문을 받는 사람은 질문자의 의도를 파악하고 그 의도에 맞는 답을 주려고 한다. 그런데 이 경우에는 질문자의 의도, '개를 쓰다듬으려고 하는데 물리지는 않을까?' 하는 염려를 답변자가 알지 못했다. 만약 질문자의 의도가 답변자에게 제대로 전달되었다면 '제 개가 아니라 잘은 모르지만, 건드리지만 않으면 물지 않을걸요?' 정도의 답은 얻을 수 있지 않았을까?

직장 생활을 하다 보면 어려운 일에 부딪히는 경우가 많다. 이럴 때 선배나 상사에게 질문하는 경우가 있는데, 질문의 질을 보면 그 사람이 어떤 사람인지 쉽게 알 수 있다. 스스로 해보지 않고 처음부터 어떻게 해야 하는지 묻는 사람이 있는가 하면, 이것저것 시도해보고 '지시하신 일을 처리하기 위해 A와 B를 해봤는데, 더 이상 진도가 나가지 않아서 이것이 궁금하다'라고 질문하는 사람이 있다. 이런 사람은 무엇이 궁금한지 구체적으로 질문한다.

반면 일 못하는 사람들은 질문이 두루뭉술하다. 자기가 뭘 모르는지도 모른다. 의도가 불분명하다. "무슨 답을 하는지보다는 무슨 질문을 하는지를 통해 사람을 판단하라." 프랑스의 정치가 피에르 마르크 가스통Pierre Marc Gaston의 말이다. 제대로 된 질문을 하려면 내가 무엇을 모르는지 알아야 한다. 무엇을 모르는지 알려면 다양한 시도를 해봐야 한다. 무언가 해봐야 내가 무엇을 알고 무엇을 모르는지 알 수 있다.

대부분의 사람들은 '어떻게how' 해야 하는지부터 묻는다. 무엇what을 해야 하는지조차 모르는 사람도 종종 있는데, 그런 경우는 참 답이 없다. 가장 중요한 질문은 '왜why 그 일을 해야 하는가?'다. 일을 왜 하는지 안다는 것은 그 일의 의미, 배경, 결과의 파급력을 안다는 뜻이다. 좋은 질문을 하기 위해서는 적어도 자신이 하는 일을 제대로 파악하고, 자신이 모르는 것이 무엇인지 알아야 한다. 답변자 입장에서는 의도가 희미한 질문에는 좋은 답을 줄 수가 없다.

스무고개를 통해 얻은 교훈

요즘 여섯 살 된 아들과 스무고개를 한다. 스무고개는 내가 마음속으로만 생각한 정답을 다른 사람들이 질문을 통해 범위를 좁혀가며 맞히는 게임이다. 질문은 스무 번까지 할 수 있다. 우리 가족은 주로 동물 이름 맞히기를 하는데, 첫 질문은 보통 이렇게 시작한다. "알을 낳는 동물인가요?" 뒤이어 나오는 질문은 "육식 동물인가요?", "날 수 있나요?" 등이다.

이 게임을 해본 적 있는 사람은 알겠지만 스무 번이라는 제한된 질문 기회 내에 정답을 맞혀야 하므로 질문에도 요령이 필요하다. 초반에는 큰 범위를 용의선상에서 제외할 수 있는 질문을 해야 하고, 후반으로 갈수록 세부적인 특징을 잡아낼 수 있는 질문을 해야 한다. 예컨대 초반에는 포유류인지 조류인지, 육식인지 초식인지 등으로 크게 필터링을 하고, 후반에는 색상, 크기, 무늬, 먹이, 애완용인지 여부 등 구체적인 특징을 묻는 것이다.

또 다른 한 가지 중요한 점은 논리적으로 모순이 되는 질문을 하지 않는 것이다. 예컨대 '포유류인가요?'라는 질문에 대한 답이 '네'였는데 그다음 질문을 '알을 낳을 수 있나요?'로 하는 것은 논리적 모순이다. 포유류 중에 알을 낳는 동물은 없기 때문이다. 스무 번 질문 기회 내에 정답을 맞히는 것은 생각보다 쉽지 않다. 좋은 질문을 해야 빨리 범위를 좁힐 수 있고 정답에 가까워질 수 있다. 아들과 이 게임을 하면서 새삼 느꼈던 교훈은 네 가지다.

첫째, 정보 수준에 따라 질문의 수준이 달라진다. 아는 게 많을 수록 좋은 질문을 할 수 있다. 포유류와 파충류를 구분할 수 있고, 포유류는 알을 낳을 수 없다는 사실을 알고, 날개가 있고 날 수 있지만 새가 아닌 동물도 있다는 사실을 알면 훨씬 고차원적인 질문을 할 수 있다.

둘째, 남의 말에 귀를 기울여야 한다. 최대 스무 번의 질문을 하는 동안 앞선 질문에 대한 답이 무엇이었는지 잘 기억하고 있어야 한다. 그래야 전체적인 맥락을 이해하고 논리적 모순이 없는 질문을 할 수 있다. 첫 질문부터 마지막 질문까지 맥락을 파악하고 한 번의 질문도 놓치지 말아야 정답에 가까워진다.

셋째, 질문에도 타이밍이 중요하다. '이 동물은 사과를 먹나요?', '이 동물은 곡식을 먹나요?', '이 동물은 감자를 먹나요?'와 같은 질문을 초반에 하는 것은 무의미하다. 아직 정보가 충분치 않은데 성급하게 '정답!'을 외치는 것도 곤란하다.

넷째, 답변에는 함정이 있을 수 있다. 답변하는 사람은 최소한의 정보만을 주려 한다. 답변은 하되 최대한 정답을 못 맞히도록 하는 것이 답변자의 역할이다. 질문에 대해 거짓 답변을 하지는 않지만 단편적인 정보만 제공한다. 게임의 규칙상 굳이 더 많은 정보를 제공할 필요가 없는 것이다. 이런 일은 회사 업무에서도 자주 발생한다. 회사 내부이든 거래처와의 관계이든 이해관계가 걸려 있는 경우라면 대부분 이와 비슷한 일이 발생한다. 물어보니 대답은 해주지만 굳이 묻지 않는 것까지 알려줘야 할 의무는 없다.

올바른 질문을 해야 해결책이 나온다

1990년, 베트남 정부는 자국의 어린이 영양실조 문제를 해결하기 위해 국제기구인 세이브 더 칠드런 Save the Children에 도움을 요청했다. 세이브 더 칠드런은 제리 스터닌 Jerry Sternin이라는 사람에게 임무를 맡겼고, 제리 스터닌은 베트남으로 향했다. 베트남에 도착한 그는 처음부터 난관에 봉착했다. 베트남 정부의 예산은 턱없이 부족했을 뿐 아니라 기대했던 지원도 거의 이루어지지 않아 실망스러운 수준이었다. 담당 관리들은 그에게 큰 기대가 없는 듯 보였고 탐탁지 않게 여기기까지 했다. 자금과 지원이 부족한 상황인데 관리들은 6개월 이내에 성과를 보이라며 그를 닦달하기만 했다.

총체적인 난국에 빠져 방법을 찾던 그는 어느 날 중요한 사실을 발견하게 된다. 비슷한 환경의 가난한 아이들 사이에서도 영양 상태가 양호한, 건강한 아이들이 존재한다는 사실이었다. 그는 즉시 건강한 아이들의 부모들을 만나 어떻게 아이들을 양육하는지 조사했다. 그 결과, 건강한 아이들의 부모는 같은 양의 음식을 가지고 하루에 세 끼 이상 먹인다는 사실을 발견했다. 대부분의 아이들은 부모가 논일을 나가기 전에 한 끼, 일을 마치고 돌아오는 저녁에 한 끼, 이렇게 하루에 두 차례 식사를 했다. 그런데 어린아이들은 위가 작아 한 끼 식사량을 다 먹지 못하고 음식을 남겼던 것이다. 하루에 두 끼를 먹지만 사실은 한 끼가 조금 넘는 칼로리밖에 섭취할 수 없었다.

반면에 건강한 아이의 가정에서는 가족이나 이웃 사람 등에게 부탁해 아이한테 밥을 자주 먹이게 했다. 또한 논에 있는 새우나 게 등을 잡아서 아이들에게 먹이고 있었다. 그는 아이들을 잘 양육하고 있는 부모를 중심으로 10여 명의 어머니들이 모여 함께 요리하고 아이들에게 먹이게 했다. 6개월 후, 아이들 65퍼센트의 영양 상태가 개선되었다. 이후 이 프로그램은 베트남 전역에 퍼져나가 베트남 어린이 220만 명의 영양실조를 개선하는 데 기여했다.

제리 스터닌은 대다수를 차지하는 '문제'에 집중하지 않고 문제가 없는 '긍정적인 면'에 주목했다. 부정적인 문제를 해결하는 것이 아닌, 긍정적인 면을 발견함으로써 문제 해결의 실마리를 찾은 것이다. 만약 그가 '어떻게 문제를 해결할까?'라고 질문했다면 이런 성과를 낼 수 있었을까? '비슷한 환경에서도 건강한 아이들이 있는데 이유가 뭘까?'라고 질문했기에 가능했던 성과일 것이다.

힘든 상황일수록 밝은 면을 보자. 그리고 질문을 바꿔보자. '우리 제품은 왜 판매가 저조할까?'를 고민하기보다 '우리 고객들은 왜 우리 제품을 이용할까?'라는 질문을 통해 문제 해결의 실마리를 찾을 수 있다. 영화 〈올드 보이〉에서 주인공 오대수(최민식 분)가 15년 만에 자신을 풀어준 이우진(유지태 분)을 찾아가 자신을 가둔 이유를 묻자 이우진이 이렇게 답한다. "당신의 진짜 실수는 대답을 못 찾은 게 아니야. 자꾸 틀린 질문만 하니까 맞는 대답이 나올 리가 없잖아. '왜 이우진은 오대수를 가뒀을까?'가 아니라 '왜 풀어줬을까?'란 말이야."

세상의 모든 문제에는 답이 있다. 아직 답을 발견하지 못했을 뿐이다. 답을 찾지 못하고 있다면 질문을 다르게 해보자. 우리가 제대로 된 질문을 하는 순간, 세상도 우리에게 제대로 된 답을 줄 것이다.

- · 답을 찾으려 애쓰지 마라. 답은 이미 구글이 알고 있다.
- · 답변자에게 질문자의 의도가 제대로 전달되어야 제대로 된 답을 얻을 수 있다.
- · 여섯 살 아이도 스무고개를 할 때면 생각을 하고 질문한다.
- · 좋은 질문을 위해서 경청은 기본이다.
- · 난제일수록 밝은 면을 보고 질문을 바꿔보라. 실마리를 발견할 수 있다.

데이터 활용 능력:
답은
데이터에 있다

일 잘하는 사람들의 특징은 정보 수집 능력이 좋고, 작은 단서를 통해서도 의미 있는 정보를 찾아낼 수 있다는 것이다. 심지어 이들은 기존에 알고 있던 정보와 새롭게 알게 된 작은 단서를 결합해서 중요한 사실을 유추해내는 능력도 뛰어나다.

일을 잘하기 위해서는 데이터를 활용해 문제를 해결하는 데이터 중심 사고를 갖춰야 한다. 답은 이미 데이터에 있다. 내가 가진 데이터를 들여다볼 생각은 하지 않고 엉뚱한 곳에서 실마리를 찾으려고 하는 경우를 많이 봤다. 데이터 활용 능력은 4차 산업혁명 시대를 살아가야 할 모든 직장인에게 필요한 필수 역량이다.

데이터는 21세기의 석유다

20세기에 가장 중요한 자원은 석유였다. 석유를 확보하기 위해 전쟁도 불사하거나, 국제 원유 가격에 따라 세계 경제가 휘청거릴 정도로 영향을 받는 경우도 여러 차례 있었다. 그렇다면 앞으로 다가올 4차 산업혁명 시대에 가장 중요한 자원은 무엇일까? 바로 데이터다. 4차 산업혁명 시대에는 사물인터넷에 연결된 수많은 센서들에 의해 각종 데이터가 수집되고, 수집된 정보는 5G를 필두로 한 차세대 네트워크를 거쳐 대규모 클라우드에 저장된다. 이렇게 모인 빅 데이터^{big data}를 인공지능이 학습하여 다양한 분야에 활용한다.

테슬라^{Tesla}의 전기 자동차들은 이미 전 세계 도로 정보를 수집하고 있고, 집집마다 보급되기 시작한 인공지능 스피커는 대화를 통해 알게 된 사람들의 관심 분야를 파악하고 있다. IoT라는 말은 이미 기술 용어가 아닌 생활 용어가 되었다. IoT라는 이름이 붙은 세탁기, 공기청정기, 보일러, 정수기 등 이미 다양한 IoT 기기들이 우리 가정에 들어와 있다. 이러한 기기에 장착된 수많은 센서들은 어떤 데이터를 수집하고 있을까? 분석된 데이터들은 어떤 가치를 만들어낼 수 있을까? 예컨대 세탁기 이용 횟수나 세제 사용량을 파악하여 세탁기가 스스로 세제를 주문하는 일이 가능할 것이다.

미국의 GE^{General Electric}는 항공기 엔진이나 가스 터빈 등을 만드는 전통적인 제조업 기반 회사였다. 그런데 지금은 소프트웨어

서비스 기업으로 변신했다. 단순히 항공기 엔진을 항공기 제조사에 판매하는 방식에서 탈피하여 엔진에 각종 센서를 부착하고, 실시간으로 데이터를 수집하여 사전에 장애를 예측할 수 있는 서비스를 제공한다. 항공기를 운항하는 항공사 입장에서는 항공기 엔진 고장으로 인한 위험을 최소화할 수 있고, GE는 엔진을 한번 팔고 끝나는 것이 아니라 지속직인 수익원을 확보할 수 있나는 점에서 상호 이익인 사업 모델인 것이다. GE는 자사의 엔진을 달고 전 세계 하늘을 누비는 모든 항공기의 엔진 상태를 실시간으로 모니터링하고 방대한 데이터를 분석, 활용하여 다양한 서비스를 항공사에 제공하고 있다.

데이터를 모으고 분석하면 과거에는 몰랐던 새로운 가치를 발견할 수 있다. 똑같은 데이터가 주어져도 분석하는 사람에 따라 다양한 해석이 나올 수 있다. 각자의 경험과 지식의 수준이 다르기 때문이다. 중요한 점은 꾸준히 데이터 중심 사고를 하도록 노력해야 한다는 것이다. 그리고 데이터를 다양한 관점에서 분석, 가공해서 지식으로 전환해야 한다. 데이터가 원유라면 지식은 휘발유라고 할 수 있다.

데이터 × 다양한 관점 × 통찰력 = 데이터의 가치

수많은 데이터 더미에서 보물을 찾듯이 분석하는 것을 데이터 마이닝data mining 이라고 한다. 용어에서 알 수 있듯이 데이터를 분석하여 가치를 찾는 과정은 광산에서 광물을 캐는 것과 유사하다. 데이터 활용 능력은 단순히 숫자의 의미를 해석하는 능력이 아니다. 관련 없어 보이는 데이터 간의 연관성을 찾아내고, 가치를 발견하고, 문제 해결의 도구로서 데이터를 다룰 줄 아는 능력이 진짜 데이터 활용 능력이다. 이를 위해서는 다양한 관점과 통찰력이 필요하다. 눈에 띄는 데이터가 발견되면 가설을 세우고 다양한 데이터를 대입해보면서 가설을 검증하는 과정을 통해 새로운 가치를 발견할 수 있다.

1990년대 중반, 월마트에서 근무하던 한 판매 관리 직원은 우연히 눈에 띄는 데이터를 발견했다. 매주 수요일 저녁 맥주와 기저귀의 매출이 함께 상승하는 현상을 발견한 것이다. 그는 전혀 관련 없어 보이는 맥주와 기저귀의 상관관계를 추적하기 위해 맥주와 기저귀 진열대를 가까운 위치로 변경했다. 그랬더니 놀랍게도 맥주와 기저귀의 매출이 이전에 비해 다섯 배나 증가했다. 나중에 원인을 파악해보니 아내의 부탁으로 기저귀를 사러 온 남편들이 마트에 온 김에 자신이 좋아하는 맥주를 추가로 구매한다는 사실이 밝혀졌다.

이 일화가 세간에 알려지면서 대형 마트와 유통업계에서 빅 데이터에 대한 관심이 급격히 높아지는 계기가 되기도 했다. 요즘 대형 마트에 가면 라면에 양은 냄비를 붙여서 판매하고, 정육 코너에서 고기 양념을 파는 등의 풍경을 쉽게 볼 수 있다. 마트 직원 중 누군가는 데이터를 분석하고 가설을 세우고 검증을 반복하며 판매량을 극대화하는 비밀의 열쇠를 찾는 일을 하고 있다는 방증일 것이다. 데이터 자체의 가치도 중요하지만 분석하는 사람의 관점과 통찰력의 수준에 따라 발견되는 가치의 크기는 달라진다.

보통 기업들은 '어떻게 하면 제품을 더 많이 팔까?'를 고민한다. 제품 출시 전이라면 빅 데이터 분석을 통한 브랜드 평판 조사도 하고, 소비자 트렌드 분석을 하기도 한다. 그렇게 열심히 조사 분석을 하고 제품을 출시한다고 해서 항상 그 제품이 성공하는 것은 아니다. 이때부터 '왜 안 팔릴까?'를 고민한다. 그런데 관점을 바꾸어서 '왜 팔릴까?'를 생각해보면 어떨까? 아직 제품을 구매하지 않은 사람들의 데이터는 우리에게 없다. 하지만 보유하고 있는 데이터, 즉 이미 우리 제품을 구매한 고객들의 데이터를 분석하면 팔리는 이유를 알 수 있다. 적은 양이라도 확실한 데이터를 분석하여 문제 해결의 실마리를 찾을 수 있는 것이다.

사람들은 적은 양의 데이터를 등한시하는 경향이 있다. 적은 양의 데이터를 근거로 의사결정을 하는 것에 불안함을 느끼는 듯하다. 그러나 아무리 많은 빅 데이터가 쌓여 있더라도 활용하지 않으면 무용지물이다. 차라리 제대로 활용할 수 있는 스몰 데이터 small data가 낫다. 여러분 직장에도 쌓아놓기만 하고 활용되지 않는, 방치된 데이터들이 있을 것이다. 이것부터 활용해보자. 아직 누구에게도 발견된 적 없는 숨은 보물이 발견될지도 모를 일이다.

데이터가 베테랑의 감을 이긴다

15년 전 필자가 게임 회사에 다닐 때의 일이다. 당시 필자가 다니던 회사는 해외 개발사의 게임을 수입해서 우리나라 시장에 맞게 커스터마이징하여 판매하는 사업을 하고 있었다. 여러 나라에 수십 개의 파트너 회사가 있었고, 수많은 게임 중에서 어떤 것을 수입할지 결정하는 부서가 있었다. 수입 부서에는 게임에 대해 잘 아는 베테랑들이 많았다. 그런데 필자가 보기에 수입할 게임을 결정하는 의사결정 과정이 전혀 객관적이지 않고, 담당자 개인의 감과 취향에 대한 의존도가 너무 높았다. 특정 게임을 선정한 이유를 물어보면 "내가 이런 게임을 많이 해봐서 아는데……" 식의 반응이 대부분이었다.

개인의 감에 의존하는 의사결정 방식이 마음에 들지 않았던 필자는 방법을 바꾸어보기로 마음먹었다. 데이터 기반의 의사결정 구조를 만들고 싶었고, 그들의 감이 틀릴 수도 있다는 것을 증명하고 싶은 마음도 있었다. 필자는 수입 부서 담당자들과의 면담을 통해 게임의 '재미' 요소를 모두 뽑아 100여 개에 달하는 속성표를 만들었다. 장르, 캐릭터, 그래픽, 사운드, 스토리, 조작감, 몰입감 등으로 분류하고, 분류마다 하위 속성을 추가로 정의했다. 그렇게 만든 속성표를 수입 담당자들에게 나누어주고 수입 후보 게임들의 속성들을 기재하게 하고, 거기에 추가로 게임성과 상품성 항목에 등급을 매기게 했다. 게임을 구성하는 속성값과 시장 반응에 대한 예상치가 데이터베이스에 쌓이기 시작한 것이다.

그리고 나서 게임을 출시한 지 한두 달 후에 특정 게임이 얼마나 많이 팔렸는지, 얼마나 많은 사용자들이 이용했는지 데이터를 확인했다. 실제 판매 결과와 출시 전에 입력한 예상값을 비교해보면 예상과 실제의 간격이 얼마나 되는지를 확인할 수 있었다. 이런 의사결정 프로세스를 도입한 후 업계에서 오랫동안 일했던 경력사들도 자신의 감만 주장할 수 없게 되었으며, 어떤 속성을 가진 게임들이 시장에서 좋은 반응을 얻는지 객관적인 데이터를 통해 알 수 있게 되었다.

모든 결정을 데이터에 의존해서 할 수는 없다. 데이터는 과거의 기록이며 미래의 결과가 항상 과거의 기록대로 되지는 않기 때문이다. 하지만 데이터를 활용하면 객관적이고 합리적인 의사결정을 할 수 있다. 며칠 동안의 데이터 분석 결과가 베테랑의 감을 이기는 무기가 될 수 있다.

앞으로 데이터 활용 능력은 점점 더 중요하게 될 것이다. 중국 최대의 전자상거래 업체인 알리바바Alibaba의 마윈 회장은 "IT information technology의 시대가 끝나고 DT data technology의 시대가 올 것"이라고 말했다. 특히 상대적으로 경험이 부족한 주니어급 직장인이라면 데이터 활용 능력을 필수적으로 갖추어야 한다. 데이터 활용 능력은 경험 부족을 채울 수 있는 좋은 역량이기 때문이다.

· 데이터는 21세기의 석유다. 데이터 활용 능력은 4차 산업혁명 시대의 필수 역량이다.

· 전통적인 대기업도 데이터 중심의 서비스 회사로 전환하지 못하면 도태될 것이다.

· 다양한 관점과 통찰력이 없으면 데이터는 그저 쓰레기 더미에 불과하다.

· 활용할 수 없는 빅 데이터보다 확실한 스몰 데이터가 나을 때도 있다.

· 제대로 된 데이터 분석 결과는 베테랑의 감보다 낫다.

의사소통 능력: 수신자 중심의 의사소통을 하라

의사소통의 본질은 제대로 된 정보의 송수신이다. 발신자가 전송한 정보가 수신자에게 온전히 전달되는 것이 가장 이상적인 의사소통이다. 그런데 사람과 사람 사이에서 100퍼센트 완벽한 의사소통은 거의 불가능하다. 말하는 사람과 듣는 사람의 지식수준, 보유하고 있는 정보의 양, 감정 상태 등에 따라 여러 문제가 발생할 수 있다. '나는 말했으니 네가 알아서 이해해라' 식의 의사소통도 제대로 된 의사소통이 될 리 없다. 의사소통은 상대방 중심이어야 한다. 내가 하는 말은 중요하지 않다. 상대방이 제대로 이해했느냐가 더 중요하다.

회의가 동상이몽이 되는 이유

회의를 하다 보면 같은 공간에서 같은 주제로, 같은 용어로 이야기하는데도 제대로 소통이 안 되고 겉도는 대화를 하는 경우가 있다. 심지어 모두 만족한 결과를 얻고 회의를 마쳐도 며칠 지나서 확인해보면 전혀 다른 생각을 하는 일도 심심치 않게 생긴다. 동상이몽을 했던 것이다. 왜 이런 결과가 발생할까?

첫째, 말하는 사람이 자신이 아는 것을 남들도 당연히 알 것이라고 여기는 경우. 자신이 아는 사실을 상대방은 모를 수도 있다는 사실을 이해하지 못하면 제대로 된 의사소통이 될 수 없다. 의사가 전문적인 의학 지식을 환자에게 아무리 이야기한다고 한들 이해가 될 리 없다. 분명히 우리말인데도 불구하고 제대로 이해하기 어려울 것이다. 직장에서도 마찬가지다. 자신이 몇 주간 자료 조사 하고 고민해서 작성한 기획서를 처음 듣는 사람이 단번에 이해하기는 어렵다. 작성자는 이미 몇 주 동안 학습이 되고 익숙한 내용이겠지만 듣는 사람은 처음 듣는 것이기 때문이다.

둘째, 듣는 사람이 제대로 이해를 못 했는데도 질문하지 않는 경우. 듣는 사람이 질문하지 않으면 말하는 사람은 자신의 말이 제대로 전달되었다고 여긴다. 그러나 제대로 의사소통하기 위해서는 말하는 중간에 자신의 의도가 제대로 전달되고 있는지 확인해야 한다. 듣는 사람의 표정만 봐도 제대로 이해하고 있는지 알 수 있다. 중간중간 질문을 통해 내 이야기를 제대로 이해하고 있는지 확인해야 한다. 듣는 사람 입장에서는 상대방의 말이 이해가 안 되면 적당한 타이밍에 양해를 구하고 '제가 이해한 것은 이러이러한데 맞습니까?'라고 확인해야 한다. 이것이 적극적인 소통 방식이다.

사실 의사소통은 매우 에너지가 소모되는 행위다. 그래서 많은 사람들이 귀찮아서, 피곤해서, 너무 따지는 사람으로 비춰질까 봐 디테일한 의사소통을 하지 않는다. 그러나 그 마지막 1퍼센트의 디테일한 의사소통을 포기함으로써 생기는 문제를 수습하는 것보다는 세밀한 의사소통을 하는 데 에너지를 쓰는 편이 낫다.

셋째, 책임 전가를 위한 의사소통인 경우. 직장에서 일을 하다 보면 부서 간 또는 거래처 등과 협업을 해야 하는 일이 많다. 이때 나중에 발생할지 모르는 문제에 대해 자신을 보호하기 위해서 의사소통을 하는 경우가 있다. '나는 분명이 말했어'라는 식의 책임 회피성 의사소통을 하는 것이다. 종종 이동통신사나 보험사 상담원과 통화하다 보면 상품 설명, 주요 약관 설명, 주의 사항 등을 빠른 속도로 들려주고 나서는 마지막에 '동의하십니까?'라고 묻는 일이 있다. 이게 과연 고객을 위한 것인가? 대표적인 책임 전가성 의사소통의 예가 아닌가 싶다.

넷째, 원활한 의사소통 분위기가 조성되지 않은 경우. 아무리 내용이 좋아도 상대방의 감정, 무거운 분위기 등으로 인해 제대로 의사소통이 안 되는 경우가 많다. 미국의 저명한 경영 컨설턴트이자 정신과 의사인 마크 고울스톤Mark Goulston은 저서 《뱀의 뇌에게 말을 걸지 마라》에서 인간은 세 개의 뇌를 갖고 있다고 말한다. 뱀의 뇌, 토끼의 뇌, 인간의 뇌다. 평소에는 인간의 뇌가 활동하지만 공포, 불안, 위협을 느끼면 뱀의 뇌가 작동되어 정상적인 의사소통이나 설득이 불가능하다고 설명한다. 예컨대 상사가 부하 직원들을 모아놓고 기발한 아이디어를 내놓으라고 윽박지르는 경우다. 스트레스를 받는 사람의 뇌는 입력되는 정보의 20~40퍼센트밖에 처리하지 못한다고 한다. 이런 상황에서 원활한 의사소통이 될 리 만무하다.

의사소통 십계명

비즈니스 세계에서 의사소통 능력은 일의 효율을 높이고 좋은 성과를 내기 위해 필요한 아주 기본적인 능력이다. 의사소통은 내 생각을 제대로 전달하고 상대방의 머릿속에 내가 의도한 상을 그려주는 것이다. 직장 생활의 90퍼센트는 의사소통이다. 각종 회의, 보고, 협상, 프레젠테이션과 같은 업무는 의사소통을 기반으로 한다. 의사소통을 잘한다는 말은 일을 잘한다는 말과 다름없다. 이렇게 중요한 의사소통을 잘하기 위해서는 어떻게 해야 할까? 의사소통을 잘하기 위한 십계명을 제시하고자 한다.

첫째, 말을 길게 하지 마라. 바쁜 세상에 길게 말하는 사람은 최악이다. 단어를 잘 선택하면 몇 문장으로 할 말을 한마디로 줄일 수 있다. 의사소통은 간결하고 깊이 있게 해야 한다. 주절주절 말을 길게 한다는 것은 생각이 제대로 정리되어 있지 않다는 증거다.

둘째, 대명사를 쓰지 마라. 자신의 머릿속 그림이 상대방에게는 없다. 그런데 자기 머릿속 이미지를 기준으로 '그쪽', '그것' 등과 같은 표현을 쓰면 상대방은 알아듣지 못한다.

셋째, 주어, 목적어, 조사를 명확하게 하라. 'A 협력사 클레임'이라는 말은 A 협력사가 우리 회사에 클레임을 제기했다는 것인지, 우리 회사가 A 협력사에 클레임을 한다는 것인지 확실치가 않다. 'A 협력사에 클레임 제기할 예정' 또는 'A 협력사로부터 클레임이 접수됨' 등과 같이 명확하게 해야 한다. 가급적 육하원칙에 따라 소통하는 것이 명확하다.

넷째, 일관성 있는 용어를 사용하라. 하나의 의미를 둘 이상의 용어로 표기해서는 안 된다. 예를 들어 '매출액'과 '판매액'은 같은 의미로 보일 수도 있지만, 보는 사람에 따라 다르게 해석될 여지가 있다.

다섯째, 최대한 쉬운 표현을 써라. 전문용어나 약어는 지양해야 한다. 의사소통의 목적은 정보를 제대로 전달하기 위함이지 지식을 자랑하기 위함이 아니다. 누구나 알 법한 이야기에 비유하는 것도 좋은 방법이다.

여섯째, 논점을 흐리지 마라. 한 번에 한 가지만 이야기해야 집중력이 흐트러지지 않고 옆길로 새지 않는다. 특히 글로 표현할 때 한 문장에 두 가지 이야기를 섞어 쓰지 말아야 한다.

일곱째, 이름을 잘 지어라. 어떤 현상이나 사물에 이름을 붙이면 의사소통이 수월해진다. 필자가 영어 교육 회사에 다닐 때의 일이다. 그 회사는 연초, 학기 초, 월초에 매출이 많이 발생하는 특성이 있었다. 필자는 이런 현상에 '결심 효과'라는 이름을 붙였다. 그 이후에는 매번 그런 현상을 줄줄이 묘사해야 하는 일이 줄었다. '결심 효과'라고 하면 모든 구성원이 그 현상을 떠올리게 되었고 의사소통도 한결 수월해졌다.

여덟째, 알게 하는 것과 느끼게 하는 것의 차이를 알라. 청중에 따라 또는 목적에 따라 의사소통 방식도 달라져야 한다. 연간 실적을 상사에게 보고하는 것이라면 사실 위주의 숫자와 전월 대비, 전년 대비, 목표 달성률 등의 자세한 정보가 들어 있어야 하겠지만, 연말 송년 워크숍 때 전 직원에게 공유하는 자료라면 한 장의 그래프가 더 나을 수 있다. '작년보다 실적이 좋아졌구나', '추이를 보니 내년에는 더 좋아지겠구나' 정도로 느끼게 해주면 되기 때문이다.

아홉째, 몸 말도 말이다. 의사소통은 말이나 글로만 하는 것이 아니다. 자세, 옷차림, 표정, 몸동작 등을 통해서도 많은 정보를 전달할 수 있다. 삐딱하게 앉아 있거나, 상대방이 말하는데 고개를 가로젓거나, 팔짱을 끼고 대화하는 등의 자세는 상대방을 불쾌하게 하고 부정적인 인식을 갖게 만든다.

열째, 상대적인 의미의 표현은 지양하라. '오늘 오전', '방금', '잠시' 등의 말은 일상에서 흔하게 사용하는 표현이지만 비즈니스 커뮤니케이션에서는 적절하지 않다. 한국에서 근무하는 사람과 미국 지사에서 근무하는 사람에게 '오늘 오전'은 완전히 다른 의미다. 방금, 잠시 등의 표현 또한 사람마다 기준이 다르다.

글 잘 쓰는 사람이 일 잘하는 사람이다

전 세계 39개국에 250여 명의 직원을 두고 있으면서도 사무실 하나 없이 재택근무를 하는 회사가 있다. 프로그래머들이 개발한 소프트웨어 소스코드를 쉽게 공유할 수 있는 소프트웨어를 개발, 운영하는 깃랩GitLab이라는 회사다. 재택근무를 채택했던 수많은 기업들이 의사소통의 어려움, 생산성 저하, 인력 관리의 어려움을 겪으며 다시 사무실 출근으로 바뀐 사례에 비추어보면 뭔가 비결이 있음이 분명하다.

그 비결은 바로 1,000페이지가 넘는 의사소통 매뉴얼이다. '더 깃랩 핸드북The GitLab Handbook'이라고 불리는 이 매뉴얼에는 업무에 필요한 모든 사항이 매우 자세히 적혀 있다. 회사의 철학, 정책은 물론이고 이메일 작성 방법, 비용 처리 방법, 감사 인사 하는 방법 등 각종 가이드라인이 상세히 적혀 있다. 깃랩의 직원들은 이 매뉴얼만 참고하면 누군가에게 물어보지 않아도 업무를 처리하는 데 어려움이 없다.

이렇게 원격으로 근무하는 직원들 간 의사소통은 대부분 글을 통해 이루어진다. IT 기술이 발전함에 따라 글로 소통하는 경우가 예전보다 많이 늘어났다. 이메일, 메신저 등은 물론 각종 온라인 협업 도구로 글을 작성하여 업무를 요청하고 진행 상황을 공유한다. 우리나라도 이미 오래전부터 메신저 없이는 일이 진행되지 않을 정도로 문자에 의한 의사소통이 일반화되었다. 그런데도 불구하고 업무에 필요한 글쓰기 훈련이 제대로 되어 있지 않은 직장인들이 많다. 앞뒤 맥락을 다 잘라먹고 자기 하고 싶은 말만 하는 사람, 분명히 한국말인데 그 의미를 파악할 수 없게 글을 쓰는 사람이 생각보다 많다.

《일 잘하는 사람의 커뮤니케이션》의 저자 윌리엄 장은 "커뮤니케이션에 능한 사람은 전체적인 상황을 통제하고 조율할 줄 아는 능력을 지녔다고도 할 수 있다"고 했다. 의사소통 능력이 뛰어난 사람이 성공할 가능성이 높은 것은 자명한 사실이다. 그중에서도 글쓰기가 가장 중요하다. 글은 말보다 힘이 있다. 생명력도 더 길다. 만약 성경이 책으로 기록되지 않고 구전으로 전해 내려오는 이야기였다면 오늘날처럼 전 세계 사람들에게 영향력을 미칠 수 있었을까?

《언어의 온도》의 저자인 이기주 작가는 "말은 마음에 새기는 것이고, 글은 지지 않는 꽃"이라고 했다. 글쓰기는 정보의 전달 수단이자 일의 틀을 잡는 도구다. 글을 잘 쓴다는 말은 상황을 잘 정리하고 일을 잘 조직화organization한다는 말이다. 일을 잘 시킬 줄 안다는 의미이기도 하다. 글을 잘 못 쓰는 사람은 결국 글을 잘 쓰는 사람을 위해 일하게 될 것이다.

- 의사소통의 기본은 내 머릿속 그림을 상대방 머릿속에 그려주는 것이다.
- 내가 아는 걸 상대방도 알 것이라고 생각하지 마라.
- 의사소통은 간결하게, 명확하게, 쉬운 언어로.
- 자세, 옷차림, 표정, 몸동작 등을 통해서도 많은 정보를 전달할 수 있다.
- 글을 잘 못 쓰는 사람은 글을 잘 쓰는 사람을 위해 일하게 된다.

반성적 사고:
문제의 원인은
나 자신이다

우리나라 속담에 "핑계 없는 무덤이 없다"라는 말이 있다. 어떤 일이든지 반드시 핑계가 있기 마련이라는 뜻이다. 나쁜 상황이 벌어졌을 때 대부분의 사람들은 그 이유를 남에게 돌린다. 또는 어쩔 수 없었던 상황에 대해 이야기한다. 핑계를 대는 것이다.

그러나 주변 탓, 남 탓, 환경 탓, 현실 탓만 해서는 어떤 문제도 해결되지 않는다. 물론 실제로 내가 아닌 다른 이유로 문제가 발생했을 수도 있다. 하지만 남이 아니라 나 중심으로 문제의 원인에 접근할 때 해결의 실마리를 찾을 수 있다. 개인이든 조직이든 마찬가지다.

실패뿐 아니라 성공도 반성해야 한다

실수를 했거나 어떤 일의 결과가 좋지 않을 때 그것을 대하는 자세는 사람마다 다르다. 필자가 오랜 기간 직간접적으로 관찰한 결과, 실패를 대하는 사람들의 유형은 크게 세 부류로 나뉜다.

첫째, 좌절형이다. 좌절형 실패자들은 자기 자신을 괴롭힌다. 원인을 분석하지 않고 자책하는 데 시간을 보낸다. 자기 자신을 갉아먹고 스스로 입지를 좁힌다. 실패가 몇 차례 반복되면 자신감이 떨어지고 새로운 도전에 대한 두려움이 생긴다. 악순환이다.

둘째, 핑계형이다. 핑계형 실패자들은 자신이 실패할 수밖에 없었던 이유를 찾기에 급급하다. 마치 실패가 필연적이었다는 듯이 이야기한다. 심지어 내가 그럴 줄 알았다며 당사자가 아닌 평론가처럼 3인칭 시점에서 이야기하는 사람도 있다. 그렇다면 왜 그 일에 참여했는지 이해하기 어렵다. 이런 사람들은 남 탓도 서슴지 않는다.

셋째, 반성형이다. 반성형 실패자들은 실패의 원인을 분석한다. 이들은 실패의 원인이 자신의 능력 부족임이 드러나는 한이 있더라도 철저한 자기 성찰을 통해 원인을 분석하고 다음 도전의 원동력으로 삼는다. 반성적 사고를 하는 것이다.

성과가 나쁜 경우 대부분 회사에서는 실패 원인을 분석하고 같은 실수를 하지 않기 위한 대책을 세운다. 반성의 시간을 갖는 것이다. 반성反省이란 과거의 일을 돌이켜보고 깨닫는 과정을 말한다. 성공이든 실패든 반성의 시간을 갖고 원인을 분석할 필요가 있다. 많은 기업이나 개인이 잘못한 일은 반성하면서도 잘한 일은 반성하지 않는다. 성공을 축하하고 기뻐하긴 해도 왜 성공에 이르게 되었는지는 분석하지 않는다. 타인의 성공 비결은 알고 싶어 하면서 정작 자신이 이룬 성공의 원인은 알려고 하지 않는 것이다.

실패보다 성공을 더욱 냉정하게 분석해야 한다. 자칫 우연히 얻게 된 성공에 도취되어 부정적 승자 효과에 빠질 위험이 있기 때문이다. 부정적 승자 효과란 앞서 이야기했듯 승리를 맛본 사람이 승리감에 도취되어 무엇이라도 할 수 있을 것 같은 기분이 들고, 다음에 무리한 시도를 할 가능성이 커지면서 결국 크게 실패할 가능성이 높아지는 현상을 말한다. 반성적 사고를 통해 성공의 원인을 분석하면 부정적 승자 효과를 피할 수 있다. 운에 의해 얻은 성공이라면 겸손해질 수밖에 없을 것이고, 실력에 의한 성공일지라도 차분히 분석하다 보면 지나치게 흥분할 가능성은 줄어든다.

실수를 만회하는 비결은 실수를 인정하는 것이다

"세상에서 가장 어려운 일 중 하나는 잘못했을 때 바로 인정하는 것이다. 잘못을 그대로 인정하는 것보다 더 도움이 되는 일은 없다." 영국의 정치인이자 작가였던 벤저민 디즈레일리Benjamin Disraeli의 말이다. 실수를 인정하는 것은 빠르면 빠를수록 좋다. 이런 행동이 오히려 다른 사람들에게 긍정적으로 보일 수 있다. 다만 실수를 인정하는 데서 그치지 말고, 실수의 원인을 파악하고 같은 실수를 반복하지 않도록 대책이 있어야 한다. 너무 자주 실수를 하고 매번 인정하기만 한다면 뻔뻔한 사람이라는 소리를 들을지도 모른다.

전설적인 투자자이자 세계적인 부호인 워런 버핏Warren Buffett은 페이스북, 애플, 구글과 같은 기술주에 투자하는 것은 너무 위험하다고 예측했었다. 그러나 그의 예측은 보기 좋게 빗나갔다. 그의 예측과는 다르게 이들 회사는 무서운 속도로 성장 중이다. 워런 버핏은 이러한 자신의 예측이 틀렸음을 한 방송사 인터뷰에서 공개적으로 시인했다. 투자 전문가로서 자신의 권위에 흠집이 생길 수 있는 상황에서도 실수를 인정한 것이다. 그는 여전히 세계에서 가장 권위 있는 투자자 중 한 명이다.

사람은 누구나 실수를 한다. 하지만 실수를 대하는 태도에 따라 어떤 사람은 성공적인 삶을 살아가기도 하고, 어떤 사람은 그럭저럭 살아가기도 한다. 실수를 통해 배우는 사람은 자신이 잘못한 점을 파악하고 배우고 채워서 성장한다. 하지만 실수를 인정하지 않는 사람은 남 탓을 하면서 성장의 기회를 날려버린다. 실수했을 때 그것이 내 탓이라고 인정하는 것은 말처럼 쉽지 않다. 자존심도 상하고, 능력이 부족한 사람처럼 보이는 것 같고, 나의 권위가 훼손되는 것 같고, 패배감이 들 수도 있기 때문이다. 하지만 실수를 알아차렸을 때는 즉시 실수를 인정하는 것이 좋다.

영국의 세계적인 작가 윌리엄 셰익스피어 William Shakespeare 는 이렇게 말했다. "실수에 대해 변명하면 그 실수를 한층 더 돋보이게 할 뿐이다." 필자 또한 그동안의 직장 생활 중에 수없이 많은 실수를 하고 사고도 쳤지만, 온전히 내 탓이라고 인정할 수 있게 된 것은 몇 년이 채 되지 않았다. 그나마 아직도 부족하다.

실수는 성장의 기회가 된다

필자는 1999년에 N모 대기업에서 발주한 전산 시스템 구축 사업에 프로그래머로서 참여한 적이 있다. 필자가 속한 회사는 직원 20여 명 규모의 소규모 소프트웨어 개발 회사로서 '을乙'도 '병丙'도 아닌 '정丁'의 위치에 있었다. 발주사인 N 사가 '갑甲', 그 아래 N 사의 IT 계열사가 '을', 그 아래 외산 솔루션 벤더가 '병', 그 아래 필자가 속한 회사가 있었던 것이다. 필자가 당시 맡았던 업무 중 하나는 개발용 데이터베이스를 운영, 관리하는 일이었다. 유닉스Unix라는 운영체제에서 오라클Oracle이라는 데이터베이스를 운영하는 일은 필자에게 생소하고 다소 힘에 부치는 일이었다. 운영체제와 데이터베이스 모두 이전에는 경험해보지 못한 것들이었고, 대용량 데이터를 운영하는 것도 처음이라 살얼음판을 걸어가듯이 조심조심 하나하나 배워가며 다룰 수밖에 없었다.

그러던 어느 날, 필자가 사고를 치고 말았다. 데이터베이스 서버의 설정을 바꾸고 불필요한 파일을 정리하는 과정에서 파일 몇 개를 삭제했는데, 삭제한 파일 중에 데이터를 담고 있는 중요한 파일이 있었던 것이다. 휴지통 같은 기능도 없어서 파일을 복구할 수도 없었다. 수년 치의 데이터를 한순간의 실수로 날려버린 것이다. 운영 데이터베이스가 아니라 개발용 데이터베이스이기는 했지만, 다시 데이터를 복제하고 정상화하는 데 며칠이 소요되었다. 그 바람에 프로젝트 기간이 지연되는 상황이 벌어졌다.

사고를 수습하고 나자 '병' 회사의 컨설딘드이자 프로젝트 리더였던 분이 필자를 불렀다. 좋은 얘기가 나올 리 만무했다. 자리에 앉자마자 그분이 필자에게 한 말은 "최용진 씨, 현재 맡고 있는 일을 하기에는 캐파가 안 되는 것 아니에요?"였다. 능력 capability 이 부족한 것 아니냐는 핀잔이자 질책이었다. 가뜩이나 사고 치고 상사에게 혼이 날 대로 난 상태에서 다른 회사 사람에게까지 그런 소리를 들으니 화가 많이 났다. 얼굴이 벌게지고 모욕감을 느꼈지만 어쩔 수 없었다. 그분은 지식으로 보나 경력으로 보나 필자보다 훨씬 뛰어난 사람이었고 틀린 말도 아니었기 때문이다. 그분의 말을 인정할 수밖에 없었다. 그래도 분했다.

그 일이 있고 난 후, 필자는 자책하며 반성했다. '프로젝트에 투입되기 전에 한가한 시간이 있었는데 왜 미리 준비하지 않았을까?' 하는 생각이 들었다. 반성 후, 본격적으로 오라클 데이터베이스에 대해 공부하기 시작했다. 영문으로 된 매뉴얼을 사전을 찾아가며 읽고 또 읽었다. 중요한 내용은 꼼꼼히 기록해가면서 필사적으로 학습했다. 무시당한 기분을 느끼게 한 그 컨설턴트에게 '어디 한번 두고 보자' 하는 마음도 있었다. 다시는 무시당하고 싶지 않았다.

그렇게 1년 가까운 시간이 흘렀고 필자는 꽤 높은 수준의 지식을 쌓게 되었다. 아는 게 많아지니 업무에도 자신감이 생겼다.

필자는 이후로도 학습을 계속하여 오라클 공인 전문가^{OCP, Oracle certified professional} 자격을 취득하고, 오라클 강사로 활동하기도 했다. 그때 그 컨설턴트가 무슨 생각으로 필자에게 그런 말을 했는지는 알 수 없다. 하지만 확실한 것은 그때의 자극이 필자의 성장에 도움이 됐다는 사실이다. 만약 그때 홧김에 회사를 그만두었다면? 그 컨설턴트와 한바탕 싸움이라도 했다면? 기분은 좀 나아졌을지 몰라도 아무런 도움이 안 됐을 것이다. 필자가 '반성적 사고'라는 개념을 알고 한 행동은 아니었지만, 부족함을 인정하고 학습한 것이 성장에 도움이 된 것은 확실하다.

- 내가 문제의 원인이라고 전제해야 문제 해결의 실마리를 찾을 수 있다.
- 반성이란 과거의 일을 돌이켜보고 깨닫는 과정이다. 실패와 성공 모두 반성해야 한다.
- 실패를 분석하는 이유는 지지 않는 방법을 알기 위함이고, 성공을 분석하는 이유는 이기는 방법을 알기 위함이다.
- 잘못을 그대로 인정하는 것보다 더 도움이 되는 일은 없다.
- 질책을 당했을 때 화를 내고 기분을 푸는 것은 아무런 도움이 되지 않는다. 좋은 약이 입에는 쓴 법이다.

실행력:
시작력×종결력
=결과

직장 생활을 하다 보면 업무 추진력이 좋다는 평가를 받는 사람들을 볼 수 있다. 이들은 뜸 들이는 법이 없고, 즉각 실행하여 결과물을 만들어낸다. 아무리 좋은 아이디어나 그럴듯한 계획이 있어도 실행하지 않으면 아무것도 만들어낼 수 없다.

실행은 결과물을 만들어내기 위한 활동이다. 그런데 일을 벌이기만 한다고 결과가 나오지는 않는다. 일을 벌이는 것도 중요하지만 잘 마무리 짓는 것도 중요하다. 그래서 '시작력'과 '종결력'은 곱의 관계다. 둘 중 하나가 0이면 결과 또한 0이다.

기업은 워커(worker)가 아닌 메이커(maker)를 원한다

필자의 첫 직장은 기업용 소프트웨어를 개발하는 회사였다. 주로 발주처에 파견 나가 일하는 회사였는데, 신입사원들은 프로젝트에 투입하지 않고 짧게는 몇 주, 길게는 몇 달씩 본사에서 트레이닝을 시켰다. 당시 필자를 포함하여 네 명의 입사 동기가 있었다. 한 선배가 매주 한 가지씩 과제를 내주고, 일주일 후에 확인하는 방식으로 우리를 훈련시켰다.

네 명이 함께 과제를 하다 보니 아이디어가 좋은 친구도 있었고, 프로그래밍을 잘하는 사람도 있었고, 오류를 기가 막히게 잘 찾아내는 친구도 있었다. 그런데 그 선배는 과제를 평가할 때마다 항상 아이디어가 좋은 친구만 칭찬하곤 했다. 거의 모든 부분을 다른 친구들이 작업했는데, 입으로 코딩하는 그 친구가 칭찬을 받으니 참 억울했다.

그렇게 두 달쯤 지난 후, 회사의 부장님 한 분이 프로그래밍 책 한 권을 필자에게 주시더니 "공부해 놔" 하시는 게 아닌가. 그러고 나서 얼마 후, 자신이 책임자로 나서는 프로젝트에 필자를 참여시켜주셨다. 아직 한참 부족한 신입사원을 실전 프로젝트에 참여시켜주시니 두려운 마음도 있었지만, 동기들보다 먼저 실전에 투입된다는 것에 자부심을 느꼈다. 몇 년이 지난 후에 그 부장님께서 그런 결정을 하신 이유를 말씀해주셨다. "아이디어는 세상에 많아. 우린 할 줄 아는 사람이 필요해."

전 세계 경제가 장기적인 저성장 국면에 접어든 뉴 노멀 new normal 시대에는 실질적인 가치를 만들어낼 수 있는 메이커 maker 형 인재들이 환영받는다. 관료형 인재보다는 실질적인 무언가를 만들어낼 수 있는 실용적 인재를 선호하는 경향이 있다. 메이커형 인재는 문제를 파악하고 창의력을 발휘하여 해결책을 제시할 줄 아는 사람이다.

이런 사람들은 좋은 인재가 갖춰야 할 KSA를 균형 있게 잘 갖추고 있다. K는 지식 knowledge, S는 기술 skill, A는 태도 attitude 를 말한다. 일을 잘하기 위해서는 해당 분야에 대해 잘 알아야 하고, 아는 것을 실행할 수 있는 기술을 갖고 있어야 하며, 일에 대한 좋은 태도를 갖고 있어야 한다.

매일 성실히 출근은 하는데 성과를 내지 못하는 사람은 KSA 세 가지 중에 하나 이상이 부족한 것이다. 많은 기업의 인사 담당자들이 일을 잘하기 위한 이 세 가지 요소 중에 태도가 가장 중요하다고 말한다. 지식이나 기술은 교육 훈련을 통해 성장시킬 수 있지만 태도는 좀처럼 바꾸기가 쉽지 않기 때문이다. 아무리 많은 것을 알아도 그것을 실행할 수 있을 정도의 기술이 없으면 무용지물이고, 지식과 기술을 갖추었더라도 실행할 의지와 마무리 짓겠다는 끈기가 없으면 아무런 결과를 만들어낼 수 없다. 일 잘하는 사람은 실행력을 갖춘 메이커다.

시작력 - 첫 한 걸음을 떼는 것이 중요하다

'학생 증후군student syndrome'이라는 말이 있다. 기한이 정해진 일을 할 때, 일정 중의 앞부분 시간을 낭비하고 마감일에 가까워서야 다급하게 일을 처리하는 경향을 말한다. 학창 시절에 누구나 한 번쯤 시험 바로 전날 벼락치기 공부를 했던 경험이 있을 것이다. 왜 많은 사람들이 할 일을 미루는 것일까?

이 질문에 대해 미국의 작가이자 강연자인 팀 어번Tim Urban의 이야기를 들어볼 만하다. 그는 2,000만 이상의 조회수를 기록한 테드 강연 '미루기 달인의 머릿속으로Inside the mind of a master procrastinator'에서 우리 머릿속에는 '합리적인 의사결정자'와 '순간적 만족감 원숭이', 그리고 '패닉 몬스터'가 살고 있다고 말한다. 모든 사람은 합리적인 의사결정을 통해 본인이 해야 할 일을 알고 있지만, 순간적인 만족을 추구하는 원숭이 때문에 쉽고 재미있는 일을 하고 싶은 유혹에 빠진다는 것이다. 패닉 몬스터는 평소에는 가만히 있다가 위기 경보가 울릴 때 갑자기 깨어난다. 마감 기한이 다가오거나, 해야 할 일을 하지 않아서 받게 될 불이익이 현실로 다가올 때, 사람들은 그제야 정신을 차리고 해야 할 일을 하게 된다고 한다.

그런데 마감 기한이 없는 일들은 어떨까? 담배 끊기, 다이어트, 부모님께 효도하기 등 말이다. 이런 일들은 중요하기는 하지만 그렇다고 딱히 마감 기한이 있는 것이 아니라서 계속해서 미루기가 쉽다. 마감 기한이 없는 중요한 일일수록 첫발을 떼기가 어렵다. 직장에서도 마찬가지다. 이런 현상은 관성의 법칙으로 설명된다.

영국의 물리학자 아이작 뉴턴Isaac Newton은 운동의 법칙을 정립했는데, 그중 제1법칙이 '관성의 법칙'이다. 관성의 법칙이란 외부에서 힘이 가해지지 않는 한 모든 물체는 자기의 상태를 그대로 유지하려고 하는 성질을 지닌다는 것이다. 사람도 관성의 법칙에서 자유로울 수 없다. 사람들은 그동안 해왔던 방식을 쉽게 바꾸지 않는다. 변하면 더 좋아진다는 것을 알면서도 말이다. 그만큼 관성의 법칙은 위력이 있다. 무언가 바꾸려면 의식적으로 인위적인 노력을 해야 한다. 정지해 있던 차를 출발시키려면 가속 페달을 밟아야 하고, 달리던 차를 멈추려면 브레이크를 밟아야 하는 것처럼 말이다. 일단 시작하기가 어렵지 한번 시작하면 무슨 일이든 관성의 법칙에 따라 수월해질 수 있다. 첫걸음이 그래서 중요하다.

영국 버진그룹Virgin Group의 CEO이자 파격적인 행보로 유명한 리처드 브랜슨Richard Branson은 첫걸음을 떼는 것이 얼마나 중요한지를 잘 보여주는 사람이다. 자금도 없고, 항공사를 경영해본 경험도 없었던 그는 항공사를 차리기로 마음먹고 나서 자신이 당장 할 수 있는 첫 한 걸음을 노트에 적었다. '보잉사를 찾아가서 임대할 수 있는 항공기가 있는지 알아본다.' 그는 보잉사를 찾아갔고 항공기 한 대를 임대할 수 있었다. 이것이 세계적인 항공사 버진 애틀랜틱 항공Virgin Atlantic Airways의 시작이었다.

수많은 성공한 사람들은 실천력을 높일 수 있는 방법으로 '지금 당장 하기', '그냥 해버리기'를 말한다. 시작력을 높이려면 지금 당장 한 걸음을 떼는 것이 중요하다. 방향이 정해졌는데도 불구하고 계속 미루고 있는 자신을 발견하면 당장 생각을 멈추고, 그냥 하자. 첫걸음이 실행력의 시작이다.

종결력 - 골이 안 들어가도 마무리 슛이 필요하다

축구 경기를 보다 보면 상대편 진영에서 공격을 하다가 공을 빼앗겨 역습당하는 장면을 종종 보게 된다. 이때 해설자들은 공격 찬스에서는 마무리를 해야 한다고 말한다. 여기서 마무리란 반드시 골을 넣어야 한다는 것이 아니다. 공격 상황에서는 골키퍼를 제외한 우리 팀 대부분이 상대편 진영으로 넘어와 있으니, 후방이 뻥 뚫려 상대방의 역습에 취약하게 된다. 이럴 때 골이 안 들어가더라도 슈팅으로 마무리를 지으면 공이 골라인 아웃 되어서 경기가 재개되기까지 우리 팀 진영을 다시 정비할 시간을 벌 수 있다. 만약 마무리를 짓지 못하고 우물쭈물하다 상대방에게 공을 빼앗기면 우리 팀 동료들은 급박하게 수비 태세로 전환해야 하기 때문에 힘들어지고, 자칫하면 골을 먹는 위기 상황이 벌어지기도 한다.

회사의 일도 마찬가지다. 여기저기 일만 벌이고 마무리 짓지 못한다면 괜한 시간과 에너지만 낭비된다. 본인의 에너지만 낭비하는 것이 아니라 벌여놓은 일을 누군가 수습해야 하므로 눈에 보이지 않는 몇 배의 비효율이 발생한다. 그런 측면에서 시작 못지않게 중요한 것은 마무리를 잘 짓는 것이다. 시작한 일은 제대로 마무리해야 한다. 결자해지結者解之라는 말도 있지 않은가.

우리나라에서도 출판되어 큰 인기를 끈 《일본전산 이야기》의 저자 나가모리 시게노부永守重信는 일본에서 가장 열성적인 경영자로 꼽힌다. 실행력과 속도를 매우 중요시하는 그는 이렇게 말했다. "시도하지 않는 것보다 더 몹쓸 것은 하나가 흐지부지 그만두는 것이다." 그가 1973년에 세 명의 직원을 데리고 창업한 일본전산日本電産은 창립 30년 만에 140개 계열사, 13만 명의 직원을 거느린 거대 기업이 되었다. 이 회사의 모토는 '즉시 한다. 반드시 한다. 될 때까지 한다'라고 한다. 아마도 이 회사의 직원들은 실행력을 갖춘 메이커들임에 틀림없을 것이다.

필자의 기억 속에도 마무리의 중요성에 대한 추억이 있다. 어릴 적 시골 외할머니 댁에 가면 때때로 농사일을 도울 기회가 있었다. 할머니께서 종종 필자의 동네 친구들까지 불러서 밭에 핀 잡초 캐는 일을 시키시곤 했는데, 어느 날 우리가 일을 마쳤을 때 이렇게 말씀하셨다. "너희들이 맡았던 고랑만 봐도 싹수가 보인다." 깔끔하게 치워진 고랑이 있는가 하면 풀을 캐서 치우지 않고 여기저기 흩어놓은 너저분한 고랑도 있었는데, 그걸 보시고 하셨던 말씀이다. "사람은 마무리가 깔끔해야 해." 어른의 지혜가 담긴 말이 아닌가 싶다.

· 실행력은 '시작력'과 '종결력'으로 구성되어 있다. 이 둘은 곱의 관계여서 둘 중 하나가 0이면 결과 또한 0이다.

· 기업은 워커가 아닌 메이커를 원한다. 일 잘하는 사람은 실행력을 갖춘 메이커다.

· 시작력을 높이는 방법은 지금 당장, 그냥 해버리는 것이다.

· 시도하지 않는 것보다 더 몹쓸 것은 하다가 흐지부지 그만두는 것이다.

· 결자해지, 시작했으면 마무리를 지어야 한다.

속도:
경쟁력의
원천

시간은 개인과 기업 모두에게 가장 중요한 자원이다. 누구에게 나 공평하게 주어진 자원이지만, 어떤 속도로 활용하는가에 따라 천지 차이의 결과를 내기도 한다. 돈이 많다면 돈으로 시간을 살 수도 있다. 여러 사람을 고용하거나 좋은 기술을 사서 일의 효율을 높일 수 있기 때문이다.

하지만 그럴 형편이 아니라면 속도를 더 내는 수밖에 없다. 같은 시간 동안 더 많은 일을 할 수 있는 능력은 어느 조직에서나 환영받는다. 기술 혁신이 가속화되고 기술에 의해 빠르게 변하는 시대의 흐름 속에서 속도는 경쟁력의 원천이다.

신속 배달, 맛은 기본

시간을 많이 투입하면 좋은 성과를 낼 수 있을까? 반대로 시간이 부족하면 결과는 나쁠 수밖에 없을까? 수많은 경영학자들과 프로젝트 관리 기법을 연구한 전문가들에 따르면, 일정 수준의 결과를 내기 위해서는 물리적인 시간이 필요하지만, 어느 지점에 도달하면 더 많은 시간을 들이더라도 그것에 비례해서 품질이 좋아지지 않는다고 한다. 이를 S자 곡선S-curve 그래프를 통해 설명한다.

품질 vs 시간 S자 곡선

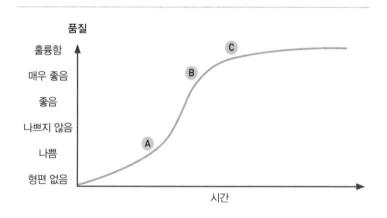

위 그래프에서 A 지점까지는 프로젝트 참여자들이 과제를 이해하고 호흡을 맞추는 등의 예열 기간이다. 이 기간에는 시간에 비례해서 품질이 좋아지지만 품질 향상 속도가 빠르지는 않다. A 지점부터 B 지점까지는 일에 속도가 붙어서 투입 시간에 비례하여 품질이 눈에 띄게 좋아지는 구간이다. B 지점 이후부터는 투입 시간에 비해 품질 증가 속도가 줄어든다. 시간은 매우 중요한 자원이다. 시간이 곧 돈이다. 그러니 효율을 생각해야 한다. 최상의 품질보다 최적의 품질 수준을 결정해야 하는 이유다. 이 그래프에서 최적의 지점은 C라고 볼 수 있다.

필자 또한 오랫동안 관리자로 일하면서 이 문제에 대해 많은 고민을 했었다. '시간을 많이 주면 좋은 결과물을 만드는 것은 누구나 할 수 있는 것 아닌가?', '시간은 늘 부족한데……', '시간을 넉넉히 주는 회사가 과연 있을까?' 등등의 고민이었다. 그러던 어느 날 배달통을 싣고 달리는 중국집 오토바이를 보게 되었는데, 배달통에 '신속 배달'이라고 적혀 있었다. 그 네 글자를 보고 이런 생각이 들었다. "그래, 신속 배달을 한다는 저 중국집이 '신속하게 배달해주지만 맛은 없습니다'라고 말하는 것은 당연히 아니겠지. 맛은 기본이겠지."

우리는 일하는 동안 끊임없이 품질과 속도의 딜레마에 빠질 것이다. 물리적인 시간을 늘릴 수 없다면 주어진 시간 동안 일을 많이 할 수밖에 없다. 효율적인 방법을 찾아야 하는 이유다.

확실한 것은 빠르게 좋은 품질의 성과를 내야만 가치가 높아진다는 사실이다. 품질이 낮고 속도도 느린 것은 가치가 없다. 둘 중하나만 만족시키는 것은 평범하다. 속도도 빠르고 좋은 품질의 결과를 내는 사람은 어디서나 환영받을 것이다. 기술의 발전 속도가 빠르고 시시각각 트렌드가 변하는 4차 산업혁명 시대에는 속도의 가치가 더욱 커질 것이다. 개인이든 기업이든 속도는 매우 중요한 경쟁력이다. 빠르게 실행하고 끊임없이 개선해나가는 방식으로 일하는 애자일agile 기법이나 린 스타트업lean startup 문화가 유행하는 데에는 그만한 이유가 있다.

품질과 속도의 관계에 따른 가치의 크기

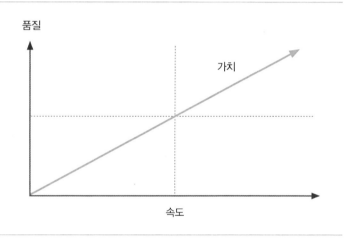

세상에 빠른 것을 싫어할 사람은 없다

오랜만에 예전 직장에서 함께 근무했던 한 팀장을 만났다. 함께 식사를 하며 이런저런 대화를 나누던 중 그 팀장으로부터 자신의 팀원들에 대한 고충을 듣게 되었다. 두 명의 팀원에 대한 이야기였는데, A 팀원은 꼼꼼하고 실수는 없는데 업무 처리 속도가 느려서 속이 터질 지경이고, B 팀원은 업무 처리 속도는 빠른데 실수가 잦아서 그 팀원의 업무 결과를 챙기느라 자신의 시간을 많이 뺏긴다는 고민이었다.

그는 필자에게 업무 처리 속도와 꼼꼼함 중에 어떤 것이 더 중요한지 물었다. "둘 다 갖추어야 좋은 직원이지"라는 필자의 대답에 푸념 섞인 대답이 돌아왔다. "저도 둘을 섞어놨으면 딱 좋겠어요. 그게 안 되니까 그렇지요. 만약 둘 중에 하나만 고른다면 어떤 것이 더 중요할까요?" 필자는 주저 없이 이렇게 대답해주었다. "둘 중에 꼭 하나만 골라야 한다면, 그건 속도다."

아무리 업무를 빈틈없고 꼼꼼하게 처리했다 하더라도 윗사람이 보기에는 허점이 있기 마련이다. 상사 입장에서는 좀 부족한 결과라도 부하 직원이 빠르게 보고해주는 것이 좋다. 잘못된 것이 없으면 좋고, 설령 잘못된 것이 있더라도 바로잡을 기회가 있기 때문이다. 필자가 만났던 수많은 상사 중에 빠른 업무 처리를 싫어하는 사람은 본 적이 없다.

일본전산의 나가모리 시게노부는 속도 경영을 중요하게 생각하는 경영자다. 일본전산의 일화 중에 속도의 중요성에 대한 유명한 일화가 있다. 일본전산 창업 초기에 나가모리 시게노부 사장은 신입 직원을 채용하는 데 어려움을 겪고 있었다. 이때 한 장인이 와서 이렇게 말했다고 한다. "머리가 좋지 않아도 일을 똑 부러지게 하는 사람들이 있습니다. 밥을 빨리 먹고, 용변을 빨리 보고, 빨리

씻는 사람입니다." 나가모리 시게노부는 이 말을 듣고 귀가 번쩍 뜨였다고 한다.

일본전산은 응시자에게 점심 식사를 제공한다는 채용 공고를 내고 말린 오징어, 콩자반 같은 먹기 어려운 반찬들로 구성된 식사를 제공했다. 식사가 끝난 후 별도의 면접을 진행하지 않고 밥을 10분 내로 먹은 사람들을 직원으로 채용했다. 일본 내에서도 그의 이러한 채용 방식을 비난하고 조롱하는 사람들이 있었다고 한다. 하지만 그는 "밥을 빨리 먹는 사람은 소화력도 좋고 일 처리도 빠르다"며 자신의 생각을 꺾지 않았다. 그는 유능한 사람을 뽑지 않았다. 늘 직원들에게 이렇게 말하며 가르쳤다. "강한 사람이 아니라 빠른 사람이 이긴다."

속도는 상대적이다, 방법은 '즉시 실행'뿐

속도는 상대적이다. 오토바이를 처음 타는 초보자에게는 시속 80킬로미터도 빠르게 느껴지지만, 모터사이클 선수에게는 시속 200킬로미터도 빠른 속도가 아니다. 일 처리도 마찬가지다. 상사가 부하 직원에게 업무를 지시할 때에는 이미 머릿속에 정해진 마감 기한이 있다. "김 대리, 다음 달 판촉 계획서 작성해서 보고해주세요"라는 말에는 언제까지라는 말이 생략되어 있다고 보면 된다. 자신이 생략한, 하지만 이미 정해져 있던 마감 기한이 다가오면 상사는 이렇게 말한다. "김 대리, 며칠 전에 얘기한 다음 달 판촉 계획서 어떻게 됐어요?"

그런데 이 마감 기한은 상사에 따라 다르다. 아니, 같은 상사라고 해도 상황에 따라 다를 수 있다. 평상시 같으면 일주일인 마감 기한이 임원에게 호되게 당한 날에는 이틀이 되기도 한다. 말 그대로 그때그때 다르다. 참 아랫사람으로서는 힘들다. 어느 장단에 춤을 춰야 할지 몰라 난감하다. 그런데 확실한 것은 우리 주변에는 이런 상황에서도 상사의 기분과 그날의 분위기까지 살펴, 상사가 정해둔 마감 기한 직전에, 바로 그 절묘한 타이밍에 보고하는 사람들이 있다는 사실이다. 이들은 늘 상사가 정해둔 마감 기한보다 약간 앞서 보고를 한다. 그리고 이런 평가를 받는다. "김 대리는 빨라서 좋아."

그러나 안타깝게도 이런 능력을 모든 사람이 가진 것은 아니다. 어쩌면 신이 내려준 은혜를 입고 태어난 사람만 가진 능력일지도 모른다. 그럼 대다수의 평범한 이 대리, 김 과장들은 어떻게 해야 하나? 많은 사람들이 상사의 지시 사항을 잘 받아 적고 뒤돌아서는 순간 원래 자신이 처해 있던 상황으로 되돌아간다. 새로운 업무 지시를 받는 순간에는 그 지시 사항이 가장 중요한 일이지만, 원래 있던 자신의 세계로 돌아가면 새 지시 사항은 그저 자신이 해야 할 여러 일 중 하나가 되는 것이다.

이런 문제를 해결할 방법이 있다. 바로 '즉시 실행'이다. 오래전 필자가 주니어 시절에 만났던 아주 무서운 상사분이 계셨는데, 어찌나 성격이 급하셨던지 당일 지시한 사항을 당일에 보고하지 않으면 불호령을 내리곤 했었다. 그때 필자에게 습관처럼 생겼던 일 처리 방식이 '당일 착수'였다. 아무리 퇴근 직전에 받은 지시 사항 이라 하더라도 시작은 해놓고 퇴근했었다.

앞서도 말했듯이 시작이 어렵지 일단 시작한 일은 끝내고자 하 는 것이 사람의 마음이다. 게다가 시작해놓은 일은 시작하지 않은 일에 비해 잊어버릴 염려도 줄어든다. 또한 상사가 물었을 때 아직 시작도 못 했다고 이야기하는 것보다는 나으니 일석삼조 아닌가? 만약 '즉시 실행'이 정 어렵다면 상사에게 마감 기한을 반드시 물어 라. 그 기한만 잘 지켜도 중간은 갈 수 있다.

요약

· 진정한 고수가 되고 싶다면 결과의 품질은 기본이고 속도 또한 갖추어야 한다.
· 품질 좋고 빠르기까지 하면 가치가 높아진다. 둘 중 하나만으로는 평범하다.
· "강한 사람이 아니라 빠른 사람이 이긴다." – 나가모리 시게노부
· 물리적인 시간을 늘릴 수는 없지만, 속도를 높이면 더 많은 시간을 활용 할 수 있다.
· 상사의 상대적인 속도를 예측할 수 없다면 '즉시 실행'이 답이다.

가치 창출 능력:
가치가 없으면
도태된다

　냉정하게 들릴지 모르지만, 자본주의는 가치 없는 것에 지불하지 않는다. 적어도 미래에 가치를 만들어낼 것이라는 기대가 살아 있을 때 지불한다. 소비자는 자신의 한정된 돈을 가장 효과적으로 쓸 방법을 아는 '소비 전문가'다. 그렇기에 가성비를 따진다. 기업도 마찬가지다. 기업에서 인재를 채용할 때 보는 제1순위 덕목은 가치 창출 능력이다. 제아무리 재능이 많고 똑똑한 사람도 회사가 원하는 가치를 만들어내지 못하면 결국엔 도태된다. 경력, 학력, 재능은 결국 가치 창출을 위한 필요조건이지 충분조건이 될 수는 없다.

채용하고 싶은 대학생

비즈니스 모델에 관련된 한 대학 교수님의 강연을 들을 기회가 있었다. 기업이 어떻게 가치를 만들어내고, 어떻게 고객에게 전달할 것인가가 주된 내용이었다. 강연 중에 이 교수님의 제자인 한 학생의 사례를 들을 수 있었다.

이 학생의 집은 노원구 상계동이고, 친구들과 모여 놀 때는 주로 광진구에 있는 건국대 근처에서 만난다고 했다. 이 학생은 대리운전 회사에 기사로 등록해놓고, 귀가할 시간 즈음에 자신의 집 방향의 콜이 뜨면 그것을 잡아서 집으로 돌아간다는 것이다. 남의 차로 편안하게 가는 것은 물론 용돈까지 벌 수 있으니 일석이조인 셈이다. 어느 날은 예상보다 일찍 콜이 떠서 상계동까지 갔다가 다시 그곳에서 건국대 방면 콜을 잡아 친구들에게 돌아와서 더 놀기도 했다고 한다.

강연을 듣던 사람들이 대략 150명쯤 되었는데, 이야기를 듣는 순간 여기저기서 "와" 하는 소리가 터져 나왔다. 그 학생의 기발함에 대한 탄성이었을 것이다. 강연이 끝나고 난 후 식사하는 자리에서 그 학생의 이야기는 한 번 더 회자되었다. 많은 사람이 한결같이 하는 말이 그런 학생을 채용하고 싶다는 것이었다.

필자에게 마케팅과 영업에 대해 눈뜨게 해준 선배가 있다. 그 선배가 늘 하던 말은 같은 물건이라도 어떤 가치를 부여하는가에 따라 그 물건의 값어치가 달라진다는 것이었다. 그러면서 자주 예를 들었던 것이 일식당 젓가락 이야기였다. 젓가락의 기능적인 면만 보는 세일즈맨은 젓가락의 가격만 받고 팔 수 있지만, 비녀로 포지셔닝하고 가치를 부여하면 젓가락 가격보다 몇 배 더 많은 가격을 받을 수도 있다는 이야기였다. 거기에 더해, 이 비녀를 가지고 데이트 중인 커플에게 다가가 남자 친구에게 판매하는 전략을 쓰면 훨씬 더 비싼 가격에 판매할 수 있을 것이라고도 했다.

일본산 벚나무로 만든 비녀? 일식당 젓가락?

이와 비슷한 실제 사례가 바로 '뽁뽁이'라고 불리는 포장재다. 오랫동안 충격 완충재로 쓰였던 뽁뽁이 포장재가 언제부터인가 겨울철 방한용품으로 판매되기 시작했다. '단열 에어캡'이라는 그럴듯한 새 이름도 얻고서 말이다. 이렇듯 발상의 전환과 새로운 가치 부여를 통해 기존보다 더 많은 가치, 세상에 없던 가치를 만들어낼 수 있다. 이러한 가치 창출 능력은 일 잘하는 사람이 갖추어야 할 중요한 능력 중 하나다.

현재 무엇을 할 수 있는지가 중요하다

며칠째 이사님이 출근을 안 하신다. 몇몇 직원들의 이야기를 들어보니 사장님과 뭔가 트러블이 있는 모양이다. 그렇게 일주일 정도 시간이 흘렀다. 드디어 이사님이 출근하셨다. 그런데 표정이 영 좋지 않다. 짐을 챙긴다. 그리고 별 말 없이 사무실 밖으로 나간다. 회사를 그만두신다는 소문이 사실인가 보다. 눈치를 챈 직원들이 우르르 따라나선다. 엘리베이터 앞, 이사님은 엘리베이터를 기다리는 그 짧은 시간을 기다리지 못하셨는지 도망치듯 비상구 계단을 통해 내려가신다. 직원들과 이렇다 할 인사도 나누지 못한 채……

그 이사님은 직원들에게도 매우 자상하고 인간적이어서 덕망이 높은 분이었다. 오랜 세월 동안 회사의 발전에 공헌한 분이기도 했다. 신사업 초기에 경험이 부족했던 직원들을 이끌고 사업을 성장 궤도에 올려놓기도 했고, 궂은일도 마다하지 않는 분이었다. 더욱이 사장님이 그분을 영입하기 위해 많은 공을 들였다고도 했다. 그런데 그분이 퇴장하는 뒷모습은 그에 걸맞지 않게 초라해 보였다.

그 이사님이 퇴사하고 나서 한동안 많은 직원들이 동요했다. 나중에 당시 상황을 잘 아는 직원들과 이야기할 기회가 있었다. 대화에 참여했던 한 어린 직원이 이런 질문을 했다. "그 이사님은 왜 쫓겨나듯이 회사를 나가야만 했을까요? 그렇게 회사를 위해 헌신하신 분인데요." 그때 한 고참 직원이 이렇게 대답했다. "이 회사는 과거에 어떤 공을 세웠든 간에 현재 무엇을 할 수 있는지가 중요한 것 같아. 과거의 공을 인정해주는 사장이라면 더할 나위 없이 좋겠지만, 그건 우리가 어찌할 수 없는 부분이니까 괜히 그런 걸 기대하면 나중에 상처받을 수도 있을 것 같아." 필자도 그 말에 상당 부분 동의했다. 사실은 비단 그 회사만의 이야기도 아니다. 거의 모든 회사가 그렇다고 보면 된다. 그렇게 마음먹는 것이 편하다.

비즈니스 세계는 냉정하다. 게다가 엄청난 속도로 변하는 세상에서 과거의 성공 경험이 현재의 성공을 담보하지도 않는다. 기업이 경력자를 선호하는 이유는 경력 자체의 가치를 인정하기 때문이 아니라, 경력자의 과거 경험이 현재 성과를 내는 데 유리하게 작용할 것이라는 기대 때문이다. 과거에 아무리 대단한 성과를 냈던 사람이라 하더라도 현재 할 수 있는 것이 없다면 아무 소용없는 일이다. 그렇기 때문에 학습의 중요성은 매우 크다. 새로운 것에 대해 마음을 열어놓고 평생 공부하는 마음가짐이 중요하다.

나이 많은 사람을 '꼰대'라고 일컫는 경우가 많다. 하지만 필자 생각에 꼰대는 나이와 상관없이 새로운 것을 배우려 하지 않고 과거 경험만을 내세우는 사람들이다. 사람은 자신이 모르는 분야를 자신이 아는 것으로 채우려 하는 경향이 있다. 자신이 아는 범위 내에서 세상을 이해하려 하면 보지 못하고 놓치는 것이 한둘이 아닐 것이다. 꾸준히 성과를 내기 위해서는 과거 경험에만 의존해서는 안 된다. 경험과 지식의 균형을 갖춘 사람만이 꾸준한 성과를 낼 수 있다.

가치는 개방과 연결을 통해 만들어진다

필자는 15년 전에 오라클이라는 데이터베이스 시스템을 가르치는 강사로 활동한 적이 있다. 강의를 시작한 지 몇 개월 후에 강의를 주선하는 업체로부터 한 가지 제안을 받았다. 강의를 영상으로 제작해서 인터넷으로 판매하고 수익을 나누자는 것이었다. 매번 강의하느니 그렇게 하는 편이 낫겠다는 생각이 들었다. 그렇게 해서 필자가 진행하던 강의 중 수강생이 가장 많았던 '기초 과정'을 촬영하게 되었다. 영상으로 강의를 제작하는 일은 생각보다 훨씬 어려웠다. 중간에 말이 꼬이기도 하고 NG가 여러 번 나기도 했다.

그렇게 두어 달 만에 제작을 끝내고 강의를 온라인상에 오픈했다. 그런데 기대와 달리 결과는 미미했다. 보안이 뚫려서 강의 영상이 P2P 파일 공유 사이트를 통해 불법으로 퍼져 나갔던 것이다. 이것이 필자의 강사 경험 마지막 장면이다.

그렇게 까맣게 잊고 몇 년쯤 지난 어느 날, 필자의 부하 직원 중 한 명이 필자의 강의 영상을 보고 있는 모습을 보게 되었다. 그때 이런 생각이 들었다. '지금 나에게는 불필요한 자료지만 누군가 오라클을 처음 배우는 사람에게는 도움이 될지 모른다.' 곧바로 유튜브 채널을 개설하고 모든 강의 영상을 무료로 공개했다. 블로그에도 게재했다. 생각보다 많은 사람들에게 호응이 있었다. 15년 전에 제작한 강의임에도 불구하고 구독자가 900명이 넘었고, 전체 조회수가 7만 2,000회가 넘었다. 필자에게는 추억의 한편에 묻힐

뻔했던 자료가 누군가에게는 도움이 될 수 있다는 사실이 뿌듯했다. 이것이 15년 전에는 필자에게 없었지만 지금은 추구하는 새로운 가치 창출의 한 단면이다.

"성을 쌓는 자는 망하고, 길을 내는 자는 흥한다." 몽골의 명장 톤유쿠크Tonyuquq의 비문에 새겨진 말이다. 이 말은 초연결 사회로 대변되는 4차 산업혁명 시대를 살아가야 할 현재의 직장인늘이 새겨들어야 할 경구다. 정보통신이 발달하지 않았던 과거에는 보유하고 있는 정보의 양이 곧 권력이자 부의 원천이었다. 그렇기에 고급 정보일수록 남에게 알리기 꺼렸고, 소수의 사람들 사이에서만 유통되었다. 하지만 현대 사회는 차고 넘치는 게 정보다. 정보의 생산과 유통 비용 또한 엄청나게 낮아졌다. SNS로 지구촌 전체가 연결되어 있다 보니 지구 반대편 소식이 몇 분이면 내 손안에 전해진다. 따라서 정보의 수명도 짧아지고 있다.

이러한 세상 속에서 누구나 알 수 있는 정보를 활용하여 어떻게 특별한 가치를 만들어낼 수 있을까? 바로 개방과 연결이다. 필자가 아는 교수님 중에 SNS 활동을 활발하게 하시는 분이 있다. 이 교수님은 25년 전부터 학교에서 학생을 가르치는 일과 산업 현장에서의 경험 모두를 중요하게 생각하셨던 분이다. 이분은 끊임없이 학습하고 연구한 결과를 자신의 SNS에 공개한다. 그것을 보고 지식을 습득하거나 새로운 통찰을 얻는 등 직간접적으로 도움을 받는 사람들이 많다. 이러한 활동은 이 교수님이 모바일 전문가, 아마존 전문가, 5G 전문가로서 대중적인 인지도를 쌓는 데 도움이 되었다.

만약 자신의 연구 결과와 지식을 학생들을 가르치는 데에만 활용했다면 어땠을까? 지금의 위치를 인정받을 수 있었을까? 자신의 가치를 자신과 연결된 사람들에게 개방하고 공유했기 때문에 가능한 일이었을 것이다.

· 가치는 생각만으로 만들어지지 않는다. 작은 것이라도 실천해야 크든 작든 가치가 만들어진다.

· 현재의 성과 창출에 도움이 안 되는 과거의 경험은 그저 추억에 불과하다.

· 과거의 경험에만 의존하면 꼰대가 되고, 지식에만 의존하면 현실감각과 실행력이 떨어진다. 가치는 경험과 지식이 균형을 이룰 때 만들어진다.

· 정보는 차고 넘친다. 정보는 개방할수록, 연결할수록 가치가 커진다.

· 가치는 상대적이다. 나에게 불필요한 뽁뽁이 포장재가 누군가에게는 방한용품이 될 수도 있다.

설득력:
참여를
끌어내는 힘

　직장인이라면 한 번쯤 영화 〈엑스맨〉의 자비에^{Xavier} 교수 같은 능력이 나에게도 있었으면 좋겠다는 생각을 한 적이 있을 것 같다. 타인의 마음을 마음대로 조종할 수 있는 능력 말이다. 나와 다른 생각을 가진 사람들의 협조를 끌어내고 공감대를 형성해서 일을 추진하는 것은 쉽지 않다. 대부분의 사람들이 완벽히 공감되지 않아도 일을 하긴 하겠지만, 함께 일하는 사람들의 공감지수가 높을수록 더 큰 성과를 낼 수 있는 원동력이 된다. 따라서 설득력은 다른 사람들과 함께 일하고 더 큰 성과를 이루기 위해 필요한 중요한 능력이다.

백 마디 말보다 한 마디 단어가 낫다

타 부서의 협조를 구하는 일, 상사의 지원을 얻는 일, 고객사에 프레젠테이션하는 일, 이 모든 것이 직장인이라면 누구나 마주쳐야 하는 설득의 순간이다. 어떻게 하면 타인의 생각을 바꿀 수 있을까? 한두 명도 아니고 여러 부서, 여러 이해관계자를 설득하기 위해서는 어떻게 해야 할까?

사람들을 설득할 때는 주절주절 설명하는 것보다 마음을 파고드는 한마디가 강력하게 작용한다. 이런 사례는 선거 캠페인에 사용되는 슬로건에서 살펴볼 수 있다. 미국의 44대 대통령 버락 오바마 Barack Obama 는 "변화, 우리는 할 수 있다 Change, yes we can"라는 짧은 구호로 개혁 성향을 지닌 젊은 유권자들의 마음을 사로잡아 미국 최초의 유색인종 대통령이 되었다. 그 이전 42대 빌 클린턴 Bill Clinton 대통령은 "문제는 경제야, 바보야 It's economy, stupid"라는 슬로건으로 민생 경제 부활에 집중하여 당시 현직 대통령을 이기고 새로운 대통령에 당선되었다. 유권자들은 걸프전으로 막대한 국방비를 지출하며 전쟁을 벌이던 조지 부시 대통령에게 피로감을 느끼고 있었고, 이 슬로건은 그런 유권자들의 표심을 얻는 데 유효했다.

인지 심리학자 조지 A. 밀러 George Armitage Miller 는 인간이 지닌 정보 처리 능력의 한계를 '매직 넘버 7±2'라고 했다. 인간이 저장된 기억을 효율적으로 활용하기 위해서는 단어의 개수가 5~9개

정도여야 한다는 것이다. 후보자에게 지대한 관심이 있지 않는 한 그들의 말을 모두 기억하는 유권자는 없을 것이다. 짧아야 쉽게 이해하고 쉽게 기억한다. 단문에는 힘이 있다. 핵심을 담고 있기 때문이다.

매년 연말이 다가오면 서울대학교 소비트렌드분석센터에서 발간하는 책이 한 권 있다. '드렌드 코리아' 시리즈로서 다음 해 소비자 트렌드 전망을 담은 책이다. 11년째 발간되고 있으며 올해도 《트렌드 코리아 2019》가 출간되었다. 2018년에 방송가, 언론, 마케팅 등 거의 모든 분야에서 신드롬처럼 유행한 단어 중 하나가 '소확행'이다. 소확행은 '작지만 확실한 행복'이라는 뜻이다. 일과 삶의 균형을 의미하는 '워라밸work and life balance', 지금 이 순간의 중요성을 강조한 '욜로YOLO, you only live once' 등의 신조어 또한 트렌드 코리아 시리즈를 통해 소개되었다.

트렌드 코리아는 어떻게 10년 넘게 명실상부한 트렌드 분석 보고서로서 영향력을 가질 수 있을까? 여러 요인이 있겠지만 '신조어'도 그중 하나라고 생각된다. 물론 대중에게 큰 주목을 받지 못한 신조어도 있고, 조금은 억지스러운 신조어도 있다. 하지만 중요한 것은 현상을 설명하는 데 그치지 않고 그 현상에 이름을 붙였다는 점이다. 잘 지어진 신조어는 그 현상을 더욱 강하게 만든다. 나중에는 트렌드가 신조어를 만든 것인지 신조어가 트렌드를 만든 것인지 모를 정도로 그 영향력이 크다.

이런 원리를 일하는 데에도 적용할 수 있다. 잘 지은 문서 제목

하나가 열 페이지 내용보다 나을 수 있고, 잘 구사한 단어 하나가 몇 시간 설득보다 효과적일 수 있다. 페이스북, 알리바바, 우버 등 세계 최고 혁신 기업의 초기 투자자이자 베스트셀러 작가인 팀 페리스^{Tim Ferriss} 가 쓴 《타이탄의 도구들》이라는 책에 아래와 같은 내용이 나온다.

세상에서 가장 빠르고 강력하게 퍼져 나가는 것이 뭔지 아는가? '신조어'다. 탁월한 신조어를 만들려면 놀라울 정도로 뛰어난 '어휘력'을 갖춰야 한다. 죽을 때까지 해야 할 공부가 있다면 언어다. 장담컨대 가장 좋은 사전을 가진 사람이 가장 큰 성공을 거둔다. (……) 들어본 적 없고, 부르기 쉽고, 색다르고, 재미있고, 매력적인 단어를 가진 사람이 최고의 기술과 서비스를 가진 사람을 이긴다.

생각의 틀을 바꾸어 설득력을 높인다

함께 일하는 동료 또는 상사를 업무에 참여시키기 위해 설득의 과정이 필요할 때가 있다. 심지어 부하 직원을 설득해야 할 수도 있다. 진정성을 갖고 소통하는 것이 가장 중요하지만 때로는 진정성만으로 설득이 안 되는 경우도 많다. 이때 프레이밍 효과^{framing effect}를 활용하여 설득력을 높일 수 있다. 프레이밍 효과는 동일 사안이라도 제시되는 관점에 따라 해석이나 의사결정이 달라지는 인식 왜곡cognitive bias 현상을 말한다.

프레이밍 효과에 대한 유명한 연구 사례가 있다. 수술이 필요한 환자들에게 '수술을 받을 경우 생존 확률은 90퍼센트입니다'라고 설명할 때와 '수술을 받을 경우 사망 확률은 10퍼센트입니다'라고 설명할 때 전자의 경우가 수술 동의서에 서명할 확률이 월등히 높다는 것이다. 같은 내용이라도 이렇게 사고의 틀을 제공하는지에 따라 완전히 다른 결과가 나올 수 있다는 사실을 증명한 사례다.

루빈의 컵(Rubin's vase)

위 그림은 보는 관점에 따라 마주 보는 두 사람이 보이기도 하고, 와인 잔이 보이기도 한다. 만약 이 그림을 보여주면서 '이 그림에는 몇 명의 사람이 있습니까?'라고 질문하면 '두 명'이라고 대답

할 것이다. 반면 '이 그림의 와인 잔은 무슨 색입니까?' 하면 '흰색'
이라고 대답할 것이다. 같은 그림에 대해 질문을 어떻게 하는지에
따라 사람 관점에서 생각하기도 하고 와인 잔 관점에서 생각하기
도 하는 것이다.

김 대리는 회사 홈페이지를 개편하는 업무를 진행 중이다. 그런
데 몇 주째 진도가 안 나가고 스트레스가 쌓여간다. 외부 디자인
업체에 의뢰해서 작업한 새로운 홈페이지 디자인을 팀장이 몇
번이나 퇴짜 놓았기 때문이다. 새로 작업한 디자인을 보고할 때
마다 팀장은 마음에 들어 하지 않는다. 알 듯 모를 듯 두루뭉술
하게 피드백을 준다. 김 대리는 최대한 팀장의 의견을 디자이너
에게 설명하고 다시 작업하기를 몇 번째 반복 중이다. 새 홈페이
지 오픈 날짜는 정해져 있는데, 일이 진행이 안 되니 답답하기만
하다. 급기야 '팀장님이 디자인에 대해 뭘 알아?', '디자인 트렌드
도 모르면서 너무 자기 취향대로만 하려는 것 아니야?'라는 불만
이 생긴다. 김 대리는 마지막이라는 심정으로 디자이너에게 세
개의 디자인 시안을 요청한다. 며칠 후 세 가지 디자인을 갖고
팀장에게 보고했더니, B안이 가장 낫다고 한다. 웬일인지 평소
와 달리 의견도 많지 않다. 오히려 B안이 왜 마음에 드는지 부연
설명까지 해준다. 김 대리는 가벼운 마음으로 일을 진행할 수 있
게 됐다.

위 이야기는 필자가 겪은 이야기를 약간 각색한 것이다. 이 이야기를 통해 전하고 싶은 것은, 누군가를 설득하기 위해서는 한 가지 안을 제시하기보다는 몇 가지 옵션을 함께 제시하는 편이 낫다는 것이다. 특히 결정권자의 개인적인 취향이 개입될 가능성이 높은 일은 더욱더 그렇다. 하나의 안을 제시하면서 '이것이 마음에 드나요?'라고 물으면 '아니요'라는 대답이 나올 가능성이 절반이다. 반면 여러 안을 제시하며 '이 중에 어떤 것이 마음에 드나요?'라고 물으면 '아니요'라는 답을 할 수 없다. '아니요'는 선택지에 없기 때문이다. 물론 '모두 마음에 안 든다'는 답이 나올 수도 있지만 설득 가능성이 높아지는 것은 사실이다. 질문을 바꾸기만 해도 상대방의 사고의 틀을 바꿀 수 있다.

구조를 바꿔야 행동이 변한다

설득을 하는 이유는 설득을 통해 어떤 행동을 끌어내기 위함이다. 그런데 진심을 전하고, 호소도 해보고, 자세히 알려도 줘보고 이런저런 방법을 다 동원해도 설득이 되지 않는 경우가 있다. 이럴 때는 구조를 바꿔보는 것이 하나의 방법이 될 수 있다.

아무리 설득해도 안 되는 일이 구조를 바꾸는 것으로 간단히 해결되는 사례가 많이 있다. 남자 화장실 소변기의 파리 그림이 그중 하나다. 종종 과녁 그림이 그려져 있는 것도 있다. 그 의도는 미루어 짐작 가능할 것이다. 단순히 그림 하나 그려 넣는 것만으로 '가까이 다가와주세요', '남자가 흘리지 말아야 할 것은 눈물뿐만이 아닙니다' 등등의 수많은 설득 문구로도 해결할 수 없었던 문제가 해결되었다.

이런 일화도 있다. 어느 마트 계산대 끝에 아이스크림 냉동고가 있었다. 계산 중인 고객들이 계산 직전에 추가 구매 하게 하려는 의도로 배치된 것이었다. 그런데 고객들이 그 냉동고 위에 자꾸 가방 등의 물건을 올려놓는 일이 발생했다. 계산을 위해 잠깐 올려놓는 것이었지만 유리로 된 냉동고 문이 깨질 우려가 있었고, 올려둔 물건 때문에 다른 고객들이 아이스크림을 살 수 없어 불편함을 호소하는 일이 발생했다. 마트 측에서는 냉동고에 '가방을 올려놓지 마세요', '물건을 올려두면 유리문이 깨질 위험이 있습니다' 등의 안내 문구를 써 붙여 보았지만 문제가 해결되지 않았다. 궁리 끝에 냉동고 문이 있는 상판 부분을 45도 각도로 제작했다. 아예 물건을 올려놓을 수 없게 만든 것이다.

심리학에 '3의 법칙'이라는 것이 있다. 세 사람이 모이는 시점부터 집단이 형성되어 그 집단의 주장에 힘이 실린다는 일종의 동조효과에 대한 법칙이다. 이와 관련하여 10여 년 전에 EBS에서 진행한 실험이 있었다. 내용은 이렇다.

강남 한복판에서 한 남자가 아무것도 없는 하늘을 손가락으로 가리키며 쳐다본다. 이때 행인들은 아무런 반응이 없다. 그저 이상한 사람으로 여기며 제 갈 길을 간다. 두 명의 남자가 같은 행동을 해도 사람들이 별 반응이 없기는 마찬가지다. 그런데 같은 행동을 하는 사람이 세 명이 되자, 지나가던 모든 행인들이 가던 길을 멈추고 그 세 사람이 바라보는 방향을 쳐다보며 무언가를 찾기 시작한다. 이렇듯 세 명이 모이는 순간부터 집단이라는 개념이 생기고, 집단이 가진 영향력은 개인의 그것보다 설득력이 크다. 사람들은 집단이 어떤 행동을 할 때는 다 그만한 이유가 있을 것이라고 생각하는 경향이 있다.

필자가 재직 중인 회사가 '앱어워드코리아 2018'이라는 상을 받았을 때 있었던 일이다. 마케팅 담당자가 수상 내용을 홍보하는 신문 지면을 회사 입구에 붙여놓았다. 수상 소식을 전 직원에게 알릴 목적이었다. 그것을 본 필자의 머릿속에 한 가지 생각이 떠올랐다. 그냥 수상 내용을 알리기만 할 것이 아니라 직원들의 축하 메시지를 유도하고 싶었다. 이때 3의 법칙을 활용했다. 필자는 두 장의 포스트잇에 각기 다른 필체로 간단한 축하 메시지를 적어 붙였다. 한 장 정도는 누군가 붙여주길 기대하면서 말이다. 아니나 다를까 눈치 빠른 팀원 한 명이 필자의 필체를 알아보았는지 자신도 한 장 써 붙였다. 며칠이 지나자 꽤 많은 축하 메시지가 붙은 것을 확인할 수 있었다.

평소에 말 한마디 안 해본 직원에게 축하한다고, 고생했다고 한마디 하기가 생각보다 참 어려운 일이다. 민망하고 부끄럽다. 그래서 칭찬할 수 있는 장을 만들어주면 어떨까 하는 생각을 했었고, 결과는 괜찮은 편이었다.

- 초연결의 시대에 타인의 협력을 끌어내는 설득력은 일 잘하는 사람이 갖추어야 할 필수 역량이다.

- 탁월한 슬로건 하나는 백 마디 말보다 설득력이 있다.

- 프레이밍 효과를 통해 다양한 사고의 틀을 제시하면 내 이야기에 공감할 가능성이 커진다.

- 3의 법칙, 세 명이 모이는 순간부터 인간은 상황에 지배받기 시작한다.

- 설득이 통하지 않으면 행동 변화를 유발할 수 있는 구조를 만들어주어야 한다.

창의력:
창의력은
창조력이 아니다

창의력이 어느 때보다 강조되는 세상에 살고 있다. 교육 박람회에 가보면 창의 교육 프로그램들이 넘쳐난다. 어린 자녀들의 창의력을 향상시키고자 하는 학부모들의 열기가 뜨겁다.

서로 다른 분야 간 융합과 연결이 활발하게 이루어지는 4차 산업혁명 시대에는 예전에 경험하지 못했던 수많은 과제가 생겨난다. 이 과제들을 수행하기 위해서는 창의적인 혁신이 필요하다. 이러한 창의력은 세상에 없던 것을 새롭게 만들어내는 능력이라기보다는 있던 것들을 새롭게 조합하는 능력에 더 가깝다.

남이 보지 못하는 것을 보고 문제를 해결하는 능력

남들이 보지 못하는 것을 보기 위해서는 디테일해야 한다. 대부분의 사람들이 표면적인 현상을 보는 데 그칠 때, 어떤 사람들은 디테일하게 파고들어서 현상 이면의 원리를 파악한다. 이러한 과정을 통해 남들이 보지 못하는 면을 볼 수 있는 눈이 생긴다. 남들이 보지 못하는 것을 보는 능력이 통찰력이다. 디테일하기만 해서 되는 것은 아니다. 통찰력은 다양한 지식과 디테일이 결합할 때 극대화된다. 즉, 어느 한 분야의 원리를 깊게 알게 되면 인접 분야를 빠르게 이해하고 학습하는 데 많은 도움이 된다.

종종 나무를 보지 말고 숲을 봐야 한다고 말하는 사람들이 있는데, 나무도 보고 숲도 봐야 한다. 숲만 강조하는 사람 치고 작은 일이라도 처음부터 끝까지 스스로 해본 사람을 거의 본 적이 없다. 요즘에는 교육 수준이 높고 정보가 넘쳐나서 숲을 볼 줄 아는 사람은 넘쳐난다. 디테일을 모르는 사람은 경쟁력이 없다. 구체적이지 않고 실행력이 떨어지기 때문이다.

물론 디테일의 세계로 들어가면 몸은 괴로워질 수 있다. 알아야 할 정보의 양이 많아지기 때문이다. 즉, 더 많은 학습이 요구된다. 학습에 대한 부담과 괴로움은 따르겠으나 아는 것이 많으면 그만큼 연결할 재료가 많다. 디테일하지 않으면 일을 제대로 할 수 없고 좋은 성과가 날 리 없다.

팀원들과 함께 어느 박람회에 참가했을 때 일이다. 부스를 차려놓고 제품을 홍보하고 여러 사람들과 미팅을 했는데, 미팅하는 중에도 많은 사람들이 찾아와서 뭔가 궁금한 것이 있는 듯 서성이다 그냥 돌아가는 모습이 보였다. 이 모습을 본 팀원 한 명이 부스 방문객들이 볼 수 있도록 프레젠테이션 자료를 모니터에 틀어놓자는 의견을 냈다. 모두가 좋은 생각이라고 동의했고, 그렇게 했다.

그런데 얼마 지나지 않아서 문제가 생겼다. 일성 시간이 지나면 자동으로 슬라이드가 넘어가도록 설정해두었는데 마지막 페이지에 가면 슬라이드 쇼가 끝나버리는 것이었다. 2~3분마다 한 번씩 슬라이드 쇼를 다시 실행해야 하니 여간 성가신 게 아니었다. 이 문제를 해결하기 위해 모든 팀원들이 아이디어를 내기 시작했다. "그거 파워포인트에서 뭔가 설정하면 될 텐데", "마지막 페이지에서 첫 페이지로 이동하게 매크로 같은 거 걸 수 없나?" 등등의 이야기가 나왔다. 돌아가면서 노트북에 매달려 자기 생각대로 뭔가 해보기를 반복해도 뾰족한 방법이 안 나왔다.

그때 팀원 중 한 명이 이렇게 말하며 나섰다. "그런 것 찾아보고 궁리할 시간에 그냥 이렇게 하자." 그러고는 슬라이드 전체를 복사하여 30번쯤 붙여넣기를 하는 게 아닌가. 모두 감탄했다. 뭔가 그럴듯한 방법은 아니었지만 그 팀원은 문제의 본질을 파악하고 해결했다. 그 덕분에 두 시간에 한 번만 슬라이드 쇼를 다시 실행하면 됐다.

부족함이 창의력을 촉진한다

중국 고전 작품의 90퍼센트가 전국시대에 탄생했다고 한다. 전국시대는 진秦 나라가 여러 나라로 분리되고 전쟁이 빈번하게 발생하던 시기다. 하급자가 주군을 제거하고 그 지위를 차지하는 일이 자주 일어났고, 힘 있는 나라가 전쟁을 일으켜 약소국의 영토를 빼앗는 일도 많았다. 약육강식弱肉强食의 논리가 판을 치고 크고 작은 전쟁이 일상이었던 시기였다. 그러니 사람들의 삶이 얼마나 척박하고 피폐했을지 상상이 된다.

인간의 본성은 풍요롭고 평화로울 때는 잘 드러나지 않는다. 그렇기에 고난과 역경의 시대에 인간 본성이 드러나고, 다양한 인간 군상과 세계관을 담은 명작들이 나올 수 있지 않았을까?

우리나라 인물 중에도 어려운 시기에 고난을 극복하고 일가를 이룬 사람들이 많다. 《경세유표》, 《목민심서》, 《흠흠신서》 등을 저술한 조선 최고의 학자였던 다산 정약용은 18년의 긴 유배 생활 동안 활발한 저작 활동을 하여 실학을 완성했다. 조정에서 요직을 두루 거치며 소위 잘나가던 추사 김정희는 유배지인 제주에서 '추사체'를 완성했다. 가만히 생각해보면 창의력이 가장 필요한 순간은 어려운 상황에 부딪혔을 때가 아닌가 싶다. 모든 것이 풍족하고 걱정거리가 없다면 굳이 아이디어를 내고 혁신할 필요가 없을 것이기 때문이다.

중국 최고의 부자이자 세계 최대 전자상거래 회사 알리바바의 창업자인 마윈 회장은 이렇게 말했다. "우리 회사가 살아남을 수 있었던 이유는 세 가지다. 돈도 없고, 기술도 없고, 계획도 없었기 때문이다. 그래서 모두가 최대한 신중한 자세로 돈 없어도 실현 가능한 아이디어를 짜내려 노력했다." 여러 가지 부족한 면이 많은 상황에서 최대한의 결과를 만들어내기 위해서는 아이디어를 짜낼 수밖에 없었던 것이다.

석기 시대가 돌이 부족해서 끝났나? 아니다. 풍부한 돌을 더 정교하게 가공하는 기술만을 발전시켰다면 청동기 시대는 오지 않았을 것이다. 누군가 청동을 발견하고 가능성을 보았으며 청동의 시대가 열릴 것이라고 굳게 믿었기 때문에 혁신이 일어난 것이다. 우연한 발견을 그냥 지나치지 않고, 지속 가능하도록 만든 혁신적인 누군가가 있었기 때문에 청동기 시대가 도래할 수 있었다. 조직이나 개인도 마찬가지다. 자원이 부족해서 망하는 것이 아니라 창의적 혁신이 멈추기 때문에 망한다.

창의력은 연결 능력이다

"창의력은 그저 무언가를 연결하는 것이다Creativity is just connecting things." 애플의 설립자인 스티브 잡스가 살아생전에 한 말이다. 기존 방식과 사고로는 전혀 이해할 수 없는, 연결을 통해 세상에 없던 가치를 만든 사례는 너무나도 많다. 페이스북은 전 세계 사람들을 하나의 네트워크를 통해 연결했고, 유튜브는 콘텐츠 제작자들과 시청자들을 연결했다. 우버는 이동 수단이 필요한 사람들과 차량 소유주를 연결했고, 에어비앤비^{Airbnb}는 숙소가 필요한 사람들과 빈집을 임대하고자 하는 사람들을 연결했다. 이들은 사람들을 연결해줌으로써 단기간에 엄청난 가치를 창출하고 돈을 벌고 있다.

4차 산업혁명 시대는 융합과 연결의 시대다. 융합의 사전적 의미는 '녹여서 하나로 합친다'는 것이다. 화학적 결합이다. 반면에 연결은 각자의 성질을 그대로 두되 서로 연결하여 새로운 가치를 만든다. 융합보다는 좀 쉬워 보인다. 하지만 이것 또한 말처럼 쉽지만은 않다. 이미 다양한 지식과 정보를 갖고 있지만 이것들을 어떻게 연결할지, 연결하면 어떤 일이 벌어질지 보는 눈이 없기 때문이다.

몇 개의 단어, 하나의 간결한 문장으로 사람들의 마음을 사로잡는 카피라이터야말로 창의력 '끝판왕'이 아닌가 싶다. 언젠가 어떤 카피라이터의 글쓰기에 대한 이야기를 들은 적이 있다. 그분은 영감이 떠오르지 않을 때 흰 종이를 펴놓고 무작정 생각나는 대로 단어들을 적는다고 한다. 예쁜 말들이 종이를 가득 채울 때까지 쓰고 난 후에는 여러 방식으로 단어들을 묶어본다. 전혀 어울리지 않을 것 같은 것끼리 연결해보고, 반대말끼리도 연결해보고, 이리저리 뒤집어보고 비틀어보기도 한다. 그런 과정을 거치다 보면 일상적인 단어만으로도 재미있고 끌리는 카피가 만들어진다고 한다.

같은 원리를 일에도 적용해볼 수 있겠다는 생각이 들었다. 여러 가능성을 이리저리 연결해보는 것은 시도해볼 수 있지 않을까? 돈 드는 일도 아니니 말이다. 스티브 잡스의 말처럼 그저 이것저것 연결해보는 시도가 의외의 창의적인 결과물을 만들어낼 수 있다. 연결했을 때 어떤 일이 벌어질지 두려워할 필요는 없다. 생각에 그치지 말고 끊임없이 시도해야 한다. 세계적인 미래학자였던 앨빈 토플러Alvin Toffler 는 이렇게 말했다. "이전에 관련이 없던 아이디어와 개념, 데이터와 정보, 지식을 새로운 방식으로 결합할 때 상상력과 창의력이 생겨날 수 있다."

요약

· 디테일해야 남이 보지 못하는 것을 볼 수 있다. 디테일 속에 가치 있는 것이 숨어 있다.
· 부족함이 창의력을 촉진한다.
· 창의적 발상을 하는 가장 쉽고 강력한 방법은 그저 이것저것 연결해보는 것이다.
· 성공한 플랫폼 비즈니스의 본질은 '연결'이다.

지식, 기술, 태도를 모두 갖추었다고 해서 항상 능력을 제대로 인정받는 것은 아니다.

오히려 열심히 했고 잘했는데 제대로 인정받지 못해서 좌절을 맛볼 수도 있다.

일을 잘하는 방법을 찾기 전에 일을 둘러싼 환경을 이해해야 하는 이유다.

같은 일이라도 상황에 따라 다르게 접근해야 하는 경우가 많다.

내가 열대 우림 지역에 있는지 북극에 있는지도 모른 채 행동해서는

살아남을 수 없는 이치와 같다. 4차 산업혁명, 운, 자본주의 등은 일을 둘러싼 환경이다.

이것들을 받아들이지 않고는 내가 있는 곳을 모르고 행동하는 것과 마찬가지다.

특히 4차 산업혁명은 피할 수 없는 메가트렌드다.

맞서기보다 잘 활용하는 지혜가 필요하다.

4차 산업혁명
시대에도 통하는
일의 법칙

문제를 잘 푸는 것보다
잘 내는 능력이
중요하다

몇 년 전부터 각종 매체들이 '4차 산업혁명'이라는 용어를 쏟아내기 시작했다. 우리나라도 대통령 직속 기구로 '4차 산업혁명 위원회'를 발족시켜 운영되고 있다. 4차 산업혁명이란 무엇인가?

4차 산업혁명이라는 개념은 2016년 1월 스위스 다보스에서 열린 세계경제포럼에서 처음 언급되었다. 세계경제포럼은 4차 산업혁명을 "3차 산업혁명을 기반으로 한 디지털과 바이오산업, 물리학 등의 경계를 융합하는 기술 혁명"으로 규정하고 있다. 우리나라 정부는 4차 산업혁명을 "인공지능, 빅 데이터 등 디지털 기술로 촉발되는 초연결 기반의 지능화 혁명"이라고 정의한다.

4차 산업혁명의 특징은 융합과 연결이다

두 가지 정의를 모두 관통하고 있는 키워드는 '융합'과 '연결'이라고 할 수 있다. 서로 다른 기술 간, 산업 간 융합을 통해 엄청난 속도의 혁신이 이루어진다는 점이 4차 산업혁명의 특징이다. 4차 산업혁명을 좀 더 이해하기 위해 기존 산업혁명과 어떻게 다른지 살펴볼 필요가 있다.

1차 산업혁명은 1784년 증기기관의 발명에서 시작되었다. 증기기관의 발명을 통해 사람의 노동력을 기계로 대체할 수 있었다. 특히 철강 산업이 증기 엔진의 개발과 함께 1차 산업혁명의 핵심적인 역할을 했다. 1차 산업혁명은 18세기와 19세기에 걸쳐 약 100년간 지속되었다. 1879년에 전기의 발명으로 또 한 번 획기적인 변화가 시작되는데, 이때가 2차 산업혁명이 시작된 시기다. 컨베이어 벨트 시스템에 의한 대량 생산 체계를 구축하는 데 전기가 사용되었다. 2차 산업혁명은 약 70년간 지속되었다.

3차 산업혁명은 1960년대 후반부터 시작되었다. 이 시기에 상용 컴퓨터의 등장으로 인해 많은 산업 분야에서 정보화, 자동화를 이룰 수 있었다. 특히 1990년대 중반 개인용 컴퓨터가 보급되고 인터넷이 대중화되면서 본격적인 정보화 시대가 도래했다. 현재 우리가 즐기는 온라인 게임, 음원 서비스, 전자상거래 등이 3차 산업혁명의 산물이다. 3차 산업혁명은 약 40년간 지속되었다.

각 산업혁명은 그 시대를 관통하는 하나의 묵직한 기술과 그로 인한 사회적 영향이 뚜렷하게 드러난다. 요컨대 1차 산업혁명은 증기기관과 기계화, 2차 산업혁명은 전기와 산업화, 3차 산업혁명은 컴퓨터와 정보화다. 그런데 4차 산업혁명 하면 딱 떠오르는 대표 기술이 없다. 인공지능, 사물인터넷, 3D 프린팅, 자율주행 자동차, 빅 데이터, 지능형 로봇, 클라우드 등이 4차 산업혁명이라는 말이 등장할 때 함께 언급되는 기술들이다.

그렇다. 서두에 언급했듯이 4차 산업혁명의 특징은 융합과 연결이다. 그동안 독립적으로 존재하던 기술들이 경계를 허물고 융복합되면서 기존에 없던 변화를 이루어내고 있는 것이다. 세계경제포럼에서 말한 바와 같이 4차 산업혁명은 3차 산업혁명을 기반으로 한 융합을 특징으로 하는 기술 혁명인 것이다. 4차 산업혁명의 가장 큰 특징은 '지능화'라고 할 수 있다. 오랜 시간 동안 축적된 빅 데이터를 기계 스스로 분석하고 지능화하여 활용한다. 기계가 정보를 활용해서 스스로 판단하고 학습할 수 있는 지능이 생긴 것이다. 이것이 '인공지능AI, artificial intelligence'이다.

간단히 산업혁명의 역사를 살펴봤다. 산업혁명의 주기가 점점 빨라지는 것 또한 알 수 있다. 우리가 체감하기도 전에 세상은 변해가고 있다는 사실을 부정할 수 없다.

4차 산업혁명 시대에 사라질 일자리

지능까지 겸비한 똑똑한 기계들의 등장이 유익한 측면만 있는 것은 아니다. 2016년에 세계경제포럼이 발표한 〈직업의 미래The future of jobs〉 보고서에 따르면 4차 산업혁명의 영향으로 2020년까지 710만 개의 일자리가 사라질 것이라고 한다. 대신 기술 혁신과 연결된 새로운 일자리 200만 개가 생겨날 것으로 보고서에서는 예상했다. 새롭게 등장할 직업들은 지금 우리가 예측하지 못하는 것일 수도 있다. 현재 유치원에 다니는 아이들의 65퍼센트는 아직 존재하지 않는 새로운 형태의 직업을 갖게 될 것이라고 한다.

그렇다면 어떤 일자리들이 사라지게 될까? 2015년 영국 BBC가 방송한 〈로봇이 당신의 일자리를 빼앗을 것인가?Will a robot take your job?〉라는 프로그램에서 인공지능과 로봇에게 위협받는 일자리 순위를 발표했는데, 1위가 텔레마케터였다. 그 뒤를 이어서 컴퓨터 자료 입력 요원, 법률 비서, 경리, 판매원 등이 포함되었다. 또한 2017년 〈매경이코노미 제1896호〉 기사에 따르면 자동화 대체 확률이 높은 직업은 콘크리트공, 도축원, 청원 경찰, 경리 사무원, 택배원 등이었고, 자동화 대체 확률이 낮은 직업은 화가, 사진작가, 작가, 작곡가, 안무가, 가수, 예체능 강사 등이었다. 수치 계산, 반복 노동 등을 하는 직업은 사라질 가능성이 높지만 인간의 감성을 기반으로 하는 직업들은 사라지지 않을 것으로 전망되었다.

하지만 우리는 빛의 속도로 변하는 세상에 살고 있다. 불과 몇 개월 전의 전망이 지금은 맞지 않는 경우가 많다. 인간의 고유 영역이라고 여겨졌던 미술, 음악 등 예술 부문에서도 로봇들이 인간 이상의 능력을 보여주고 있다. 마이크로소프트는 네덜란드의 델프트공대, 렘브란트 미술관과 함께 인공지능 '넥스트 렘브란트'를 공동 개발하여 렘브란트 화풍의 회화를 만들어냈다. 또한 인공지능은 음악을 작곡하는 것은 물론, 재즈 뮤지션들과 즉흥적으로 협연을 하기도 한다. 인간이 설 자리가 점점 없어질 것 같은 불안감이 드는 것이 사실이다.

4차 산업혁명 시대가 원하는 인재

4차 산업혁명은 조용하다. 소프트웨어, 데이터, 지식, 기술 기반의 혁명이기 때문에 피부로 느끼기 어렵다. 눈에 보이지 않을 뿐 이미 거대한 혁명은 시작되었다. 직장인들도 이 거대한 흐름 속에서 어떻게 살아갈 것인지 고민해야 한다. 이러한 세상에서 살아가기 위해서는 어떤 역량이 필요할까? 기업에서는 어떤 인재들을 원할까?

세계경제포럼은 전 세계 글로벌 기업의 인사 담당자와 전략 기획 담당자들의 전망을 조사하여 '2020년에 기업 근로자가 갖추어야 할 가장 중요한 10대 기술'을 발표했다. 그들은 미래 인재들에게 가장 중요한 기술로 1) 복잡한 문제 해결 2) 비판적 사고 3) 창의력 4) 사람 관리 5) 타인과의 조정 6) 감성 지능 7) 판단과 의사결정 8) 서비스 지향성 9) 협상 10) 인지적 유연성을 꼽았다. 또한 많은 전문가들은 4차 산업혁명 시대에 필요한 역량으로 4C를 꼽는다. 4C는 비판적 사고 critical thinking, 의사소통 능력 communication,

협업 능력collaboration, 창의력creativity을 뜻한다. 생각하는 능력과 인간관계에 필요한 사회적 지능과 관련된 능력들이다.

암기력, 계산 능력으로는 더 이상 인간이 기계를 이길 수 없다. 우리는 문제를 푸는 것에 익숙하다. 그렇게 교육받아왔고 문제를 잘 풀면 좋은 성적을 받을 수 있었다. 하지만 문제를 잘 푸는 것보다 문제를 잘 내는 능력이 더 중요한 시대가 됐다.

서울대학교 이정동 교수는 저서 《축적의 길》에서 한국 산업이 처한 위기의 본질을 개념 설계 역량 부족으로 진단했다. 그는 "개념 설계란 밑그림을 그리는 것"이라고 설명한다. 건축물을 지을 때, 짓고자 하는 건물을 상상하고 설계하는 능력이 건축물을 시공하는 능력보다 중요하다. 새로운 개념을 만들어내고 그것을 발전시켜 가치를 만들어낼 수 있는 능력. 이것이 문제를 푸는 능력이 아닌 문제를 잘 내는 능력이다. 4차 산업혁명 시대에 살아갈 인재들에게 꼭 필요한 능력이다.

요약

· 4차 산업혁명 시대에 가장 중요한 가치는 '융합'과 '연결'이다.
· 4차 산업혁명의 특징은 '지능화'다.
· 4차 산업혁명은 조용하다. 조용하지만 강력하다.
· 4C의 네 가지 가치 중 두 가지는 '생각'에 관한 것이고 나머지 두 가지는 '관계'에 관한 것이다.
· 밑그림을 그릴 수 있는 능력이 필요하다.

경쟁하기보다
남들과
'다르게' 한다

차를 타고 가는 중에 창밖 풍경을 본다. 넓은 초원에 얼룩무늬 소 떼들이 장관을 이루고 있다. 와! 하고 감탄이 나온다. 시간이 흘러도 비슷한 풍경이 계속된다. 조금 전까지 장관이라고 생각했던 풍경들이 더 이상 감동스럽지 않다. 지루하기까지 하다. 별 생각 없이 가다 문득 창밖을 본다. 그런데 비슷비슷하게 생긴 소 무리 속에서 보라색 소 한 마리가 눈에 띈다. 다시 한번 탄성이 나온다.

이 이야기는 세계적인 베스트셀러 작가이자 마케팅 구루guru 인 세스 고딘Seth Godin 의 저서 《보랏빛 소가 온다》에 나오는 장면이다. 이 책에서 보랏빛 소는 세상의 수많은 제품 중에서 자기 제품을 차별화하고 가치를 높이기 위해 우리가 알아야 할 깨달음을 설명하는 상징이다. 개인도 기업과 마찬가지다. 비슷비슷한 스펙의 사람들끼리 경쟁하기보다 남들과 '다르게' 하는 것이 중요하다. 경쟁하지 않고 이기는 방법이 있다면 굳이 경쟁하는 데 에너지를 쏟을 필요가 없다.

우리는 왜 경쟁하는가?

우리는 아주 어린 시절부터 경쟁 속에서 살아간다. 학생일 때는 성적 줄 세우기에 의해 경쟁에 내몰리고, 성인이 되어서는 취업을 위한 스펙 쌓기 경쟁에 내몰린다. 취업 후에도 남들보다 더 높이 오르기 위해, 더 많이 갖기 위해 평생 경쟁하며 살아간다.

생각해보자. 우리는 왜 경쟁하는가? 왜 남들보다 나아지려고 하는가? 왜 경쟁에서 이기려고 하는가? 결국에는 더 많은 것을 얻기 위해서다. 그중에서도 가장 큰 이유는 돈을 더 많이 벌기 위해서다. 2018년 4월 직장인 SNS '블라인드'와 채용 서비스 '원티드'에서 전국 직장인 5,861명을 대상으로 조사한 자료에 의하면 직장인의 66퍼센트가 최근 1년 이내에 이직을 시도했던 것으로 나타났다. 직장인들이 이직을 고려한 원인 1위는 '연봉'(26.8퍼센트)이었고 그 뒤를 이어 '워라밸'(21.9퍼센트), '조직 문화'(18.3퍼센트) 순이었다. 또한 2017년 '잡코리아'의 조사에 의하면 직장인들의 자기 계발 비용은 월평균 17만 2,000원이었다. 직장인들은 더 많은 연봉을 위해

적지 않은 비용을 지불하고 자기 계발을 하고 있는 것이다.

아직 직장인이 되기 전인 취업 준비생들의 상황은 어떨까? 2014년 대통령 직속 청년위원회에서 작성한 〈스펙 초월 채용 관련 대학생 인식 조사〉 보고서에 의하면 전국 대학 3, 4학년 학생 중 87.5퍼센트가 자격증, 어학 점수, 인턴 경험 등 9대 스펙 중 하나 이상의 스펙을 보유하고 있다고 응답했다. 이어서 '스펙을 쌓는 가장 큰 이유'에 대해서는 '스펙을 안 본다고 하나 실제로는 보기 때문에'라는 응답이 가장 높았고(47.0퍼센트), 뒤를 이어 '취업에 유리하기 위해서는 남들보다 돋보여야 하므로'(37.3퍼센트), '입사지원서에 적는 칸이 있어서'(12.5퍼센트) 등의 순으로 나타났다.

여기서 주목해야 하는 것은 2위를 차지한 응답이다. 상당수 응답자가 남들보다 돋보이기 위해서 스펙을 쌓는다고 응답했지만, 정작 남들도 다 하는 스펙 쌓기를 함으로써 원래 이루려던 남들과의 차별화를 못 하고 있는 것이다. 세계적인 경영 전략 석학인 하버드 비즈니스 스쿨의 마이클 E. 포터 Michael Eugene Porter 교수는 "전략은 한마디로 차별화다. 남과 차별화된 나만의 생존 공간을 확보하는 것이다"라고 말했다. 차별화가 경영 전략의 핵심이라는 것이다. 개인도 다르지 않다.

차별화란 무엇인가?

남들과 다르다는 것, 나만의 차별점을 갖는다는 것은 무엇인가? 차별화는 기업에게도 개인에게도 중요한 사안이다. 하지만 무조건 튀기만 한다고 차별화는 아니다. 한양대학교 홍성태 교수는 저서 《나음보다 다름》에서 "차별성을 인식시키려면 무조건 다르다고 외칠 게 아니라, '무엇과 비교하여' 다른지 그 기준을 정해야 한다"고 말했다. 다른 점을 말하기 전에 무엇과 다른지 기준선이 있어야 한다는 것이다. 이 기준선이 'POP point of parity'이고 다른 점이 'POD point of difference'다.

예컨대 아이폰을 차별화하여 설명할 때 '아이팟인데 전화 기능도 돼'라고 할 수 있다. 여기서 아이팟이 POP이고 전화 기능이 POD인 것이다. 이렇게 많은 사람들이 이해하고 있는 것을 예로 들고 차별화 포인트를 이야기해야 나의 차별점이 사람들에게 쉽게 인식될 수 있다. 한 가지 주의할 점은 차별점을 이야기할 때 POP를 무엇으로 할지 잘 정해야 한다는 것이다. '전화인데 음악을 들을 수 있는 기기'와 'MP3 플레이어인데 전화 기능이 되는 기기'는 완전히 다른 결과를 초래할 수 있기 때문이다.

어떻게 차별화할 것인가?

그렇다면 어떻게 차별화를 할 것인가?

첫째, 무조건 작게 시작해야 한다. 체스 천재라고 불리는 미국 챔피언 조시 웨이츠킨 Josh Waitzkin 은 "뭔가 작은 것에 집중하면 모든 영역에 적용할 수 있는 강력한 것을 얻을 수 있다"라고 말했다.

또한 세계 최대 전자결제 기업인 페이팔Paypal의 창업자이자 페이스북의 초기 투자자로 유명한 피터 틸Peter Thiel은 저서 《제로 투 원》에서 "가치 있는 기업이 되려면 틈새시장을 찾아내 작은 시장을 지배하는 데서부터 시작해야 한다"고 말했다. 아무도 관심 두지 않는 틈새시장을 발굴하여 성공한 사례가 많다. 하물며 기업도 그러한데 가용 지원이 적은 개인은 더욱더 작은 가능성을 찾아내어 차별화하는 것이 중요하다. 작은 것일수록 다른 것과 구별되어 선명하게 인식되기 때문이다.

둘째, 장점을 극대화한다. 피터 틸은 "작게 시작해서 독점하라"고 설파한다. 그가 말하는 독점은 경쟁자보다 열 배가 더 뛰어난 것이다. 한국인 최초의 프리미어 리거인 박지성 선수가 예능 프로그램에 나와 이야기하는 것을 본 적이 있다. 그는 맨체스터 유나이티드에 진출했을 때 수많은 세계적인 선수들 사이에서 '도대체 나는 무얼 해야 여기서 살아남을 수 있을까?' 고민한 적이 있다고 한다. 고민 끝에 그가 찾은 해답은 '내가 가진 장점에 더욱 집중해라' 였다. 자신이 넘어설 수 없는 부분보다 자신의 장점에 집중한 것이다. 운동선수로서는 치명적인 평발이라는 신체적 약점에도 불구하고 팀 내 어떤 선수보다 많이 뛰고 공간을 만들어내고 팀에 헌신하는 선수로서 차별화를 했던 것이다. 열 가지 단점을 1씩 올리느라 애쓰지 말고 하나의 장점을 높이는 데 집중하면 그 하나의 장점은 10이 된다.

셋째, 끊임없이 학습해야 한다. 앞서 언급한 박지성 선수의 이야기 후반부에 이런 얘기가 나온다. "나만의 장점이 누군가의 장점이 되는 순간 내가 가지고 있던 경쟁력을 잃을 수도 있기에 새로 배울 수 있는 것에 대한 탐구를 계속했다." 그렇다. 현재 나의 장점도 시간이 흐르면 더 이상 장점이 되지 못한다. 내가 가진 장점을 여러 사람이 알게 되면 그들도 내가 가진 장점을 연마할 것이기 때문이다. 이익이 있는 곳에는 경쟁이 있기 마련이다. 경쟁자가 없던 곳에도 이익의 생기기 시작하면 순식간에 경쟁자들이 몰려든다. 어마어마한 양의 정보가 빠르게 유통되는 현대 사회에서는 기술의 가격이 싸고 지식을 습득하기 쉽기 때문에 이런 현상이 매우 빠르게 나타난다. 따라서 우리는 항상 마음을 열고 학습하는 습관을 가져야 한다. 새로운 지식의 탐구와 자기 성찰을 통해 끊임없이 차별화해야 경쟁하지 않고 원하는 것을 얻게 될 것이다.

· 진짜 경쟁력은 남들과 다름에서 나온다.
· 무조건 튄다고 차별성이 아니다. 무엇과 비교해서 다른지 비교의 대상이 있어야 한다.
· 작은 부분에서 차별화의 가능성을 찾아라. 작은 차이가 명품을 만든다.
· 단점을 보완할 에너지를 장점을 극대화하는 데 써라.
· 끊임없이 학습하고 새로운 차별점을 만들어라. 시간이 지나면 나의 장점이 남의 장점이 된다.

일꾼이 아닌
성과자가
되어야 한다

우리가 직장 생활을 하면서 가장 많이 듣는 이야기 중 하나가
바로 '성과를 내라'는 말이다. 직장인이라면 누구나 늘 성과에 대한
스트레스에 시달린다. 팀장, 과장, 대리는 말할 것도 없고 임원, 심
지어 대표이사까지도 실적 압박이 일상이다. 이렇듯 직장 생활의
기본은 회사가 원하는 성과를 내는 것이다.

이렇게 일상적이고 중요하기까지 한 사실을 대다수의 직장인들
이 제대로 이해하지 못하고 있다. 직장에 왜 출근하는가? 일을 하
기 위해서? 돈을 벌기 위해서? 둘 다 아니다. '성과를 내기 위해서'
가 정답이다. 회사가 성과 없이 일만 하는 사람에게 돈을 줄 리가

없다. 일은 성과를 내기 위한 과정일 뿐이다. 많은 시간 일하는 것보다 짧은 시간을 일하더라도 가시적인 성과를 내는 것이 훨씬 중요하다. 극단적으로 이야기해서 일하지 않고도 성과를 낼 수 있다면 그것이 회사가 원하는 것이다. 일꾼worker이 아닌 성과자performer가 되어야 한다.

숫자로 표현하라

성과 중심으로 일하는 방법은 무엇일까? 목표가 뚜렷해야 한다. 목표가 뚜렷하다는 것은 성과에 대한 정의를 명확하게 하는 것이다. 명확하다는 것은 정량화한다는 것이다. 무엇이든 숫자로 표현하면 명확해진다. 숫자는 측정하기가 쉽다. 품질관리 분야에서 세계적으로 유명한 에드워즈 데밍Edwards Deming 교수는 "측정 가능한 것을 측정하라. 그리고 측정하기 어려운 것을 측정 가능하게 만들어라"라고 말했다. 또한 현대 경영학의 아버지로 일컬어지는 피터 드러커는 "측정할 수 없는 것은 관리할 수 없다"고 말했다.

내가 맡은 일을 정량화하는 능력은 매우 중요하다. 측정할 수 있어야 개선할 수 있다. 성과를 정량적으로 관리하기 위해 많은 기업에서 '핵심성과지표KPI, key performance indicator'를 활용한다. KPI는 목표를 성공적으로 달성하기 위해 핵심적으로 관리해야 할 요소들을 지표로 만든 것이다. 수치화된 목표를 수시로 모니터링하면 내가 목표에 얼마나 근접해 있는지를 알 수 있다. 현재 상태를 객관적으로 알 수 있고 대비하기 수월해진다.

몇 년 전에 근무했던 회사에서 함께 일했던 여러 명의 팀장들이 있었다. 프로젝트 진행 상황을 보고할 때 대부분의 팀장들은 '일정보다 좀 늦게 프로젝트가 끝날 것 같습니다. 이유는 ○○ 때문입니다'라고 보고한다. 두루뭉술하게 일이 지연되고 있다는 내용과 핑계성 이유를 대기에 급급했다. 그런데 어떤 팀장은 '현재 계획된 일정보다 15퍼센트 지연되고 있습니다. 이 속도가 유지된다면 ○일 정도 늦어져서, ○월 ○일에 프로젝트가 완료됩니다'라고 보고했다. 사실관계를 명확하게 숫자로 보고해주었던 것이다. 후자의 직원이 고성과자였음은 말할 것도 없다.

기한 없는 목표는 허황된 희망 사항이다

성과를 낸다는 것은 정해진 기한 내에 목표를 이룬다는 것이다. 기한 없는 목표는 허황된 희망사항에 지나지 않는다. 기한이 있어야 목표의 크기를 정할 수 있다. 같은 성과라도 1개월 만에 이룰 수 있는 크기와 1년 만에 이룰 수 있는 크기가 다를 것이다. 기한을 정하고 그때까지 누가 무엇을 할지 정하는 것이 '일정 계획'이다.

보통의 경우 일정 계획을 수립할 때 오늘을 시작점으로 해서 할 일들을 나열하는 방식을 사용한다. 이런 방식을 순방향 스케줄링 forward scheduling이라고 한다. 그런데 이 방식에는 한 가지 문제점이 있다. 계획보다 일정이 지연되는 일이 많아진다는 것이다. 몇 가지 이유가 있는데, 첫째, 프로젝트는 후반부로 갈수록 구체화되기 때문이다. 둘째, 프로젝트를 진행하다 보면 처음 계획할 때 예상치 못했던 일들이 터져 나온다. 셋째, 별로 중요하지 않은 일을 하느라 초반 시간을 보낸다. 넷째, 대부분의 사람들은 학생 증후군에 빠져 있다. 즉, 시간이 많아도 마감일이 다 되어서야 일을 시작한다. 이런 이유로 대부분의 프로젝트가 마감일이 다 되어서야 분주해지는 것이다.

이러한 문제를 해결할 수 있는 스케줄링 기법이 역방향 스케줄링backward scheduling 이다. 마감 날짜를 기점으로 역산해서 해야 할 일을 계획하는 방법이다. 이 방식을 이용하면 프로젝트 후반에 해야 할 일을 좀 더 구체적으로 생각해볼 수 있다. 보통의 경우 현재에 가까운 일들을 더 구체적으로 계획하는 데 반해, 역스케줄링을 활용하면 미래의 모습을 구체적으로 생각하게 된다. 뒤쪽에서 앞쪽으로 계획을 세우다 보면 앞쪽에 시간이 많지 않음을 깨닫게 되는 경우가 많다. 이것을 깨달으면 하지 않아도 되는 일, 우선순위가 낮은 일을 판단할 수 있게 된다. 이런 과정을 통해 선택과 집중을 할 수 있으므로 프로젝트를 성공적으로 마칠 가능성이 높아진다.

일본의 유명한 경영 컨설턴트인 간다 마사노리神田昌典 는 "99퍼센트의 사람들은 현재를 보면서 미래가 어떻게 될지를 예측하고, 1퍼센트의 사람들은 미래를 내다보면서 지금 현재 어떻게 행동해야 할지를 생각한다. 1퍼센트의 인간은 미래에 이룰 모습을 생각하며 오늘을 살아간다"라고 말했다. 역스케줄링을 개인에게도 적용하면 매우 좋을 것이다. 나의 목표를 역스케줄링해보자. 그러면 올해, 이번 달, 오늘 내가 무엇을 해야 하는지, 어디에 있어야 하는지가 좀 더 선명해질 것이다.

성과를 제대로 표현하는 것이 50퍼센트다

성과를 만드는 것이 반이라면 그것을 제대로 표현하는 것이 반이다. 치열한 경쟁 사회에서 상대평가를 통해 점수가 매겨지는 대부분의 직장인에게는 어쩌면 성과를 제대로 표현하는 것이 더 중요할 수 있다. 그냥 '성과를 내라'가 아니라 '가시적인 성과를 내라'라는 말 속에 이미 답이 있다. 말 그대로 눈에 보이는 성과를 내라는 말이다. 달리 말하면 성과를 눈에 보이게 해달라는 뜻이기도 하다. 안타깝게도 많은 직장인들이 본인이 성과를 만들어놓고도 그것이 성과인지 아닌지 잘 모른다. 뭔가 성과인 것은 같은데 제대로 설명을 하지 못해 좋은 평가를 못 받는 경우를 많이 봤다. 성과를 잘 보이게 하는 방법은 무엇일까?

첫째, 결과의 영향력에 관해 이야기하라. 발명왕 토머스 에디슨이 전구를 발명하기까지 수천 번의 실패를 겪으면서도 좌절하지 않았던 것은 그의 '파생 효과 노트' 때문이라 해도 과언이 아니다. 그는 전구가 가져올 파생 효과들을 노트에 기록해놓고 실패에 부딪힐 때마다 꺼내어 읽어보았다고 한다. 전구가 발명됨으로써 전기 수요가 늘어나고, 전기 공급이 늘어나면 가전제품들의 수요가 폭발하리라는 영향력까지 생각했던 것이다. 이렇듯 현재의 결과는 보잘것없어 보여도 그것이 향후에 가져올 영향력이 어떠할지 생각해보면 결과의 가치는 달라진다.

둘째, 좋은 언어로 표현하라. 자신의 성과를 보고하면서 부정적인 표현, 자신감 없는 표현으로 가치를 깎아먹는 경우를 너무 많이 봤다. 이왕이면 좀 더 멋진 말로 표현하면 안 될까? 언어는 생각의 프레임이다. 내가 어떤 말로 표현하는지에 따라 성과로 보일 수도 있고 아닐 수도 있다.

예전에 필자가 담당했던 부서의 팀장이 사장님과 전사 팀장들이 모인 자리에서 보고를 했을 때의 일이다. 그 팀장이 진행한 고객 확보를 위한 마케팅 캠페인이 기존보다 두 배 이상 좋은 성과를 냈었다. 매번 비슷한 방식의 캠페인을 진행하다가 팀원들과 아이디어를 짜낸 끝에 콘셉트를 확 바꾸고, 개발팀의 협조를 얻어 제품의 기능 또한 마케팅 콘셉트에 맞게 수정하여 진행한 터였다. 그런데 보고 자리에서 "기획을 좀 수정하여 진행해서 이런 성과가 났습니다"라고 보고를 했다. 멘트도 밋밋했고 여러 보고 사안에 묻혀서 그저 그런 보고가 되고 말았다.

"사장님께서 평소에 강조하시던 대로 관점을 완전히 달리하여 기획했고, 개발팀에서도 적극적으로 협조해주어서 성과가 두 배 이상 높게 나왔습니다"라고 얘기했다면 더 좋았을 것이다. 여기에는 중요한 보고 스킬이 있다. 우선 지루한 회의 시간에 "사장님께서 평소에 강조하시던 대로……"로 이야기를 시작하면 내 얘기에 주목하게 된다. 게다가 "좀 수정하여"라는 표현보다 "관점을 완전히 달리하여"라는 표현이 더 신선하고 힘이 있다. 그러면서 자연스럽게 협력해준 타 부서를 치켜세우는 말까지 덧붙이면 일거양득 아닌가? 보고자에게는 사장님의 말을 귀담아듣고 실천하는 팀장이라는 인식이 생길 것이고, 사장님에게 부서 간 협조가 잘되고 있다는 안도감도 줄 수 있을 것이다. 리더는 성과를 잘 드러낼 줄 알아야 한다. 그래야 팀원들의 성과를 깎아먹지 않을 수 있다.

셋째, 과장하지 말라. 빈 수레가 요란하다.

- 성과 없는 일은 일이 아니다. 일꾼이 아닌 성과자가 되어야 한다.
- 숫자로 표현하면 목표가 선명해진다. 숫자는 내가 지금 어디에 있는지 정확히 알려준다.
- 역스케줄링을 통해 현재 집중해야 할 일이 무엇인지 알 수 있다.
- 결과에 의미를 부여하고 어떤 영향이 있을지 제대로 설명할 때 '결과'는 '성과'가 된다.
- 성과를 제대로 드러낼 줄 모르는 리더는 팀원들의 성과를 깎아먹는 것이다.

운이 지배하는 세상, 운을 내 것으로 만든다

'운칠기삼運七技三'이라는 말을 들어본 적이 있을 것이다. 모든 일의 성패는 운이 7할을 차지하고 노력이 3할을 차지해서 운이 따라주지 않으면 일을 이루기 어렵다는 말이다. 이 말에서 알 수 있듯이 운이 우리 인생에서 차지하는 비중은 매우 크다. 좋은 부모를 선택해서 태어날 수도 없고, 죽도록 노력한다고 해서 원하는 것을 모두 가질 수도 없다.

그러면 우리는 아무 노력도 들이지 않고 감나무 아래에서 감 떨어지기만 기다리고 있어야 하는가? 아니다. 다행인 것은 운과 친해질 방법이 있다는 것이다. 30퍼센트의 노력으로 70퍼센트의 운을 내 것으로 만들 가능성을 높일 수 있다. 우리가 운이 작용하는 세상에서 살고 있다는 사실을 알아야 한다. 혼자만의 능력으로는 할 수 있는 것이 거의 없다. 이것을 인정해야 한다. 인정해야 제대로 된 대처를 할 수 있다.

질서와 무질서 사이의 세계, 복잡계

'복잡계 이론complex system theory'이라는 것이 있다. 말 그대로 세상의 복잡한 현상을 연구하는 이론이다. 복잡계複雜系는 질서와 무질서 사이에 존재하는 계系라고 한다. 우리가 살면서 겪는 일들의 대부분은 이 복잡계에 속한다. 하나의 결과에 대해 다양한 원인이 작용하는데, 이를 설명하기 어려운 일이 대부분이다. 이럴 때 우리는 운이 좋았다는 말로 설명을 대신한다.

그런데 운의 영향력이 큰 분야가 있고 작은 분야가 있다. 그런 분야를 잘 구분하고 실력의 결과인지 운의 결과인지를 제대로 파악할 수 있어야 한다. 고영성 작가와 신영준 박사가 공저한 《일취월장》이라는 책에 이런 대목이 있다. "아마추어가 전문가를 이기는 비율이 높은 분야는 운의 영향력이, 반대로 아마추어가 전문가를 이기는 비율이 적은 분야는 실력의 영향력이 크다." 이러한 기준이 운의 영향력을 가늠할 수 있는 하나의 척도가 될 수 있다.

이런 측면에서 비즈니스 세계는 대표적인 복잡계다. 수많은 복합적인 요인들이 결합하여 성패가 결정된다. 특히 4차 산업혁명의 다양한 연결과 융합이 판을 치는 곳에서는 어제의 성공 방식으로 오늘 또 성공한다는 보장이 없다. 그렇다면 비즈니스 세계에서 성공한 사람들은 운이 좋아서 성공했을까, 아니면 능력이 좋아서 성공했을까? 전설적인 투자자이자 세계적인 부호인 워런 버핏은 자신을 "운 좋은 정자 클럽의 멤버이자 난자 복권의 당첨자"라고 말했다. 워런 버핏 외에도 많은 성공한 사람들이 자신의 성공을 운이라고 말한다. 세상의 모든 결과는 우연과 우연의 충돌이 만들어낸다. 운을 내 것으로 만드는, 운과 친해지는 법을 알아보자.

운은 사람을 통해 온다

운을 좋게 하기 위해서는 운이 깃들 수 있는 환경을 만드는 것이 매우 중요하다. 운이 깃드는 환경을 구성하는 많은 요소가 있겠으나 그중에서 가장 중요한 것은 바로 '사람'이다. 예전부터 어른들이 말씀하시던 '친구를 잘 사귀라'는 말이 틀린 것이 하나 없다. 실리콘 밸리의 성공한 기업들조차도 어떤 일을 할지 정하기 전에 좋은 사람을 먼저 찾는다고 한다.

구글의 전 회장이자 현 알파벳의 회장인 에릭 슈미트Eric Emerson Schmidt 는 저서 《구글은 어떻게 일하는가》에서 "(직원들을) 문제 해결의 닌자(해결사)로 키우는 것이 구글의 문화는 아니다. 그보다는 이런 닌자를 먼저 회사로 끌어들이는 것이 구글의 문화였다"라고 말했다. 그만큼 사람이 중요한 것이다. 특히 학연, 지연, 혈연에 의

한 연결성이 강한 우리나라에서는 인맥의 중요성이 강조되곤 한다. 어떤 사람들은 아는 사람이 많다고 자랑하고, 어떤 사람들은 아는 사람의 위세를 자신의 것처럼 말하기도 한다. 자신의 인맥을 떠벌리는 사람 치고 실속 있는 사람이 없다.

뛰지 않는 맥은 맥이 아니다. 펄떡펄떡 살아 있는 인맥만이 의미가 있는 것이다. 살아 있는 인맥이란 지속적으로 가치 있는 소통이 일어나는 인맥이다. 그럼 살아 있는 인맥을 만드는 방법은 무엇일까?

첫째, 나 스스로가 가치 있는 사람이어야 한다. 여기서 말하는 가치는 반드시 금전적 가치만을 말하는 것이 아니다. 말솜씨가 좋아서 진행을 잘하든, 아는 것이 많아서 들을 얘기가 많든, 어떤 것이든 간에 자신만의 가치가 있을 때 사람들이 나를 찾는다. 내가 가진 것은 없으면서 좋은 인맥에 줄을 대려고 쫓아다니는 모습은 비굴하다.

둘째, 겸손해야 한다. 겸손한 사람은 자신의 부족함을 인정하는 사람이다. 부족함을 인정해야 더 배우려고 노력한다. 이런 사람은 남보다 더 많이 말하기보다 경청한다. 알려주는 사람으로서는 자신의 말을 경청하는 겸손한 사람에게 하나라도 더 많이 알려주고 싶을 것이다. 그러므로 겸손한 사람은 인기가 좋다.

필자가 아는 기업의 대표 중에 성격이 매우 겸손하고 예의 바른 분이 계시다. 이 분은 회사를 창업한 지 4년도 안 되어서 연 매출 100억 가까이 내는 회사로 키웠고 현재도 계속 성장 가도를 달리고 있다. 업계 모임 등에서 이분을 만날 때면 항상 누구 할 것 없이 거의 90도로 인사하는 모습을 본다. 웃는 표정으로 몇 번이고 안부를 묻고 깍듯이 인사를 건넨다. 대화할 때도 늘 "덕분입니다", "아직 많이 부족합니다"를 반복한다. 대표의 수준이 곧 회사 수준이라는데, 이분의 회사가 성장하는 이유를 알 것 같다.

셋째, 생각이 열려 있어야 한다. 함께 일하는 동료 또는 비즈니스 관계로 만나는 사람들과 대화할 기회가 많다. 그중에는 대화가 부드럽게 잘 이어지는 사람이 있는가 하면, 대화가 중간에 뚝뚝 끊기고 이야기를 하면 할수록 답답함이 느껴지는 사람도 있다. 후자에 속한 사람들은 '내가 예전에 다 해봐서 아는데', '그게 좋은 건 알겠는데 우리 현실에서 되겠어?', '해보고 안 되면 어떻게 책임질래?' 등과 같이 부정적이고 닫힌 마음을 갖고 있다. 시각이 편협하고 자신이 경험한 것만이 정답인 양 이야기한다. 소위 말해 '꼰대' 같은 사고를 하는 사람들이다.

나이 든 사람들을 무조건 꼰대라고 일컫는 것은 좋은 현상은 아니다. 하지만 나이를 먹을수록 과거의 경험에만 의존하지 말고 새로운 지식을 충전해야 한다. 여러 연구 결과에 따르면 나이가 들수록 새로움보다 안정을 추구하는 경향이 나타난다고 한다. 그렇기 때문에 나이를 먹을수록 의식적으로 다양한 분야에 관심을 두고 학습할 필요가 있다. 평생 공부한다는 말도 있지 않은가. 지식의 충전 없이 경험만 가지고 이야기하면 꼰대 소리 듣기 딱 좋다.

오늘부터는 '나에게 도움을 줄 수 있는 사람이 몇 명이나 될까?'

라는 질문 대신 '내가 도움을 줄 수 있는 사람이 몇 명이나 될까?'
로 질문을 바꾸어보자. 그것이 진짜 인맥이라 해도 과언이 아니다.

운을 부르는 세 가지 습관

성공한 사람들, 운이 좋았다고 말하는 사람들은 스스로 노력한 사람들이다. 그들에게는 세 가지 공통점이 있다. 돈이 드는 일도 아니고 대단히 큰 노력이 필요한 일도 아니지만 나 자신을 도울 수 있는 좋은 방법이니 습관으로 만들면 좋을 것이다. 그 세 가지 실천 사항을 알아보자.

첫째, 웃어야 복이 온다. 우리 속담에 "웃으면 복이 온다"라는 말이 있다. 이 말을 '웃어야 복이 온다'로 바꿔보자. 코미디 프로그램을 보고 웃겨서 웃는 웃음은 수동적 웃음이다. 웃기는 상황이 아닌데도 일상에서 웃음을 찾아내서 웃는 것은 자발적 웃음이다.

웃음은 건강에도 직접적인 영향을 준다. 현대 웃음 치료의 선구자이자 미국 〈새터데이 리뷰Saturday Review〉지의 편집장이었던 노먼 커즌스Norman Cousins는 15분 웃으면 두 시간 동안 통증이 없어진다는 사실을 발견했다. 123세의 나이로 장수 분야 기네스북 세계 1위에 오른 일본의 이즈미 시게치요라는 분의 일화는 유머 감각의 중요성을 일깨워준다. 이즈미 시게치요의 장수 기록을 기념하는 파티에서 한 기자가 그에게 이렇게 물었다. "어떤 타입의 여성을 좋아하세요?" 그러자 그는 이렇게 답했다. "나는 어리광이 많아 연상이 좋아요." 그의 장수 비결은 이런 유머 감각이 아닐까?

웃자. 웃으면 긍정적인 기분이 든다. 긍정적인 기운은 주변에 전파된다. 웃으면 건강해지기까지 하니 반드시 실천해야 할 일이다. 긍정의 기운이 내 주변을 감싸면 행운이 찾아올 가능성도 높아질 것이다.

둘째, 긍정적인 언어를 사용하자. 10여 년 전에 MBC에서 한글날 특집으로 방영했던 〈말의 힘〉이라는 프로그램을 본 적이 있다. 프로그램 내용 중에 흥미로운 실험이 있었는데 이를 소개하고자 한다.

두 개의 유리병 안에 흰 쌀밥을 넣고 밀봉한다. 첫 번째 병에는 '짜증 나'라고 이름을 붙이고 한 달간 '짜증 나', '미워', '넌 왜 그러니' 등 부정적인 말을 들려주었다. 또 다른 병에는 '고맙습니다'라고 이름을 붙이고 '고마워', '사랑해', '예뻐' 등 긍정적인 말을 들려주었다. 한 달 후의 결과는 놀라웠다. 긍정적인 말을 들은 밥에는 누룩 냄새를 풍기는 하얗고 뽀얀 곰팡이가 피었고, 부정적인 말을 들은 밥은 까맣게 부패했다. 긍정적인 말의 좋은 에너지가 밥에게도 전달된 결과가 아닐까?

말에는 에너지가 있다. 웅진그룹의 윤석금 회장은 저서 《사람의 힘》에서 "긍정적인 말은 긍정의 에너지를 발산하고, 좋은 운을 끌어당긴다"라고 말했다. 자신의 말을 제일 먼저 듣는 사람은 바로 그 말을 한 나 자신이다. 부정적인 말을 입에 달고 사는 사람에게 긍정적인 기운이 생길 리 없다.

셋째, 실행하라. 아무것도 하지 않으면서 좋은 결과를 기대하는 사람에게 운이 있을 리가 없다. 복권에 당첨되길 원한다면 최소한 복권을 사기라도 해야 한다. 하늘은 스스로 돕는 자를 돕는다고 하지 않던가.

신앙심 깊은 사람이 배를 타고 가다 침몰하여 간신히 파편에 몸을 의지하고 있었다. 이틀이 지나 멀리서 불빛이 다가오는 것이 보였다. 소리 질러 도움을 요청하려다 그는 생각했다. '신께서 구원해주실 거야.' 며칠이 더 지나 또 다른 배 한 척이 다가왔다. 믿음이 강한 그였으나 죽음이 두려워 살려달라고 소리쳤다. 몇 차례 살려달라 외치던 그는 곧 단념했다. '저 배는 너무 커서 내 소리가 들리지 않을 거야.' 얼마 후 그는 죽었고 신을 만났다. 그는 신에게 물었다. "신이시여, 저는 평생 신을 섬기고 굳건한 믿음을 지키며 살았습니다. 왜 바다에 빠진 저를 구해주지 않으셨습니까?" 신이 대답했다. "무슨 말이냐? 나는 너에게 배를 두 대나 보냈다."

미국의 유명한 목사 어윈 루처Erwin W. Lutzer는 "하나님은 스스로 자신을 돕는 사람을 도와준다. 먼저 스스로 해보고 그 후에 신을 찾으라"고 말했다. 아울러 17세기 영국의 목사이자 시인인 조지 허버트George Herbert는 이렇게 기록했다. "자신을 도우라. 그러면 하나님이 당신을 도우리라." 기회는 행동하는 자의 것이다. 무엇이라도 좋으니 계획하고 실행하는 것이 중요하다. 생각만 하지 마라. 생각은 움직이면서 하는 것이다.

요약

· 우리는 운이 작용하는 복잡계에 살고 있다. 이를 인정하고 운이 나를 찾 아오도록 하는 노력이 필요하다.

· 운에 영향을 미치는 가장 큰 요인은 사람이다.

· 좋은 인맥을 만들기 원한다면 스스로 가치 있는 사람이 되어야 한다.

· 겸손한 자세와 열린 마음을 가진 사람은 다른 사람들에게 인기가 좋다.

· 웃음, 긍정적인 말, 실행력은 운을 부르는 좋은 습관이다.

게임의 룰,
자본주의를
이해한다

자본주의의 사전적 의미는 '이윤 추구를 목적으로 자본이 지배하는 경제 체제'다. 우리는 자본주의 세상에 살고 있다. 인본주의 세상이 아니다. 세상은 돈이 지배한다고 해도 과언이 아니다. 세상 많은 일들을 그럴듯한 명분으로 포장해도 결국 이유는 돈 때문이다. 전쟁, 정치, 직장 생활도 모두 돈 때문에 하는 것이다.

그런데도 많은 사람들이 자본주의에 대해 제대로 알려고 하지 않는다. 왜 경기는 매년 안 좋은가? 왜 물가는 계속 오르기만 할까? 왜 내 형편은 그다지 나아지지 않는가? 왜 잊을 만하면 경제 위기가 한 번씩 찾아오나? 자본주의의 기본 개념 정도는 알아야

한다. 게임의 룰을 알아야 게임을 할 것 아닌가? 열심히 하는 것만
으로는 부족하다.

자본주의를 이해하고 인정하라

자본주의는 거품이 생길 수밖에 없는 구조다. 만약 한국은행이
돈 100원을 발행하고, A라는 사람이 금리 연 5퍼센트에 그 100원
을 빌린다면, 1년 후에 105원을 갚아야 한다. 그런데 1년 후 돈을
갚을 때 이자에 해당하는 5원은 어디서 나오는가? 답은 한국은행
이 '5원을 추가로 발행한다'이다. 한국은행은 추가로 발행한 5원을
B에게 대출해준다. 그러면 시중에 유통되는 총 통화량은 105원이
된다. 100원을 빌린 A가 열심히 일해서 시중의 돈을 모두 벌면, 즉
B의 돈을 모두 가져가면 A는 원금과 이자 105원을 갚을 수 있다.
B가 5원을 갚을 때도 마찬가지다. 그때도 이자에 해당하는 금액은
한국은행에서 또 찍어야 하고 누군가에게 추가로 빌려줘야 한다.
이렇듯 중앙은행이 돈을 새로 찍어내고 누군가에게 빌려줘야 금융
시스템이 돌아간다. '빚 권하는 사회'가 된 이유는 이 때문이다.

돈을 계속 찍어내면 시중에 유통되는 돈이 늘어난다. 이를 '통화
팽창inflation'이라고 한다. 통화량이 증가한다는 것은 그만큼 돈의
가치가 낮아진다는 뜻이다. 같은 금액으로 살 수 있는 물건의 양이
줄어든다는 말, 다시 말해 물가가 오른다는 말이다.

이렇듯 금융 시스템이 어떻게 작동하는지 기본 원리만 알아도

왜 물가는 점점 오르고 대부분 사람들의 경제 사정이 제자리에 머무는지 알 수 있다. 제자리에 있지 않으려면 적어도 물가상승률을 초과하는 수익을 내야 한다. 수비적인 삶을 살면 안 되는 이유 중 하나다. 현상 유지를 목표로 삼으면 현상 유지조차 하기 어려운 이유이기도 하다. 공격적인 삶을 살아야 한다. 소프트뱅크의 손정의 회장은 이렇게 말했다. "인생은 공격과 수비 두 가지뿐이다. 그런데 공격하지 않을 이유가 무엇인가?"

자본주의 세상에서 건전한 탐욕은 죄악이 아니다. 많은 사람들이 돈에 대해 이중성을 보인다. 부자가 되길 바라면서도 정작 부자들을 경멸한다. 자본주의 세상의 주인공은 누구인가? 자본가다. 여러분 회사의 주인은 누구인가? 주주다. 지분 없는 월급쟁이 사장이라면 주인이 아니다. 평범한 직원들은 말할 것도 없다. 평범한 직장인이라면 좀 나은 노동자가 되기 위해 노력하는 것으로는 부족하다. 좀 더 욕심을 내고 공격적인 삶을 살아야 한다. 자신의 5년 전을 생각해보고 앞으로의 5년을 생각해보라. 지난 5년 전보다 지금 형편이 조금 나아졌다면, 5년이 흐른 후에도 지금보다 조금 나아진 수준 정도일 가능성이 높다.

요즘 사람들을 만나서 대화해보면 '살기가 점점 힘들어진다', '집 한 채 마련하려면 몇 년이 걸린다더라', '요즘 사회 초년생들은 희망을 품기 어려운 사회구조다', '아무리 열심히 일해도 크게 나아지는 게 없다' 등의 얘기를 한다. 왜 그럴까? 개인의 문제일까? 개인이 능력이 부족하고 열심히 하지 않아서일까?

얼마 전에 지인 한 분과 차 한잔 하며 대화를 나누었다. 그분은 대기업에서 20년 넘게 근무 중이었는데, 대기업과 하청업체 간 거래 구조의 불합리한 점에 대해 이야기했다. 하청업체에서 아무리 열심히 해도 결국 대기업 배만 불리고 중소기업들에게 돌아가는 몫이 적은 이유에 대해 그분은 이렇게 말했다. "꿀벌들이 열심히 꿀 따다 놓으면 양봉업자가 한 번에 떠 가기 때문이에요."

그렇다. 아무리 열심히 일해도 생각한 만큼 내 삶이 극적으로 변하지 않는 이유는 구조적인 문제 때문이다. 한 명의 양봉업자를 위해 수천, 수만 마리의 꿀벌이 열심히 꿀을 따다 주는 구조 속에서 대부분의 직장인은 꿀벌이다. 아무리 꿀 따는 기술이 좋고, 빠르고 오래 날 수 있는 꿀벌이라도 꿀벌은 그저 꿀벌이다. 이 점을 인정해야 한다. 현실을 인정해야 제대로 된 계획을 세울 수 있다.

빈익빈 부익부인 세상이 불공정해 보이고, 흙수저로 태어난 것이 억울할 수도 있다. 그래도 어쩌랴. 그것이 현실이고 우리는 그런 현실에서 살고 있다. 빌 게이츠는 이렇게 말했다. "인생은 원래 불공평하다. 그런 현실을 불평하지 말고 받아들여라." 이제라도 늦지 않았다. 긍정적으로 생각하자. 출발이 늦었다고 결승점에 늦게 골인한다는 법은 없다.

노동자 마인드 vs 자본가 마인드

평범한 직장인이 어떻게 하면 자본가가 될 수 있을까? 우선은

'자본가 마인드'를 가져야 한다. '노동자 마인드'에서 벗어나지 못하면 아무리 열심히 해도 누군가가 주는 일만 하는 노동자의 굴레에서 벗어날 수 없다. 노동의 가치를 폄하하는 것이 아니다. 성실함과 열심히 하는 것만으로는 승자의 삶을 살 수 없기 때문에 하는 말이다.

노동자 마인드 vs 자본가 마인드

노동자 마인드	자본가 마인드
나는 노동력을 제공하고 월급을 받는다	나는 나의 가치를 제공하고 월급을 받는다
어떻게 하면 일을 더 잘할 수 있을까?	어떻게 하면 더 가치 있는 것을 만들 수 있을까?
어떻게 하면 더 많은 돈을 벌 수 있을까?	어떻게 하면 돈이 찾아오는 구조를 만들 수 있을까?
고객들에게 이 물건을 어떻게 팔까?	고객들이 이 물건에 어떤 가치를 느끼게 할까?
무엇을 했는지 얘기한다	어떤 가치를 만들었는지 얘기한다

　　자본주의는 제로섬zero-sum 게임이다. 누군가 더 가져가면 누군가 덜 가져가는 사람이 생긴다. 패자가 생길 수밖에 없는 구조다. 생각을 바꾸는 것만으로도 승리할 가능성을 높일 수 있다. '어떻게 하면 일을 더 잘할 수 있을까?', '어떻게 하면 더 많은 돈을 벌 수 있을까?' 식의 접근은 노동자 마인드다. '어떻게 하면 더 가치 있는 것을 만들 수 있을까?', '어떻게 하면 돈이 찾아오는 구조를 만들

수 있을까?'가 자본가 마인드다. 어떻게 하면 더 가치 있는 일에 에너지를 쏟을 수 있을지, 어떻게 더 가치 있는 일을 할 수 있는 역량을 기를지 고민하자.

사람들은 자본가 하면 돈 많은 사람을 떠올린다. 그런데 자본주의에서 반드시 돈만이 자본은 아니다. 일본의 마크 저커버그라고 불리는 사토 가쓰아키佐藤航陽는 저서 《Money 2.0》에서 자본주의의 패러다임이 '가치주의'로 바뀌고 있다고 말한다. 돈은 시간이 지날수록 가치가 떨어진다. 연간 물가상승률을 3.5퍼센트로 가정하면 현재 100만 원의 10년 후 현재가치는 71만 원이고, 20년 후에는 50만 원이 된다. 20년이 지나면 가치가 반 토막이 되는 것이다. 돈을 은행에 맡긴다고 하더라도 원금 손실 없는 예·적금 금리는 물가상승률에도 못 미치니, 돈의 가치가 하락할 것은 분명하다.

그렇다면 시간이 지나도 가치가 떨어지지 않는 자본은 무엇일까? 바로 지식과 매력이다.

새로운 자본가 세력, 지식 자본가와 매력 자본가

최근 10년 사이에 자본주의 사회에 새로운 유형의 자본가들이 등장하기 시작했다. 새로운 기술 지식으로 무장한 지식 자본가들과 끼와 재능으로 똘똘 뭉친 매력 자본가들이다.

먼저 지식 자본가들을 살펴보자. 그들은 최근 정보통신 기술이 급속하게 발전하는 과정에서 자신들이 보유한 지식을 활용해 새로운 부를 만들어냈다. 과거 전통적인 산업이 10억 달러(1조 1,000억 원) 가치의 회사가 되기까지 걸리는 평균 기간은 약 20년이었다. 그런데 최근 10년 사이에 등장한 기업들을 보면 그 기간이 기하급 수적으로 단축되고 있는 것을 알 수 있다.

차량 공유 서비스인 우버는 8년 만에 680억 달러(76조), 숙박 공 유 서비스인 에어비앤비는 10년 만에 400억 달러(44조)짜리 기업 으로 성장했다. 최근에는 속도가 더욱 빨라지고 있다. 2014년 설 립된 온라인 쇼핑몰 제트닷컴 Jet.com은 설립 4개월 만에 10억 달러 의 가치를 인정받았고, 2016년 월마트에 33억 달러(약 3조 7,000억 원)에 인수됐다. 지금 소개한 기업의 창업자들은 컴퓨터와 정보통 신 기술로 무장한 새로운 지식 자본가들이다. 그들은 지식과 기술 을 활용해 기존과는 전혀 다른 방식으로 사업을 전개한다. 전통적 인 산업에도 운송업, 숙박업, 소매 유통업은 있었다. 그러나 최근 에 등장한 기술 기업들의 사업 방식은 완전히 다르다.

우버는 자기 소유의 차 한 대 없이 여객 운송 사업을 하고 있고, 에어비앤비는 자기 소유의 숙박 시설을 갖지 않고도 전통적인 호 텔 체인인 힐튼 Hilton보다 시가총액이 높은 기업이 됐다. 제트닷컴 은 소프트웨어 알고리즘을 통해 아마존보다 더 저렴한 가격으로 소비자에게 물건을 판매할 수 있는 혁신을 이루어냈다.

우리나라도 예외는 아니다. 〈포브스 Forbes〉가 선정한 '2017년 한국 50대 부자'에 포함된 인물들을 살펴보면 전통적인 산업에 해 당하는 인물들 사이에 몇몇 눈에 띄는 인물들이 있다. 스마일게이트 권혁빈 대표(4위), NXC 김정주 대표(7위), 카카오 김범수 의장 (14위), 엔씨소프트 김택진 대표(23위), 넷마블게임즈 방준혁 의장 (24위)은 우리나라 IT·게임 산업의 대표적인 인물들이다. 이들은 자신들의 지식을 활용해 대한민국 역사상 누구보다 빠른 속도로 엄청난 부를 축적했다.

한 가지 주목해야 할 점은 전통적인 부자들은 대부분 부의 대물 림을 기반으로 부를 축적했다면, 신흥 부자들은 자신의 힘으로 부 를 이룬 자수성가형 부자들이라는 것이다. 짧은 시간에 기술 지식 이 어떻게 자본으로 전환되는지를 볼 수 있는 좋은 사례들이다. 재 벌들만 가질 수 있을 것 같았던 엄청난 부를, 새로운 기술과 지식 을 통해 짧은 시간 내에 창출할 수 있다는 사실이 확인된 것이다. 브라이언 트레이시는 저서 《겟 스마트》에서 이렇게 말했다. "경제 적 성공으로 가는 사다리는 지식과 기술이다."

지식 자본가에 이어서 매력 자본가에 대해 알아보자. 매력 자본 가의 대표 주자는 연예인이다. 영화배우, 가수, 개그맨, 방송인 등 수많은 연예인들이 있다. 이들은 실력은 물론이고 다양한 끼와 재 주를 갖고 있다. 연예인이 되고자 하는 지망생도 너무 많다. 경쟁 이 치열한 엔터테인먼트 시장에서 실력만으로는 인기를 얻기가 어 렵다. 소비자 입장에서도 너무 빨리 등장했다가 사라져서 누가 누 구인지 헷갈리기도 한다.

서울대학교 김난도 교수는 《트렌드 코리아 2018》을 통해 2018년 의 메가트렌드 열 가지를 발표했는데, 그중 하나로 '매력 자본'을 꼽았다. 그는 "만성적인 선택 장애를 겪고 있는 소비자들에게 '매력'은 가장 강력한 구매 요인"이라고 말한다. 그러면서 매력을 만드는 세 가지 요인으로 '자신만의 특출한 장점', '친근함과 귀여움', '예상치 못한 반전'을 꼽았다. 수많은 경연 프로그램에서 멘토들이 참가자들에게 하는 단골 멘트들이 있다. '자신만의 색깔이 없다', '노래는 잘하는데 끌림이 없다', '너무 뻔하다' 등의 말이다. 한마디로 매력이 없다는 것이다. 대중성을 갖춘 스타로 성장하기 위해서는 흡인력이 있어야 한다. 매력이 있어야 스타가 된다. 넘쳐나는 연예인들 사이에서 매력은 대중들에게 선택받을 수 있는 강력한 요인인 것이다.

요즘에는 각종 SNS와 동영상 플랫폼의 발전으로 일반인들도 본인의 끼와 매력을 콘텐츠로 만들어서 대중들과 소통하고 있다. 유명 유튜버나 BJ들은 한 달 수입이 몇천만 원에서 몇억 원이 되는 경우도 있다고 하니, 웬만한 연예인 안 부러운 개인들이 생겨나고 있는 것이다. 자본주의는 희귀하고 가치 있는 것에 돈을 지불한다.

많은 사람이 자신이 가진 지식과 경험이 얼마나 가치 있는 것인지 잘 모르고 살아간다. 하루하루 노동자 마인드로 살아가기 때문에 자신의 가치를 제대로 인정받지 못한다. 노동력만을 제공하고 그 대가만 받는 것이다. 안타까운 일이다. 자신의 지식과 경험을 자본으로 전환하는 노력을 해야 한다. 그래야 가치를 제대로 인정받을 수 있다.

지식은 상대적이다. 경력 3년 차 회사원의 지식은 10년 차 선배가 보기에는 별것 아닌 것 같아도, 취업을 준비하는 대학생에게는 매우 소중하고 가치 있는 지식이 될 수 있다. 게다가 같은 지식이라도 누가 어떤 방식으로 전달하는가에 따라 가치가 달라진다. 지식을 자본으로 전환하려면 머릿속에 있는 지식을 머리 밖으로 꺼내서 콘텐츠로 만들어야 한다. 글로 적든지, 그림으로 그리든지, 동영상으로 촬영하여 콘텐츠로 만들어라. 그리고 필요한 사람들에게 전달하라. SNS도 좋고, 유튜브도 좋고, 라이브 방송도 좋다. 콘텐츠를 만들고 퍼뜨리는 데 필요한 기술은 대부분 공짜다. 얼마나 좋은 세상인가? 지식과 매력이 있는 사람이 자본가가 될 수 있는 세상이다.

요약

· 자본주의가 작동하는 원리를 알아야 제로섬 게임에서 승자가 될 수 있다.

· 자본가 마인드를 가져라. 생각을 바꾸는 것만으로도 승리에 가까워질 수 있다.

· 1등 꿀벌이 되기 위해 고민할 시간에 양봉업자가 되는 길을 고민하라. 크게 생각해야 크게 된다.

· 돈을 벌기 위해 돈을 좇지 마라. 희귀하고 가치 있는 것을 만드는 데 에너지를 쏟아라. 돈은 그곳으로 알아서 온다.

· 지식과 매력은 훌륭한 자본이다.